元氏方言志

吕路平　吕巧平　著

对外经济贸易大学出版社
中国・北京

图书在版编目（CIP）数据

元氏方言志／吕路平，吕巧平著．—北京：对外经济贸易大学出版社，2013

ISBN 978-7-5663-0769-9

Ⅰ．①元…　Ⅱ．①吕…　②吕…　Ⅲ．①北方方言－方言研究－元氏县　Ⅳ．①H172．1

中国版本图书馆 CIP 数据核字（2013）第 172081 号

元氏方言志

吕路平　吕巧平　**著**

责任编辑：赵　昕　于景涛

对 外 经 济 贸 易 大 学 出 版 社

北京市朝阳区惠新东街 10 号　　邮政编码：100029

邮购电话：010－64492338　　发行部电话：010－64492342

网址：http://www.uibep.com　　E-mail：uibep@126.com

唐山市润丰印务有限公司印装　　新华书店北京发行所发行

成品尺寸：170mm×228mm　　13.5 印张　　242 千字

2013 年 8 月北京第 1 版　　2013 年 8 月第 1 次印刷

ISBN 978-7-5663-0769-9

定价：28.00 元

前　言

“千年古县”元氏位于河北省西南部，元氏方言中存在入声调，属晋语张呼片、河北晋语鹿元片，与冀鲁官话区直接接壤，呈现明显的过渡性，因而具有特殊的研究价值。

元氏方言是两千年元氏文化的重要组成部分。在我国社会发生巨变、城市化进程日益加快的背景下，外来文化和新兴文化强烈冲击着传统文化，元氏方言也无法幸免：河北紧邻京、津两大城市，是劳务输出的重要地区；中小学教育推广普通话；现代媒体的影响不断扩大。这些因素都使元氏方言无法保持其原有韵味。元氏方言的生存环境越来越严峻，它正在被年轻元氏人逐渐淡忘，抢救、记录元氏方言及其最新变化已刻不容缓，这构成了写作本书的最初动因。

《元氏方言志》旨在采用现代语言学与汉语方言学的理论和方法，以当代元氏居民的口语语言为研究对象，以全县居民作为方言调查总体，通过典型代表性语音调查，力图全面系统地记录当代元氏方言系统。在此基础上，本书对一些特殊方言现象做了初步研究，如元氏方言的入声字、尖团音、儿化韵、构词法及方言句式等。此外，元氏方言词汇的整理也是本书的重要内容。最后，本书提供方言注音故事，以更好地展示元氏人民的日常生活。

本书为持续三年的方言调查研究成果，该调查始于2009年6月，于2012年9月结束。调查方案由吕路平、吕巧平共同制定，吕路平完成了全部语音调查和记录工作，两人共同核定了部分语音的国际音标记音方式、尖团音与入声字的语音特点等内容，除第二章《元氏方言基本特点》主要由吕巧平撰写外，其余各章节均由吕路平撰写。吕巧平负责全书的后期文字编辑工作。

期望本书能够为元氏方言与文化的进一步研究提供基础资料，为石家庄方言与河北晋语研究作出贡献。

作　者

2013年1月5日于河北元氏

目　录

第一章

元氏县概况

一、地理概况

元氏县是河北省石家庄市属县之一，位于河北省西南部，西倚太行山，东向华北平原，全境西北东南走向，东西横距 39 公里，南北纵距 28 公里，县域总面积 668.4 平方公里。其地理坐标为东经 114°11′— 114°38′，北纬 37°40′—37°55′。

元氏县政府驻地槐阳镇是京广线石家庄以南重要一站，北距首都北京 315 公里，距省会石家庄 30 公里。以顺时针方向统计，元氏县东邻赵县、南邻高邑县，西南邻赞皇县、西邻井陉县、西北邻鹿泉市、东北邻栾城县。

元氏地貌类型自西向东依次为山区、丘陵和平原。西部山区面积 289.8 平方公里，占全县总面积的 42.6%，海拔高度 400～800 米。中部丘陵面积 86.1 平方公里，占全县总面积的 12.6%，海拔 100～400 米。东部平原面积 305.1 平方公里，占全县总面积的 44.8%，海拔高度 50～100 米。元氏境内有三条主要河流穿过：南有槐河，中部有潴龙河，北有北沙河。

二、历史沿革[①]

元氏县历史悠久，自西汉初汉高祖三年（前 204 年）置县，至今已有 2 200 余年历史，尽管行政设置名称随朝代更迭变化繁多，称作郡、国、府、路、道、督察区等，但“元氏”作为地方名称一直保留至今。因此，元氏县是全国范围内自古至今保留原名的古县之一。经联合国地名专家组中国分部和中国地名研究所的鉴定，元氏县被冠以“千年古县”称号。

---

① 以 1995 年版《元氏县志》记录为基础。

查明、清、民国及现代版《元氏县志》可知，《星舆图考》、《县署记》、《图经》和《禹贡》等古书对元氏县均有文字记载。元氏县周朝时属昉国地，春秋属鲜虞国，后属晋国，后又属中山国。战国初中山国被赵国所灭，元氏属赵国，赵国国公始封赵公子元于此地，元氏县由此得名。秦兼并赵国后设郡，元氏属钜鹿郡。西汉初年（前204年）汉高祖设置元氏县，属恒山郡，又名常山郡，郡治设在元氏县，后属真定县。东汉时期，元氏属冀州部常山国，或常山郡。三国时期，元氏属魏国冀州部常山郡，郡治迁至真定。魏太和六年（232年），封常山郡为赵国，元氏改属赵国。两晋时期元氏仍属冀州部常山郡，郡治设在真定。北魏时，元氏改属赵郡。北齐天宝五年（554年），废元氏县。隋文帝六年（586年），复置元氏县，属赵州，县城位于槐河北岸，今天的槐阳镇即因此而得名。唐代，元氏县属赵州，或赵郡。五代后梁时属赵州。后周时改属镇州。宋庆历八年（1048年）改镇州为真定府，元氏属真定府。元代元氏县隶属真定路。明清两代，元氏均属直隶真定府，或正定府。中华民国二年（1913年），元氏县属范阳道。民国三年（1914年），范阳道改保定道，元氏县属保定道。民国十七年（1928年）废道设省，元氏县直属河北省。民国二十六年（1937年），河北省划为17个督察区，元氏属第12督察区。抗战时期，1938年9月成立冀南行政主任公署第一专署，元氏县属于该专署。1940年9月，元氏县归属晋察冀边区冀中区。1941年1月，元氏县改属晋冀鲁豫太行区一专区。1943年1月，获鹿县路南区域并入元氏县，两县并称“元获县”，隶属关系不变。解放战争时期，元氏县仍属太行区一区。

1947年12月，元氏县全境解放。1949年5月，元氏县划归邢台专区，8月划归石家庄专区。1958年5月元氏高邑两县合并为“高元县”，同年12月赞皇县并入高元县，又恢复元氏县名称。1960年5月，石家庄专区撤销，元氏县改属石家庄市，1961年复设石家庄专区，元氏县重又属石家庄专区。1962年3月，元氏、赞皇、高邑三县分制，元氏县恢复原建制。1970年，石家庄专区改称石家庄地区，下辖元氏县。1993年6月30日，石家庄地区行政公署与石家庄市人民政府合并，成立了新的石家庄市人民政府，元氏县归属石家庄市，成为市属县。

元氏县现有6镇9乡，208个行政村。至2010年年底，全县共有常住人口约42万人，县域内汉族为主要民族，另有极少数蒙古族、回族、满族、纳西族、壮族等民众，均系婚姻或从业原因迁入。

第二章

元氏方言基本特点

一、元氏方言定义

所谓方言，就是一种语言中与标准语有区别、主要用于口语或口头表达、地区性或区域性的语言变体（参见李小凡\项梦冰，2009：2）。方言可分为地域方言和社会方言。所谓地域方言，就是语言因地域方面的差别而形成的变体，是全民语言的不同地域上的分支，是语言发展不平衡性而在地域上的反映（同上）。所谓社会方言，就是同一地域的社会成员因为在职业、阶层、年龄、性别、文化教养等方面的社会差异而形成不同的社会变体（同上）。

本书研究对象为元氏方言，属于地域方言研究。所谓元氏方言，就是河北省元氏县行政区域内常住居民所使用的口语或口头语言。元氏方言是现代汉语的一种语言变体。

二、元氏方言归属

根据中国社会科学院语言研究所编《中国语言地图集》，以共同特征为划分标准，按照“点—小片—片—区—大区”五层次划分法，全国范围内的汉语方言共分为十大区，即：官话区、晋语区、吴语区、徽语区、赣语区、湘语区、闽语区、粤语区、平话区和客家话区。其中晋语区包括山西省及其毗连地区，即：太行山以西山西省中西部、北部、东部、东南部，内蒙古黄河以东中西部地区，陕西西北部、河南北部、河北西部临山西的地区。晋语区共有 174 个县市，使用人口约 4 500 万。所谓晋语，就是指古入声词仍读为入声的方言（参见李荣，1985；李荣等，1987）。因此，晋语的主要特点是存在入声。侯精一（2008：33）将晋语区又划分为八个片，即并州片、吕梁片、上党片、五台片、大包片、张呼片、邯新片和志延片。张呼片包括河北省西北部、内蒙古中部共27个市县旗，元氏县与灵寿、平山、获鹿（城关以西）、赞皇等县同属于晋语张呼片。吴继章（2006）将河北境内的晋语区则分为张宣片、鹿元片和邯邢片，元氏方言属于鹿元片。因此，根据元氏方言中存在入声这一划分标准，元氏方言属于晋语张呼片，河北晋语区鹿元片。

三、元氏方言研究历史与现状

河北方言研究历史悠久，最早可追溯到西汉扬雄著《方言》，据林语堂、刘君惠、高光新（2011：15）研究，扬雄《方言》将河北方言分为五区，其中赵方言区大致对应今河北西南部，即石家庄、邯郸、邢台和衡水西北部，这包括今天的元氏县。此后有周德清著《中原音韵》（成书于1324年）、乔中和著《元韵谱》（成书于1398–1460年）、樊腾凤著《五方元音》（成书于1654–1664年），这些书中部分内容涉及当今河北方言（李旭\梁磊，2008：153），元氏作为燕赵古县，其方言可在这些古书中寻到踪迹。

以现代语言学理论和方法进行的现代河北方言研究始于20世纪20年代，这包括傅振伦著《新河方言中名物之性属》（1926）、张洵如著《河间方言一脔》（1932）和赵元任著《定县方言改国音的注意点》（1936），这些著作并未直接涉及元氏方言。1961年版《河北方言概况》首次明确指出，河北35个县市存在入声（李旭\梁磊，2008：154），元氏方言属其中之一。自此，元氏方言逐渐进入现代河北方言研究视野。目前，在涉及河北方言或河北晋语（李行健，1995；刘淑学，2000；黄卫静，2004；吴继章，2005；李巧兰，2007）、石家庄方言（盖林海等，2005）及元氏邻县方言志类文献中（盖林海，2004），均不同程度地谈及元氏方言，但这些研究均以河北方言作为研究对象，并非专门的元氏方言研究，元氏方言不是研究重点，一般仅涉及元氏方言中的单一语言现象，对元氏方言未作系统整体描述。

自20世纪80年代“晋语”研究开始（李荣，1985），元氏方言即成为晋语研究内容之一。目前，晋语研究不仅研究范围不断扩大，成果较多，且研究层次不断深入（侯精一，1999；王文卿，2007；郭校珍，2008；乔全生，2008）。但大部分晋语文献仅在说明晋语区范围时提及元氏方言，偶有论文列举元氏方言语料说明张呼片晋语特点（沈明，2006：355），鲜有研究采用元氏方言语料作为研究基础。可见，作为晋语张呼片最东边的临界方言点，元氏方言在晋语研究中尚未得到重视，元氏方言语音语料尚待进一步挖掘。

专门描述或研究元氏方言的文献大致可分为两类，一类是地方志类图书，如

《元氏县志》等；一类是元氏方言研究论文。《元氏县志》是编写历史较长、内容完整的河北省县志之一。《元氏县志》肇修于明嘉靖二十六年（1547 年），初版佚失，该版县志在明崇祯十五年（1642 年）、清顺治六年（1649 年）、乾隆二十三年（1759 年）、同治十三年（1873 年）及民国二十年（1931 年）得到不断重修和续修，这五部县志于 2005 年以《〈元氏县志〉五志合订重刊》形式再版，当代《元氏县志》由元氏县政府组织编写，1995 年出版。查古今各版《元氏县志》可知，虽然县志均记录元氏方言，但县志涉及面极广，方言并非重点。以 1995 年版《元氏县志》（元氏县志办，1995：468–489）为例，该版县志第 33 编《方言 谣谚》记录元氏方言，共 22 页，而涉及词汇、语音内容仅 11 页（同上，468–478），结构与内容比较简略，方言特点总结相对有限，未形成系统论述，词汇未标国际音标等。此外，文献搜索结果显示，以元氏方言为题的研究很少，一般为硕士论文。王亚男（2008）在其论文《元氏方言的儿化调查研究》中，详细描述了元氏方言“儿化”词汇的语音、词汇、语法等。刘蓉芳（2011）论文《元氏姬村话语音研究》描述了元氏姬村的方言语音系统；景美（2011）论文《河北元氏方言动态助词》考察“了”、“来”、“开”等在元氏方言语法中的用法。这些论文的方言调查范围较小，如刘蓉芳的调查仅限元氏姬村，或以某特定方言现象作为研究对象，如王亚南和景美的研究。因此，这些研究尚不够完整，并未对元氏方言做系统描述。

李旭、梁磊（2008：156–157）认为，自 20 世纪 80 年代以来，河北方言研究有了明显发展，但与山西方言与山东方言的研究相比，河北方言研究明显处于落后状态，其不足在于：1）方言研究盲点很多，“很多单点方言没有人去调查研究，特别是一些方言交界地带，还有很多宝贵的方言现象没有发掘整理出来”。（李旭\梁磊，2008：156）2）研究质量不高，具有高水平的论文很少。3）研究缺乏系统观和整体观。这也正是元氏方言的研究现状。

总之，元氏方言是晋语和河北方言的研究盲点之一，当代元氏方言研究尚处于起步阶段，研究数量很少，层次较低，研究质量也有待进一步提高，且缺乏全面调查和整体系统研究。基于此，本研究从基础语音调查和记录开始，力图系统记录当代元氏方言。

四、研究方法

本研究采用了文献研究法、田野调查法和比较法作为主要研究方法。因文献研究法属于人文社会科学常规方法，本书不做特别描述。本节重点介绍田野调查法和比较法。

（一）田野调查法

本研究采用汉语方言学基本研究方法—田野调查法。在实施田野调查时，本研究遵循以下原则：

第一，以中国社会科学院语言研究所编《方言调查字表》所列汉字的声、韵、调为依据进行调查。在入声、尖团音、儿化音等字音的调查中，参考相关的汉字及汉语方言学文献。

表 2-1 主要发音合作人情况表

姓名	性别	年龄*	文化程度	住址	备注
牛丽芳	女	43	初中	前仙乡牛家庄村	山区
杭彦平	男	40	大专	苏村乡齐范村	山区
冯丽娟	女	31	高中	北正乡西台城村	山区
韩　婷	女	28	大专	黑水河乡旷村	山区
韩占肖	女	36	初中	黑水河乡旷村	山区
胡立国	男	35	大专	黑水河乡佃户营村	山区
赵菊英	女	57	中专	南佐镇封照村	山区
王月英	女	51	高中	姬村镇王家庄村	丘陵
张永清	男	45	初中	北褚乡南褚村	丘陵
孙彦辰	男	59	高中	赵同乡赵同村	丘陵
高树金	女	57	小学	苏阳乡东苏阳村	丘陵
张　宇	女	40	中专	槐阳镇南街村	平原
魏会杰	女	37	初中	槐阳镇力中村	平原
闫兰荣	女	59	小学	东张乡西富村	平原
吕振合	男	59	高中	宋曹镇王宋村	平原
李会贤	男	47	初中	南因镇东杜村	平原
梁明聚	男	40	高中	因村镇故城村	平原
李书廷	男	63	中专	马村乡张掖村	平原

*以 2013 年为计算基础。

第二，以国际音标记录调查语料，首先以严式记音法誊录所有语音，然后再以宽式记音法将语音系统进行整理、总结。

第三，主要发音合作人共 18 人，他们在来源、乡镇、年龄、性别、文化程度等方面符合方言调查的代表性原则。他们分别来自山区、丘陵和平原地区，全县 15 个乡镇 17 个自然村；他们均为世代元氏县人，操地道的元氏方言，且无长期外出打工经历，语言纯正；他们有小学以上文化，能按要求朗读，并准确表达自己的思想。其年龄均在 28 岁以上，其中男性 8 位，女性 10 位，山区 7 人，丘陵区 4 人，平原区 7 人（参见表 2-1）。

（二）比较法

在采集记录元氏语料之后，本研究采用比较法，通过与普通话语言系统进行比较，参照晋语语言系统及河北方言研究成果，整理并总结出元氏方言的整体特征和规律性。

为准确记录当代元氏方言语音系统，除部分已确定的国际音标之外，本书首次采用了一部分新的国际音标记音符号（参见第三章）。为确定这些记音符号，本研究选择确定例词，利用发音合作人的实际发音，将元氏发音与国际音标发音（赖福吉，2011）进行反复比较，再予以确认。

为确认当代元氏方言中的尖团音发音和数量，本研究首先统计《新华字典》j、q、x 这三个音节中的汉字，共有汉字 1 597 个；然后查阅这些字在《康熙字典》中的切音发音，确定这些字在《康熙字典》中分别是尖音字 533 个，团音字 1 064 个。之后，再将这些汉字作为例词交由发音合作人进行朗读，确定其当代发音，逐一排查。结果显示，当代元氏方言中尖音字约为 460 个，团音字约为 1 137 个。

关于入声字，本书旨在通过语音调查和比较，确定哪些字在元氏方言中读作入声调，统计现有现用的入声字数量，从而为进一步研究元氏方言入声字打下基础。本书的入声字统计参考《方言调查字表》与胡安顺《音韵学》中所列入声字，同时直接以此次方言调查录音为依据，将入声字记录下来。

总之，本书以记录当代元氏方言语言系统为宗旨，以方言语音调查录音为主要依据，审核、统计当前元氏居民口语中仍在使用的尖团音和入声字，力图准确描述当前语言状况。至于方言的历史发展及与相邻方言的相互影响和比较则留待后续研究加以拓展。

五、元氏方言特点

（一）元氏方言主要特点

（1）元氏全县 15 个乡镇的声母相同，均为 29 个，其中 21 个声母与普通话所含声母相同，8 个声母为元氏方言特殊声母，分别是[tʃ]、[tʃ^{h}]、[ʃ]、[ȵ]、[ɲ]、[ɭ]、[v]和[ŋ]。

（2）在元氏方言中，古精见组声母分尖团音。以《新华字典》j、q、x 为首字母的汉字为基础，尖音字约有 460 个，团音字约为 1 137 个。

（3）元氏方言共有 42 个韵母，方言内部差异主要表现在韵母上。东片有韵母 41 个，西片有韵母 36 个。

（4）全县域内方言声调相同，共有五类，分别是阴平（42）、阳平（51）、上声（55）、去声（312 或 31）和入声（214）。这是此次方言调查的最新发现之一。

（5）当代元氏方言中无入声韵，但存在入声调，约有 553 个入声字。

（6）元氏方言实际使用中发生音变，存在“儿化”音、文白异读、分音词与合音词及古语词；以“子”为词尾的名词，“子”会发生变音。

（7）元氏方言中存在大量地方色彩浓厚的方言词汇，构词法中存在词缀“圪”、“疙”或“骨”；存在特殊的结构助词、动态助词及语气助词。

（8）元氏方言中的假设复句、因果复句、是非疑问句和正反疑问句中存在特殊句式。

（二）元氏方言内部差异

元氏县地势西高东低，方言也由西向东逐步变化，方言内部差异主要在韵母上。根据地理位置及在韵母使用上的差异，本书将元氏方言点分为西片和东片，西片包括西部山区一镇四乡，即南佐镇、前仙乡、苏村乡、北正乡和黑水河乡；东片包括中部丘陵地区一镇三乡，即姬村镇、北褚乡、赵同乡和苏阳乡，以及东部平原地区的两乡四镇，即马村乡、东张乡、槐阳镇、南因镇、宋曹镇和因村镇。

由于交通便利、经济文化较发达，元氏东片方言受普通话影响较深，在语音、语调、词汇和语法方面均明显接近普通话，而西片方言总体上受普通话影响较小，较多保留了元氏方言的原汁原味。方言内部差异如下：

1. 语音差异

元氏全县声母相同；内部差异主要表现在韵母上，东片有韵母 41 个，西片则为 36 个。在西片，元音[a]读舌面后元音[ɑ]；[ɑu]与[tʂ]、[tʂ^{h}]、[ʂ]拼读时读[uo]；

[uei]与[tʂ]、[tʂ^{h}]、[ʂ]、[ts]、[ts^{h}]、[s]相拼时读[ei]；西片部分区域无鼻音韵尾[n]。而东片[a]、[ɑu]、[uei]的读音与普通话发音基本相同。

2. 语法差异

西片与东片在方言词汇方面存在较大差别，西片使用一些特有词汇，如名词“垴儿垴儿”、通用动词“修”、形容词“兴”、人称代词[ȵiɑ^{312}]和介词“着”等。关于助词和语气词，西片使用“啦、啦哩、哩、呀、了”，而东片使用“咾、咾呗、嗷、啊、兰”等。

3. 音调、音色上的差异

在毗邻其他县市的一些元氏村庄中，由于各县方言长期相互影响，方言表现出融合特征，如南因镇一街、二街、三街、四街、南凡、北凡、仝梅吕村的口音明显受到栾城县和赵县方言的共同影响；南因镇南因庄、贾村及宋曹镇建安村的口音比较接近赵县方言；东张乡大陈庄、庄窝里村的口音与高邑县方言相仿；苏阳乡东苏阳、南苏阳，苏村乡岳庄、高庄，北正乡窑子庄、鹿台、南正、东台城、西台城等村的口音接近赞皇方言；黑水河乡佃户营村口音则明显受到井陉方言的影响。

六、本书使用的国际音标及符号

（一）语音符号

本书使用国际音标注音，根据方言具体情况做适当补充说明。

1. 本书所用国际音标辅音符号 29 个

表 2-2　本书所用国际音标辅音符号表

发音方法 \ 发音部位			双唇	唇齿音	舌尖前	舌尖中	舌尖后	舌叶	舌面前	舌面中	舌面后
											k
		送气	p^{h}			t^{h}					k^{h}
塞擦音	清	不送气			ts		tʂ	tʃ	tɕ		
		送气			ts^{h}		tʂ^{h}	tʃ^{h}	tɕ^{h}		
鼻音		浊	m			n			ȵ	ɲ	ŋ
边音		浊				l	ɭ				
擦音		清		f	s		ʂ	ʃ	ɕ		x
		浊		v			ʐ				

2. 本书所用国际音标元音符号 14 个

表 2-3　　本书所用国际音标元音符号表

舌位	口腔	类别	舌尖元音				舌面元音						
		舌位	前		后		前		央			后	
		唇形	不圆	圆	不圆	圆	不圆	圆	不圆	自然	圆	不圆	圆
高	最高	闭	ɿ		ʅ		i	y					u
	次高												
中	高中	半闭					e						
	正中									ə		ɤ	o
	低中	半开					ɛ						
低	次低						æ						
	最低	开					a			A		ɑ	

3. 声调符号

本书使用调值符号 8 个，声调符号采用阿拉伯数字标于音节右上角。

[42]阴平调值符号，例如：坡[p^{h}ɤ^{42}]

[51]阳平调值符号，例如：婆[pɤ^{51}]

[55]上声调值符号，例如：老[lɑu^{55}]

[53]上声变调调值符号，例如：雨水[y^{53} ʂuei^{55}]

[312]/[31]去声调值符号，例如：面[miæn^{312}]

[31]去声、入声变调调值符号，例如：月饼[yɛ^{31}piŋ^{55}]

[?14]入声调值符号 例如：格[kɤ^{214}]

（二）其他符号

— 下划线“—”为连读符号，如“<u>子哦</u>”

[] 国际音标方括号。

r 表示前面音素卷舌动作的符号。

ϕ 零声母，零声母符号在普通话声母对照表和声韵配合表中使用，在其他情况下直接用元音开头。

～ 代表例字或所注释的方言。

□ 代表只有发音的汉字。

*　借用字在其右上角加此标记，如“房*”。

/　国际音标间的“/”表示一个字或词两种读音，或两种音调。

\　汉字或词汇中间的“\”表示两个词的词义相同。

儿　所有儿化音均在该字右下角加“儿”字，如“瓶儿”。

（西）代表元氏方言西片。

第三章

语音系统

一、声母

（一）声母系统

表 3-1　　元氏方言声母表

p 吧玻比	pʰ 怕坡皮	m 麻摸木	f 发佛府	v 挖为外	
t 大的地	tʰ 塔特体	n 拿呢脑			l 拉勒立
k 嘎哥谷	kʰ 卡课苦	ŋ 熬爱饿	x 喝海很		
tɕ 鸡家街	tɕʰ 骑区掐	ȵ 泥年女	ɕ 希虚下		
tʂ 眨找站	tʂʰ 差车出	ɲ 那儿 哪	ʂ 沙蛇书	ʐ 热日人	ɭ 瓤儿
tʃ 纸儿	tʃʰ 齿儿		ʃ 事儿		
ts 杂资尖	tsʰ 擦测妻		s 思洒西		
ϕ 牙夜衣					

说明：

（1）元氏全县声母相同，均为 29 个（不含零声母），其中 21 个声母与普通话声母相同，8 个声母为特殊声母，分别是[tʃ]、[tʃʰ]、[ʃ]、[ȵ]、[ɲ]、[ɭ]、[v]和[ŋ]。

（2）未作特殊说明的声母发音与普通话一致；“ϕ”代表零声母。

（3）以下声母为元氏方言特殊声母，其记音方式通过将元氏发音与国际音标发音比较而确定，且首次用于记录元氏方言。

① [v]为唇齿浊擦音，[v]声母字在普通话中读为合口呼零声母。

② [ŋ]为舌面后鼻音，[ŋ]声母字在普通话中读为开口呼零声母。

③ [n]与齐齿呼、嘬口呼相拼时读舌面前鼻音[ȵ]；[n]与合口呼韵母相拼时大部分字读舌面中鼻音[ɲ]；[n]与开口呼、合口呼儿化韵相拼时不变音，个别字变读为[ɲ]；“那”和“哪”不论是否儿化，声母均读[ɲ]。

④ [tʃ]、[tʃ^{h}]、[ʃ]为舌叶音，声母[tʂ]、[tʂ^{h}]、[ʂ]与开口呼、合口呼韵母组成的音节儿化时，分别变音为[tʃ]、[tʃ^{h}]、[ʃ]。

⑤ [ɭ]为舌尖后边音，[ʐ]、[l]与开口呼、合口呼韵母组成的音节儿化时，[ʐ]、[l]变音为[ɭ]。

（4）参见表 3-2《元氏方言与普通话声母对照表》。

表 3-2　　元氏方言与普通话声母对照表

元氏方言		普通话		例字
汉语拼音	国际音标	汉语拼音	国际音标	
b	[p]	b	[p]	吧、玻、比、布
p	[p^{h}]	p	[p^{h}]	怕、坡、皮、扑
m	[m]	m	[m]	麻、摸、米、木
f	[f]	f	[f]	发、佛、府、飞
v	[v]	O		挖、为、外、万
d	[t]	d	[t]	大、的、地、都
t	[t^{h}]	t	[t^{h}]	塔、特、体、土
n	[n]	n	[n]	拿、呢、奶、脑
	[ȵ]	n	[n]	泥、年、娘、女
	[ɲ]	n	[n]	那、哪、暖、挪
l	[l]	l	[l]	拉、勒、立、鹿
	[ɭ]		[l]	篮儿、懒儿
g	[k]	g	[k]	嘎、哥、谷、改
k	[k^{h}]	k	[k^{h}]	卡、课、苦、看
ng	[ŋ]	O		熬、爱、饿、呕
h	[x]	h	[x]	喝、海、航、很

续表

元氏方言		普通话		例字
汉语拼音	国际音标	汉语拼音	国际音标	
j	[tɕ]	j	[tɕ]	鸡、家、街、江
q	[tɕ^{h}]	q	[tɕ^{h}]	骑、区、掐、巧
x	[ɕ]	x	[ɕ]	希、虚、下、形
zh	[tʂ]	zh	[tʂ]	眨、找、站、遮
	[tʃ]		[tʂ]	纸儿、汁儿
ch	[tʂ^{h}]	ch	[tʂ^{h}]	差、车、出、吃
	[tʃ^{h}]		[tʂ^{h}]	池儿、齿儿
sh	[ʂ]	sh	[ʂ]	沙、蛇、书、石
	[ʃ]		[ʂ]	事儿、试儿
r	[ʐ]	r	[ʐ]	热、日、人、让
	[ɭ]		[ʐ]	人儿、瓤儿
z	[ts]	j	[tɕ]	挤、尖、将、接
		z	[ts]	杂、则、资、增
c	[ts^{h}]	q	[tɕ^{h}]	妻、前、枪、瞧
		c	[ts^{h}]	擦、测、磁、藏
s	[s]	x	[ɕ]	西、先、象、写
		s	[s]	思、洒、色、桑
O		O		牙、夜、衣、月

[备注]“ϕ”代表“0”声母

（二）声母特点

1. 普通话开口呼零声母字（a、o、er 除外）在元氏方言中加声母[ŋ]

普通话	元氏方言	例词
爱 [ai^{51}]	[ŋai^{312}]	爱人[ŋai^{312}ʐən^{51}]
安 [an^{55}]	[ŋai^{42}]	安全[ŋai^{42}ts^{h}uan]

昂 [ɑŋ^{35}]	[ŋɑŋ^{42}]	昂首[ŋɑŋ^{42}ʂou^{55}]
熬 [ɑu^{35}]	[ŋɑu^{51}]	熬夜[ŋɑu^{51}iɛ^{312}]
偶 [ou^{214}]	[ŋou^{55}]	偶然[ŋou^{55}ʐan]
恩 [ən^{55}]	[ŋən^{42}]	恩情[ŋən^{42}ts^{h}iŋ]
鹅 [ɤ^{35}]	[ŋɤ^{51}]	白鹅[pai^{51}ŋɤ^{51}]

2. [n]与齐齿呼、嘬口呼相拼时读舌面前鼻音[ȵ]

普通话	元氏方言	例词
你 [ni^{214}]	[ȵi^{55}]	你们[ȵi^{55}mən]
捏 [niɛ^{55}]	[ȵiɛ^{214}]	捏碎[ȵiɛ^{214}suei^{312}]
鸟 [niɑu^{214}]	[ȵiɑu^{55}]	飞鸟儿[fei^{42}ȵiɑur^{55}]
牛 [niou^{35}]	[ȵiou^{51}]	耕牛[kəŋ^{42}ȵiou^{51}]
年 [niæn^{35}]	[ȵiæn^{51}]	过年[kuo^{312}ȵiæn^{51}]
您 [nin^{35}]	[ȵin^{42}]	您好[ȵin^{42}xɑu^{55}]
娘 [niɑŋ^{35}]	[ȵiɑŋ^{51}]	爹娘[tiɛ^{42}ȵiɑŋ^{51}]
宁 [niŋ^{35}]	[ȵiŋ^{51}]	宁静[ȵiŋ^{51} tsiŋ^{312}]
女 [ny^{214}]	[ȵy^{55}]	妇女[fu^{312}ȵy^{55}]
虐 [nyɛ^{51}]	[ȵyɛ^{312}]	虐待[ȵyɛ^{312}tai^{312}]

3. [n]与合口呼韵母[uo]、[uan]相拼时，读舌面中鼻音[ɲ]；[n]与合口呼韵母[u]、[uŋ]相拼时，大部分字有两种读音，读作[n]或[ɲ]

普通话	元氏方言	例词
诺 [nuo^{51}]	[ɲuo^{312}]	诺言[ɲuo^{312} iæn^{51}]
暖 [nuan^{214}]	[ɲuai^{55}]	暖气[ɲuai^{55}tɕ^{h}i^{312}]
努 [nu^{214}]	[nu^{55}]/[ɲu^{55}]	努力[nu^{55}li^{312}]/[ɲu^{55}li^{312}]
农 [nuŋ^{35}]	[nuŋ^{51}]/[ɲuŋ^{51}]	农民[nuŋ^{312}min]/[ɲuŋ^{312}min]

说明："嫩[nən^{51}]"，元氏方言读音为[ɲuən^{312}]：嫩叶儿[ɲuən^{312} iɛr^{312}]

4. [n]与开口呼、合口呼儿化音相拼时，可不变音；部分字也可变读为 [ɲ]；“那”和“哪”不论是否儿化，声母均读[ɲ]，且其韵母[A]也音变为[ɤ]（参见第 3 章第 4 节）

普通话	元氏方言	例词
那[nA^{51}]	[ɲɤ^{312}]	那个[ɲɤ^{312}kɤ^{312}]
哪[nA^{214}]	[ɲɤ^{55}]	哪个[ɲɤ^{55}kɤ]

5. 普通话中以 u 开头的 ua、uai、uei、uan、uen、uang、ueng（除 u、uo 外）等合口呼零声母字，在元氏方言中，u 读作唇齿浊擦音[v]

普通话	元氏方言	例词
挖 [uA^{55}]	[vA^{42}]	挖掘[vA^{42}tɕyɛ^{214}]
外 [uai^{51}]	[vai^{312}]	外地[vai^{312}ti^{312}]
为 [uei^{51}]	[vei^{312}]	因为[in^{42}vei^{312}]
万 [uan^{51}]	[van^{312}]	万物[van^{312}u^{312}]
闻 [uən^{35}]	[vən^{51}]	新闻[sin^{42}vən^{51}]/[sin^{42}vən]
望 [uɑŋ^{51}]	[vɑŋ^{312}]	愿望[yæn^{312}vɑŋ^{312}]
翁 [uəŋ^{55}]	[vəŋ^{42}]	渔翁[y^{51}vəŋ^{42}]

（三）尖团音

1. 尖团音定义

古精见组声母分尖音和团音，即古精系字齐撮呼的读音（或称之为 z、c、s 的精系细音）和古见系字齐撮呼的读音（或称之 j、q、x 舌面音或见系细音）。在现代汉语语言学中，尖音指 z、c、s 声母拼 i、u 或 i、ü 为韵头的韵母；团音指 j、q、x 声母拼 i、u 或 i、ü 为韵头的韵母。本书的古精系字、古见系字指按照《康熙字典》切音而确定的尖团音字。在当代元氏方言中，古精组声母大部分仍读尖音，而普通话语音中不分尖团音。

2. 元氏方言尖团音特点

（1）当代元氏方言中仍存在大量尖音字，共有尖音字 460 个，团音字 1 137 个（含韵母为 ia、iong 的 106 个团音字）。

（2）元氏方言中存在尖团合流现象，即将尖音字读作团音，把声母为 z、c、s 的齐摄呼的读音改为声母为 j、q、x 的舌面音。部分古尖音字（古精组字）已变为团音，其尖音已消失，如：赍嫉稷鲫系、笺歼鞯、虹、剿、嗟捷婕睫唶藉褯、靖、鹫、且狙咀苴疽雎趄龃、朘镌隽、浚畯、葺栖、钎荨茜倩、戕斨、悄锹缲谯憔樵悄愀俏诮（俊俏）峭鞘、鳍囚泅酋遒蝤、逡、恓犀樨膝玺徙蓰屣、涎霰、筱啸、馐、恤、瑄璇、郇询荀峋洵恂珣栒荨噚浔鲟讯汛迅徇殉逊浚巽噀熏蕈。

（3）部分尖音字只在民间口语中仍读尖音，接受过普通话教育的人群基本不再使用，如：即荐禁就俊峻馂浚骏焌竣怯吣趋觑雀鹊羡亵衅休畜蓄酗宣喧揎旋漩旬寻巡循。

（4）元氏方言中也存在团音舌尖化现象，某些古团音字（古见组字）改读作尖音，如：笈（秘笈）[1]、糨（糨糊）、禁（禁止）噤（噤声）觐（觐见）、泣（哭泣）、龋（龋齿）、衅（挑衅）、盱（虑盱）畜（畜牧）蓄（储蓄）酗（酗酒）、喧（喧哗）眩（头眩）、踅（踅摸）。

（5）某些字的尖音、团音、过渡性特殊读音同时存在，如：蕉、椒、禁、纤、峻、锵、俏、怯、趋、雀、亵、休；某些字有三种甚至三种以上不同发音，如：鹊、宿。例如：

香蕉[tɕiɑu^{214}]\芭蕉[tsiɑu^{42}]　　辣椒[tɕiɑu^{214}]\花椒[tsiɑu^{42}]；

严禁[tɕin^{312}]\禁[tsin^{312}]止　　拉纤[tɕ^{h}iɛ^{42}]\纤[siɛ^{42}]维；

严峻[tɕyn^{312}]\峻[tsuən^{312}]岭　　铿锵[tɕ^{h}iɑŋ^{42}]\锵锵[ts^{h}iɑŋ^{42}]；

俊俏[tɕ^{h}iɑu^{312}]\俏[ts^{h}iɑu^{312}]人　　胆怯[tɕ^{h}iɛ^{312}]\怯[ts^{h}iɛ^{312}]懦；

亦步亦趋[tɕ^{h}y^{42}]\趋[ts^{h}y^{42}]势　　欢呼雀[tɕ^{h}yɛ^{312}]跃\麻野雀[ts^{h}iɑu^{312}]；

猥亵[ɕiɛ^{312}]\亵[siɛ^{312}]渎　　午休[ɕiou^{42}]\休[siou^{42}]息。

鹊：麻野鹊[ts^{h}iɑu^{312}]\喜鹊[tɕ^{h}iɑu^{312}]\鹊[tɕ^{h}yɛ^{312}]桥；

宿：宿[sy^{214}]舍\住宿[su^{214}]\住一宿[siou^{214}]\星宿[siou^{312}]。

统计表明，尖音变读为团音的字数较多，团音变为尖音的字数较少；某些字的尖音、团音及过渡性读音同时存在，某些字有三种以上读音，这说明，元氏方言的尖团音处于尖团合流过渡过程中。

3. 元氏方言常用尖团音字

本书以《新华字典》排字顺序制作《元氏方言常用尖团音字对照表》，对表中

---

[1] 括号中为例词，下同。

符号说明如下：

（1）《新华字典》j、q、x 音节中所有汉字按平、上、去、入顺序列入该表，以“，”隔开。

（2）“；”之前为声母发音不变的字，之后为声母变化的字，或古团音字今读尖音，或古尖音字今读团音。

（3）特殊发音字注音标，如：槛（$tɕ^{h}iæn^{312}$）。

（4）特殊变音字加例词，如：椒（花椒）。

（5）统计字数。无字音节列入表中，如：[tsia]（0 字）。

表 3-3　　元氏方言常用尖团音字对照表

1. [ts]和[tɕ]（675 字）

[tsi]唧积缉跻齑，即疾集蒺楫辑戢蕺嵴瘠鹡踖踖籍，挤济脊，际剂荠济霁鲚迹祭穄寂绩；笈。

[tɕi]几讥叽饥玑机肌矶击圾芨乩鸡奇剞犄畸咭唧笄屐姬基期箕嵇稽畿墼激羁，及□岌汲级极吉佶诘姞亟殛革急棘，几虮麂已纪鱾给掎戟，计记□纪忌跽伎技芰妓季悸垍洎既塈暨觊继偈徛寄惎蓟髻冀骥罽檵骑；赍嫉稷鲫系。

[tsia]（0 字）

[tɕia]加伽茄迦珈枷痂耞笳袈跏嘉夹浃佳家家镓葭豭，夹郏荚铗颊蛱恝戛，甲岬胛钾蛱贾榎假嘏瘕斝，价驾架假嫁稼。

[tsiæn]戋浅溅尖渐湔煎櫼，剪谫翦戬，饯贱践溅渐荐僭箭。

[tɕiæn]奸坚鲣间肩艰监兼搛蒹缣鹣鳒菅犍鞬缄瑊，囝拣枧笕茧柬俭捡检硷睑趼减碱锏裥简蹇謇瀽劗，见舰件牮间涧锏建健楗毽腱键踺剑监槛（$tɕ^{h}iæn^{312}$）鉴谏；笺歼鞯。

[tsiɑŋ]将浆鳉，奖桨蒋，匠将浆酱；糨。

[tɕiɑŋ]江茳豇姜僵缰礓疆，讲耩膙，降洚绛弶强犟；虹。

[tsiɑu]椒（花椒）焦僬蕉（芭蕉）礁鹪，嚼，湫，噍醮嚼爝。

[tɕiɑu]艽交郊茭峧胶鸡蛟跤鲛浇娇骄教，矫，角侥佼狡饺绞铰皎筊挢矫脚搅敫徼缴，叫峤轿觉校较教漖酵窖滘斠燮徼藠；椒（辣椒）蕉（香蕉）剿。

[tsiɛ]节疖接，节截，姐驰，借。

[tɕiɛ]阶皆喈湝楷结秸痎揭街，孑讦劫杰桀刦诘拮洁结桔袺颉鲒契偈碣竭羯，解槲，介价芥玠界疥蚧戒诫届解犗，价家；嗟捷婕睫喈藉褯。

[tsin]津，尽，尽荩浕赆烬进琎晋搢缙浸祲；禁（禁受），禁（禁止）噤觐。

[tɕin]巾斤今衿矜金筋襟，仅卺紧堇谨馑瑾槿锦，仅近靳妗劲禁（严禁）殣。

[tsiŋ]菁晴腈鶄精鯖晶，井阱肼，净婧靓静。

[tɕiŋ]茎泾经京猄惊鲸荆旌粳兢，刭颈景憬璟儆警，劲径胫痉倞竞竟境獍镜敬；靖。

[tsiou]揪啾鬏，酒，就僦。

[tɕiou]纠赳鸠究阄，九久玖灸韭，旧臼柏舅咎疚柩救厩；鹫。

[tsy]岨娵，聚。

[tɕy]车拘沟驹居据崌琚椐腒锯裾掬鞠锔鞫，局焗锯桔菊淏鶪橘，柜矩沮莒筥枸蒟举榉踽，巨讵拒苣炬距句具俱惧犋飓沮倨剧据锯踞窭屦遽濾醵；且苴狙疽趄雎咀龃。

[tsyæn]（0字）

[tɕyæn]捐涓娟鹃圈蠲，卷锩，卷倦圈桊眷狷绢罥鄄；朘镌隽。

[tsyɛ]绝爵嚼爝。

[tɕyɛ]孎撅（噘），孓夬决诀抉駃玦缺觖角桷珏觉倔掘崛脚厥劂蕨獗瘚橛镢蹶傕谲鐍噱矍攫镢，蹶，倔。

[tsuən]俊峻（峻岭）馂浚骏焌竣。

[tɕyn]军皲均钧筠龟君莙鲪菌麇，郡捃珺隽菌；峻（严峻）畯。

[tsyŋ]（0字）

[tɕyŋ]坰扃冋迥泂絅炯炅熲窘

2. [tsʰ]和[tɕʰ] （407字）

[tsʰi]七柒沏妻凄郪萋戚嘁漆，齐脐蛴，妻砌碛槭荠；泣。

[tɕʰi]桤期欺□敧缉蹊□，亓祁圻祈颀蕲芪祇歧跂其萁淇骐琪棋祺綦蜞旗鲯麒奇埼□崎骑琦锜俟耆鳍鬐旗畦乞芑屺岂，玘杞起企启棨启绮稽，气汽讫迄汔弃炁亟契碶跂器憩；栖葺。

[tsʰia]（0字）

[tɕʰia]掐袷荚，抃卡，洽恰髂。

[tsʰiæn]千仟阡扦芊迁瓩佥签，前钱潜，浅；纤（拉纤）。

[tɕʰiæn]岍汧牵铅悭谦愆鸽骞搴褰，钤黔虔钳掮干犍，肷遣谴缱嗛，欠芡嵌堑椠慊歉；钎荨茜倩。

[tsʰiaŋ]抢呛玱枪戗锖锵（锣声：锵锵），墙蔷嫱樯，抢，呛戗炝跄。

[tɕʰiaŋ]羌蜣腔镪，强，羟强镪襁；戕斨锵（铿锵）。

[tsʰiɑu]雀劁，瞧雀俏（俏人）。

[tɕʰiɑu]硗跷敲橇，乔侨荞峤桥硚鞒荍翘，巧，壳窍翘撬；悄锹缲，谯憔樵，悄，愀俏峭鞘；诮（俊俏）。

[tsʰiɛ]切，且，切窃妾趄；怯（怯懦）。

[tɕʰiɛ]伽茄，郄怯朅挈锲惬箧慊。

[ts^{h}in]侵骎亲，秦嗪溱蓁，梫锓寝，吣沁揿。

[tɕ^{h}in]钦嵚衾，芹芩矜琴覃禽擒噙檎勤。

[ts^{h}iŋ]青圊清蜻鲭，情晴赙氰，请，亲箐。

[tɕ^{h}iŋ]轻氢倾卿，勍剠檠擎，苘顷庼謦，庆綮磬罄。

[ts^{h}iou]秋萩湫楸鹙鳅秋。

[tɕ^{h}iou]丘邱蚯龟，仇犰艽求俅逑球赇裘虬巯璆，糗；鳍囚泅酋遒蝤。

[ts^{h}y]蛆焌黢趋（趋势），取娶，趣觑；龋。

[tɕ^{h}y]区岖驱躯曲蛐诎屈胠祛麹，劬朐鸲鼩渠蕖磲璩蘧籧瞿氍臞癯衢蠼，曲苣，去阒；趋（亦步亦趋）。

[ts^{h}uan]悛，全佺诠荃辁牷铨痊筌醛泉鳈。

[tɕ^{h}yæn]圈桊，权拳惓蜷鬈颧，犬畎绻，劝券。

[ts^{h}yɛ]雀（ts^{h}iɑu）（麻雀）鹊（ts^{h}iɑu）（麻野鹊）。

[tɕ^{h}yɛ]炔缺阙，瘸，却埆确悫阕阙搉榷；雀（雀跃）鹊（鹊桥）。

[ts^{h}yn]（0 字）

[tɕ^{h}yn]囷，裙群麇；逡。

[ts^{h}yŋ]（0 字）

[tɕ^{h}yŋ]邛筇穷藭茕穹琼蛩跫銎。

3. [s]和[ɕ]　（515 字）

[si]夕汐硅窆西茜栖氤硒舾粞昔惜腊析菥淅晰皙蜥息熄螅悉窸蟋锡裼嶲，习嶍鳛席袭媳，洗铣枲葸，细舄。

[ɕi]兮牺吸希郗唏浠晞欷烯稀豨肸饻奚傒徯溪蹊鸂鼷翕噏歙熙僖嘻嬉熹羲曦爔酰巇，觋隰檄，喜禧蟢，戏饩系屃盻咥郄绤阋隙禊滃；恓犀樨膝玺徙蓰屣。

[sia]（0 字）

[ɕia]呷虾瞎，匣狎柙侠峡狭硖遐瑕暇霞辖黠，下吓夏厦唬罅。

[siæn]仙氙籼先酰纤跹铦鲜暹，挦，狝冼洗铣筅跣鲜藓燹，线羡缐腺□。

[ɕiæn]忺掀锨（tɕ^{h}iæn^{42}）祆莶，闲娴痫鹇贤弦舷咸衔嫌，显险猃蚬㯠，见苋岘现县限宪陷馅献；涎霰。

[siɑŋ]相厢湘缃箱襄骧瓖镶，详庠祥翔，想鲞，相象像橡蟓。

[ɕiɑŋ]乡芗香，降，享响饷蚃飨，向项巷（tɕiɑŋ^{55}）。

[siɑu]肖削逍消宵绡硝销蛸霄魈萧潇蟏箫翛，小肖笑。

[ɕiɑu]枭枵鸮哓骁虓猇嚣，洨崤淆，晓，孝哮校效敩；筱啸。

[siɛ]些揳楔，邪斜，写，泄绁渫泻契卨卸屑（siɑu^{42}）榍亵（亵渎）谢塮榭燮躞。

[ɕiɛ]歇蝎，叶协胁挟偕谐絜颉撷缬携鞋勰，血，灺械解薢獬邂廨澥懈蟹薤瀣；亵（猥亵）。

[sin]心芯辛莘锌新薪，囟芯信；衅（挑衅）。

[ɕin]忻昕欣䜣焮歆馨鑫，镡，焮。

[siŋ]星猩惺腥骍箵，饧，省醒擤，性姓。

[ɕiŋ]兴，刑邢形型钘硎铏行陉（$tɕ^hiŋ^{42}$）荥，兴杏幸悻婞荇。

[siou]修修羞，宿（一宿）滫，秀绣琇锈岫袖宿（星宿）；休（休息）庥。

[ɕiou]休（午休）咻鸺貅髹，朽，臭嗅溴；馐。

[sy]戌须婴胥谞需缧，徐，湑糈醑，序叙溆绪续絮湑婿蓿；盱畜蓄酗。

[ɕy]圩吁砉顼虚墟嘘歔欻魆，许浒诩栩姁，旭洫勖煦；恤。

[suæn]宣揎，旋漩，选癣（$siɛ^{55}$），渲；喧（喧哗）眩（头眩）旋。

[ɕyæn]轩萱暄烜谖儇翾禤，玄痃悬，晅烜，券泫炫眩（头晕目眩）铉绚□楦；瑄璇。

[syɛ]削（$siɑu^{214}$）薛，雪鳕；踅（踅摸）。

[ɕyɛ]靴，穴茓峃学鸴噱，血（$ɕiɛ^{214}$）谑。

[suən]旬寻（sin^{51}）巡循。

[ɕyn]勋埙熏熏獯曛醺窨，纠，训驯；郇询荀峋洵恂珣栒荨呁浔鲟，讯汛迅徇殉逊浚巽噀熏蕈。

[syŋ]（0字）

[ɕyŋ]凶匈讻汹胸兄芎，雄熊，诇敻。

二、韵母

（一）韵母系统

说明：

（1）元氏方言音系中共有42个韵母。方言内部差异主要表现在韵母上。在西片部分区域，没有[an]、[iæn]、[uan]、[yæn]、[yai]、[yei]这六个韵母，增加一个韵母[yɑ]，共计37个韵母；在东片，普通话使用的所有韵母均存在，增加两个韵母[yai]、[yei]，无西片韵母[yɑ]，共计41个。

（2）字母a的同一音位有[A]、[a]、[ɑ]、[æ]四种形式。字母a单独使用或在辅音后读[A]；在ai、an、ia三个韵母中读作[a]；在ang、iang、uang、ao、iao、ua六个韵母中读作[ɑ]；在韵母ian、üan中读作[æ]。

（3）字母o的标法：[uŋ]用于韵母ong；[yŋ]用于韵母iong。

（4）字母e的同一音位包括[ɤ]、[e]、[ɛ]、[ə]四种形式。字母e单独使用或跟在辅音后读作[ɤ]；[e]用于ei、uei两个韵母；[ɛ]用于ie、üe两个韵母；[ə]用于

en、eng、uen、ueng、er 五个韵母。

（5）字母 i 的同一音位有[ɿ]、[ʅ]、[i]三种形式。字母 i 在 z、c、s 后读[ɿ]；在 zh、ch、sh、ri 读作[ʅ]；在其他辅音后读[i]。

（6）普通话韵母 er[ɐ]在元氏方言中读[ɭ]。

（7）[yɑ]为西片韵母，如冤[yɑ^42]、娟[tɕyɑ^42]等。

（8）[yai]为东片韵母，如冤[yai^42]、娟[tɕyai^42]等。

（9）[yei]为东片韵母，如军[tɕyei^42]、群[tɕʰyei^312]等。

（10）参见附表：3-5《元氏方言与普通话韵母对照表》

3-6《元氏方言声韵配合表》

表 3-4　　元氏方言韵母表

[ɭ] 儿耳尔	[ɿ] 资词思		
[ʅ] 知池诗日	[i] 衣西替	[u] 屋妇肚	[y] 于居取
[A] 啊吗大	[ia] 牙甲下	[uɑ] 娃瓜华	[yɑ] 冤娟圈
[o] 玻坡摸		[uo] 我火错	
[ɤ] 饿这个			
[ɛ] 埃	[iɛ] 叶列贴	[yɛ] 约学跃	
[ai] 哀代再		[uai] 外快坏	[yai] 冤娟圈
[ei] 累泪贝		[uei] 威归亏	[yei] 晕军韵
[ɭ] 儿耳尔	[ɿ] 资词思		
[ɑu] 道跑闹	[iɑu] 料校乔		
[ou] 斗舟头	[iou] 优刘久		
[an] 安甘站	[iæn] 棉厌千	[uan] 弯川观	[yæn] 冤宣拳
[ən] 珍跟分	[in] 印因巾	[uən] 温轮存	[yn] 军群云
[ɑŋ] 帮丈上	[iɑŋ] 央江乡	[uɑŋ] 汪庄双	
[əŋ] 朋风正	[iŋ] 英厅令	[uəŋ] 翁嗡瓮	
		[uŋ] 东冬动	[yŋ] 勇穷用

表 3-5　　　　元氏方言与普通话韵母对照表

元氏方言韵母		普通话韵母		例字
汉语拼音	国际音标	汉语拼音	国际音标	
-i	[ɿ]	-i	[ɿ]	资、词、思
-i	[ʅ]	-i	[ʅ]	知、吃、诗、日
er	[ɭ]	er	[ər]	儿、耳、而
a	[A]　([ɑ])	a	[A]	啊、吗、大
o	[o]	o	[o]	玻、坡、摸
e	[ɤ]	e	[ɤ]	饿、这、个
ê	[ɛ]	ê	[ɛ]	埃
ai	[ai]	ai	[ai]	哀、代、再
ei　(uei)	[ei]　([uei])	ei	[ei]	累、泪、雷
ao　(uo)	[ɑu]　([uo])	ao	[ɑu]	着、潮、勺
ou	[ou]	ou	[ou]	斗、舟、头
an　(a)	[an]　([ɑ])	an	[an]	山、杆、看
en	[ən]	en	[ən]	珍、跟、分
ang	[ɑŋ]	ang	[ɑŋ]	帮、丈、上
eng	[əŋ]	eng	[əŋ]	朋、风、正
i	[i]	i	[i]	衣、西、替
ia	[ia]　([iɑ])	ia	[ia]	牙、甲、下
ie	[iɛ]	ie	[iɛ]	叶、列、贴
iao　(üe)	[iɑu]　([yɛ])	iao	[iɑu]	料、腰、桥
iou	[iou]	iou	[iou]	优、刘、久
ian　(ia)	[iæn]　([iɑ])	ian	[iæn]	棉、厌、尖
in	[in]	in	[in]	印、因、巾
iang	[iɑŋ]	iang	[iɑŋ]	央、江、乡
ing	[iŋ]	ing	[iŋ]	英、厅、令

续表

元氏方言韵母		普通话韵母		例　字
汉语拼音	国际音标	汉语拼音	国际音标	
u	[u]	u	[u]	屋、妇、肚
ua	[uɑ]	ua	[uɑ]	娃、瓜、华
uo	[uo]	uo	[uo]	我、火、错
uai	[uai]	uai	[uai]	外、快、坏
uei	[uei]　([ei])	uei	[uei]	追、吹、水
uan (ua)	[uan]　([uɑ])	uan	[uan]	弯、穿、关
uen	[uən]	uen	[uən]	温、轮、存
uang	[uɑŋ]	uang	[uɑŋ]	汪、庄、双
ong	[uŋ]	ong	[uŋ]	东、冬、动
ueng	[uəŋ]	ueng	[uə ŋ]	翁、嗡、瓮
ü	[y]	ü	[y]	于、居、取
üe	[yɛ]	üe	[yɛ]	约、学、跃
üan　(üa)	[yæn]　([yA])	üan	[yæn]	冤、宣、拳
ün	[yn]	ün	[yn]	晕、寻、韵
iong	[yŋ]	iong	[yŋ]	勇、穷、用

注：表中加“()”的音为侧重于本县西部山区发音。

表 3-6　　**元氏方言声韵配合表（开口呼）**

韵母／声母	[ɿ]/[ʅ]	[A] (ɑ)	[o]	[ɤ]	[ɛ]	[ai]	[ei] (uei)	[ɑu] (uo)	[ou]	[an] (ɑ)	[ən]	[ɑŋ]	[əŋ]	[ər]
[p]		pA 巴	po 玻			pai 白	pei 杯	pɑu 包		pan 般	pən 奔	pɑŋ 帮	pəŋ 崩	
[pʰ]		pʰA 趴	pʰo 坡			pʰai 拍	pʰei 陪	pʰɑu 抛	pʰou 剖	pʰan 盘	pʰən 喷	pʰɑŋ 旁	pʰəŋ 烹	
[m]		mA 妈	mo 摸	mɤ 么		mai 埋	mei 眉	mɑu 猫	mou 谋	man 蛮	mən 闷	mɑŋ 忙	məŋ 盟	

续表

韵母／声母	[ɿ]/[ʅ]	[A] (ɑ)	[o]	[ɤ]	[ɛ]	[ai]	[ei] (uei)	[ɑu] (uo)	[ou]	[an] (ɑ)	[ən]	[ɑŋ]	[əŋ]	[ər]
[f]		fA 发	fo 佛				fei 飞		fou 否	fan 翻	fən 分	fɑŋ 方	fəŋ 风	
[v]														
[t]		tA 搭		tɤ 得		tai 呆	tei 得	tɑu 刀	tou 兜	tan 单	tən 扽	tɑŋ 当	təŋ 登	
[tʰ]		tʰA 他		tʰɤ 特		tʰai 胎		tʰɑu 桃	tʰou 偷	tʰan 摊		tʰɑŋ 汤	tʰəŋ 疼	
[n]		nA 拿		nɤ 讷		nai 奶	nei 内	nɑu 恼	nou 耨	nan 南	nən 嫩	nɑŋ 囊	nəŋ 能	
[l]		lA 拉		lɤ 勒		lai 来	lei 雷	lɑu 劳	lou 楼	lan 兰		lɑŋ 郎	ləŋ 冷	
[k]		kA 嘎		kɤ 哥		kai 该	kei 给	kɑu 高	kou 沟	kan 干	kən 根	kɑŋ 刚	kəŋ 更	
[kʰ]		kʰA 咖		kʰɤ 科		kʰai 开	kʰei 剋	kʰɑu 考	kʰou 口	kʰan 看	kʰən 肯	kʰɑŋ 康	kʰəŋ 坑	
[ŋ]				ŋɤ 鹅	ŋɛ 诶	ŋai 哀	ŋei 欸	ŋɑu 袄	ŋou 欧	ŋan 安	ŋən 恩	ŋɑŋ 昂	ŋəŋ 鞥	
[x]		xA 哈		xɤ 喝		xai 海	xei 黑	xɑu 好	xou 猴	xan 寒	xən 痕	xɑŋ 杭	xəŋ 哼	
[tɕ]														
[tɕʰ]														
[ɕ]														
[tʂ]	tʂʅ 知	tʂA 渣		tʂɤ 遮		tʂai 窄		tʂɑu 招	tʂou 周	tʂan 毡	tʂən 真	tʂɑŋ 张	tʂəŋ 争	
[tʂʰ]	tʂʰʅ 吃	tʂʰA 插		tʂʰɤ 车		tʂʰai 拆		tʂʰɑu 超	tʂʰou 抽	tʂʰan 馋	tʂʰən 陈	tʂʰɑŋ 昌	tʂʰəŋ 称	
[ʂ]	ʂʅ 诗	ʂA 沙		ʂɤ 奢		ʂai 筛	ʂei 谁	ʂɑu 烧	ʂou 收	ʂan 山	ʂən 伸	ʂɑŋ 伤	ʂəŋ 生	

续表

韵母 / 声母	[ɿ]/[ʅ]	[A] (ɑ)	[o]	[ɤ]	[ɛ]	[ai]	[ei] (uei)	[ɑu] (uo)	[ou]	[an] (ɑ)	[ən]	[ɑŋ]	[əŋ]	[ər]
[ʐ]	ʐʅ 日			ʐɤ 热				ʐɑu 饶	ʐou 柔	ʐan 然	ʐən 人	ʐɑŋ 让	ʐəŋ 扔	
[ts]	tsɿ 资	tsA 杂		tsɤ 则		tsai 灾	tsei 贼	tsɑu 遭	tsou 邹	tsan 咱	tsən 怎	tsɑŋ 脏	tsəŋ 增	
[ts^{h}]	ts^{h}ɿ 雌	ts^{h}A 擦		ts^{h}ɤ 策		ts^{h}ai 猜		ts^{h}ɑu 曹	ts^{h}ou 凑	ts^{h}an 参	ts^{h}ən 岑	ts^{h}ɑŋ 仓	ts^{h}əŋ 层	
[s]	sɿ 私	sA 撒		sɤ 色		sai 腮		sɑu 搔	sou 搜	san 三	sən 森	sɑŋ 桑	səŋ 僧	
O		A 啊	o 喔											ʅ 儿

注：1.“ϕ”代表“0”声母；2. 表中加“()”的音侧重本县西部山区发音。

表 3-7　　元氏方言声韵配合表（齐齿呼）

韵母 / 声母	[i]	[ia] (iɑ)	[iɛ]	[iɑu] (yɛ)	[iou]	[iæn] (iɑ)	[in]	[iɑŋ]	[iŋ]
[p]	pi 逼		piɛ 别	piɑu 标		piæn 边	pin 滨		piŋ 冰
[p^{h}]	p^{h}i 批		p^{h}iɛ 撇	p^{h}iɑu 飘		p^{h}iæn 篇	p^{h}in 拼		p^{h}iŋ 乒
[m]	mi 迷		miɛ 灭	miɑu 苗	miou 谬	miæn 棉	min 民		miŋ 明
[f]									
[v]									
[t]	ti 低		tiɛ 爹	tiɑu 雕	tiou 丢	tiæn 颠			tiŋ 丁
[t^{h}]	t^{h}i 梯		t^{h}iɛ 贴	t^{h}iɑu 挑		t^{h}iæn 天			t^{h}iŋ 听
[n]	ȵi 泥		ȵiɛ 捏	ȵiɑu 鸟	ȵiou 妞	ȵiæn 年	ȵin 您	ȵiɑŋ 娘	ȵiŋ 宁
[l]	li 利	lia 俩	liɛ 列	liɑu 了	liou 流	liæn 连	lin 林	liɑŋ 凉	liŋ 零
[k]									
[k^{h}]									
[ŋ]									

续表

韵母 / 声母	[i]	[ia] (iɑ)	[iɛ]	[iɑu] (yɛ)	[iou]	[iæn] (iɑ)	[in]	[iɑŋ]	[iŋ]
[x]									
[tɕ]	tɕi 基	tɕia 家	tɕiɛ 街	tɕiɑu 交	tɕiou 究	tɕiæn 坚	tɕin 今	tɕiɑŋ 江	tɕiŋ 京
[tɕʰ]	tɕʰi 欺	tɕʰia 恰	tɕʰiɛ 茄	tɕʰiɑu 敲	tɕʰiou 求	tɕʰiæn 牵	tɕʰin 擒	tɕʰiɑŋ 强	tɕʰiŋ 庆
[ɕ]	ɕi 希	ɕia 瞎	ɕiɛ 鞋	ɕiɑu 校	ɕiou 嗅	ɕiæn 闲	ɕin 欣	ɕiɑŋ 香	ɕiŋ 兴
[tʂ]									
[tʂʰ]									
[ʂ]									
[ʐ]									
[ts]	tsi 济		tsiɛ 姐	tsiɑu 嚼	tsiou 酒	tsiæn 尖	tsin 进	tsiɑŋ 浆	tsiŋ 精
[tsʰ]	tsʰi 齐		tsʰiɛ 窃	tsʰiɑu 瞧	tsʰiou 秋	tsʰiæn 前	tsʰin 侵	tsʰiɑŋ 枪	tsʰiŋ 清
[s]	si 西		siɛ 斜	siɑu 小	siou 修	siæn 鲜	sin 信	siɑŋ 想	siŋ 星
O	i 衣	ia 呀	iɛ 耶	iɑu 腰	iou 忧	iæn 烟	in 因	iɑŋ 央	iŋ 英

表 3-8　　元氏方言声韵配合表（合口呼）

韵母 / 声母	u	[uɑ]	[uo]	[uai]	[uei] (ei)	[uan] (uɑ)	[uən]	[uɑŋ]	[uəŋ]	[uŋ]
[p]	pu 不									
[pʰ]	pʰu 铺									
[m]	mu 木									
[f]	fu 夫									
[v]		vA 瓦		vai 外	vuei 伟	van 弯	vən 温	vɑŋ 王	vəŋ 翁	
[t]	tu 都		tuo 多		tuei 堆	tuan 端	tuən 蹲			tuŋ 东
[tʰ]	tʰu 秃		tʰuo 脱		tʰuei 推	tʰuan 团	tʰuən 吞			tʰuŋ 通

续表

韵母/声母	u	[uɑ]	[uo]	[uai]	[uei] (ei)	[uan] (uɑ)	[uən]	[uɑŋ]	[uəŋ]	[uŋ]
[n]	nu/ɲu 奴		ɲuo 挪			ɲuan 暖				nuŋ/ɲuŋ脓
[l]	lu 炉		luo 锣			luan 乱	luən 轮			luŋ 龙
[k]	ku 姑	kuɑ瓜	kuo 锅	kuai 拐	kuei 规	kuan 关	kuən 滚	kuɑŋ光		kuŋ 工
[k^h]	k^{h}u 枯	k^{h}uɑ夸	k^{h}uo 阔	k^{h}uai 快	k^{h}uei 亏	k^{h}uan 宽	k^{h}uən 困	k^{h}uɑŋ 筐		k^{h}uŋ空
[ŋ]										
[x]	xu 呼	xuɑ 花	xuo 火	xuai 坏	xuei 灰	xuan 欢	xuən 婚	xuɑŋ 荒		xuŋ 轰
[tɕ]										
[tɕ^h]										
[ɕ]										
[tʂ]	tʂu 珠	tʂuɑ抓	tʂuo 桌	tʂuai 拽	tʂuei 追	tʂuan 专	tʂuən 准	tʂuɑŋ 庄		tʂuŋ 中
[tʂ^h]	tʂ^{h}u 初	tʂ^{h}uɑ欻	tʂ^{h}uo 戳	tʂ^{h}uai 揣	tʂ^{h}uei 吹	tʂ^{h}uan 穿	tʂ^{h}uən 春	tʂ^{h}uɑŋ 窗		tʂ^{h}uŋ 充
[ʂ]	ʂu 书	ʂuɑ刷	ʂuo 说	ʂuai 帅	ʂuei 水	ʂuan 拴	ʂuən 顺	ʂuɑŋ双		
[ʐ]	ʐu 如		ʐuo 若		ʐuei 瑞	ʐuan 软	ʐuən 润			ʐuŋ 荣
[ts]	tsu 租		tsuo 昨		tsuei 最	tsuan 钻	tsuən 尊			tsuŋ 综
[ts^h]	ts^{h}u 粗		ts^{h}uo 错		ts^{h}uei 催	ts^{h}uan 蹿	ts^{h}uən 村			ts^{h}uŋ聪
[s]	su 苏		suo 索		suei 虽	suan 酸	suən 孙			suŋ 松
O	u 乌		uo 窝							

表 3-9　　元氏方言声韵配合表（嘬口呼）

声母＼韵母	[y]	[yɛ]	[yæn]　(yɑ)	[yn]	[yŋ]
[p]					
[pʰ]					
[m]					
[f]					
[v]					
[t]					
[tʰ]					
[n]	ȵy 女	ȵyɛ 虐			
[l]	ly 旅	lyɛ 略			
[k]					
[kʰ]					
[ŋ]					
[x]					
[tɕ]	tɕy 居	tɕyɛ 觉	tɕyæn 捐	tɕyn 军	tɕyŋ 窘
[tɕʰ]	tɕʰy 区	tɕʰyɛ 缺	tɕʰyæn 圈	tɕʰyn 群	tɕʰyŋ 穷
[ɕ]	ɕy 虚	ɕyɛ 靴	ɕyæn 轩	ɕyn 勋	ɕyŋ 兄
[tʂ]					
[tʂʰ]					
[ʂ]					
[ʐ]					
[ts]	tsy 聚	tsyɛ 绝		tsuən 俊	
[tsʰ]	tsʰy 娶	tsʰyɛ 雀	tsʰuæn 全		
[s]	sy 须	syɛ 雪	suæn 宣	suən 旬	
O	y 余	yɛ 月	yæn 怨	yn 晕	yŋ 用

（二）韵母特点

在元氏方言中，共有 5 组 11 个韵母有特殊发音，分别是[o]；[an]、[iæn]、[uan]和[yæn]；[ən]、[in]、[uən]和[yn]；[uei]；[yɛ]。

（1）韵母[o]与声母[p]、[[p^{h}]、[m]、[f]相拼时，一般读[ɤ]。

[po]：玻[pɤ^{51}]、簸[pɤ^{51}]、薄[pɤ^{51}]、博[pɤ^{34}]、剥[pɤ^{34}]

[p^{h}o]：坡[p^{h}ɤ^{42}]、婆[p^{h}ɤ^{51}]、破[p^{h}ɤ^{312}]

[mo]：磨[mɤ^{312}]、魔[mɤ^{51}]、模[mɤ^{51}]

[fo]：佛[fɤ^{51}]

（2）在东片，普通话中以[an]、[iæn]、[uan]和[yæn]为韵母的大部分字无鼻音韵尾[n]，代之以非鼻音韵尾[i]，读作[ai]、[iɛ]、[uai]和[yai]。[ai]、[iɛ]、[uai]和[yai]与带鼻音韵尾的韵母[an]、[iæn]、[uan]和[yæn]同时存在。相比之下，前者更为普遍，带鼻音韵尾[n]的韵母使用率较低。

[an]：班[pai^{42}]、反[fai^{55}]、胆[tai^{55}]、滩[t^{h}ai^{42}]、闪[ʂai^{55}]、染[ʐai^{55}]

[iæn]：眼[iɛ^{55}]、碾[ȵiɛ^{53}]、脸[liɛ^{55}]、肩[tɕiɛ^{42}]、天[t^{h}iɛ]、鲜[siɛ^{42}]

[uan]：短[tuai^{55}]、暖[ȵuai^{55}]、宽[k^{h}uai^{42}]、拴[ʂuai^{42}]、撺[ts^{h}uai^{42}]

[yæn]：远[yai^{55}]、鹃[tɕyai^{42}]、犬[tɕ^{h}yai^{55}]、玄[ɕyai^{42}]、冤[yai^{42}]

（3）普通话中以[ən]、[in]、[uən]、[yn]为韵母的部分字，在元氏方言中读作[ei]、[iei]、[uei]和[yei]，无鼻音韵尾[n]或[ən]。

[ən]：闷[mei^{312}]、真[tʂei^{42}]、根[kei^{42}]、很[xei^{55}]/[xai^{55}]

[in]：民[miei^{51}]、今[tɕiei^{42}]/[tɕi^{42}]（西）、因[iei^{42}]

[uən]：问[vei^{312}]、棍[kuei^{312}] 、捆[k^{h}uei^{55}]、婚[xuei^{42}]、准[tʂuei^{55}]、春[tʂ^{h}uei^{42}]、顺[ʂuei^{312}]、润[ʐuei^{312}]、闰[ʐuei^{312}]/[ʐən^{312}]、遵[tsuei^{42}]、村[ts^{h}uei^{42}]/[ts^{h}ər^{42}]（西）、孙[suei^{42}]

[yn]：军[tɕyei^{42}]、群[tɕ^{h}yei^{312}] 、云[yei^{312}]

说明：

① 调查显示，同一地区的人、同村人、甚至同一个人的发音并不一致，明显使用鼻音韵尾[n]的区域不能明确界定；且因[ei]和[n]差别很小，许多人的发音非[ei]非[n]，而是介于两者之间；大多数人对同一个字同时有两种发音，两音混用后并未形成稳定的新方言韵母。故可推测，[ei]、[iei]、[uei]和[yei]为元氏方言原有韵母，目前正在向[ən]、[in]、[uən]和[yn]演变；而所谓鼻音韵尾[n]在元氏方言中脱落之说并不适用于此语言现象（王亚南，2008：4）。

②“很”有时读[xai^{55}]，如“不很赖”等。

③ 声母[ʐ]与[uən]拼读时，[uən]读为[uei]或[ən]，如“润[ʐuei^{312}]”、“闰”

[ʐən^{312}]。

（4）在东片，韵母[uei]与声母[t]、[t^{h}]相拼时，部分字无韵头[u]，读作[ei]。

[tuei]：对[tei^{312}]、兑[tei^{312}]、队[tei^{312}]

[t^{h}uei]：推[t^{h}ei^{42}]、退[t^{h}ei^{312}]、腿[t^{h}ei^{55}]、褪[t^{h}ei^{312}]、忒[t^{h}ei^{312}]、蜕[t^{h}ei^{312}]

（5）韵母[yɛ]作为零声母、或与声母[tɕ]、[tɕ^{h}]、[ɕ]、[l]相拼时，部分字读作[iɑu]。

[yɛ]：　约[iɑu^{214}]、跃[iɑu^{214}]、乐[iɑu^{312}]；

[tɕyɛ]：　觉[tɕiɑu^{214}]、嚼[tsiɑu^{51}]、爵[tsiɑu^{51}]；

[tɕ^{h} yɛ]：喜鹊[tɕ^{h}iɑu^{312}]、麻雀[ts^{h}iɑu]；

[ɕyɛ]：　削[siɑu^{214}]、学[ɕiɑu^{51}]

[lyɛ]：　略[liɑu^{214}]、掠[liɑu^{51}]

（三）西片韵母特点

元氏方言西片有 7 组 12 个韵母有特殊发音，即韵母[ɑ]；[an]、[iæn]、[uan]和[yæn]；[ɑu]；[ei]；[i]、[iæn]和[iŋ]；[iɑu]；[uei]；某些韵母仅在某一区域流行，或有特殊发音，故必要时写明特殊韵母的流行地带。

（1）字母 a 的音值无[A]、[ia]、[uɑ]之分，统一读舌面后元音[ɑ]。

[A]：把[pɑ^{312}]、马[mɑ^{55}]、发[fɑ^{214}]、大[tɑ^{312}]、花[xuɑ^{42}]

[ia]：牙[iɑ^{51}]、俩[liɑ^{55}]、甲[tɕiɑ^{214}]、掐[tɕ^{h}iɑ^{214}]、下[ɕiɑ^{312}]

（2）在毗邻赞皇县的北正乡和黑水河乡南部，韵母[an]、[iæn]、[uan]和[yæn]分别读[ɑ]、[iɑ]、[uɑ]和[yɑ]，无鼻音韵尾[n]，字母 a 统一读舌面后元音[ɑ]。

[an]：　俺[ŋɑ^{55}]、板[pɑ^{55}]、饭[fɑ^{312}]、蛋[tɑ^{312}]、摊[t^{h}ɑ^{42}]、男[nɑ^{51}]、产[tʂ^{h}ɑ^{55}]、山[ʂɑ^{42}]、染[ʐɑ^{55}]、赞[tsɑ^{312}]、蚕[ts^{h}ɑ^{51}]、伞[sɑ^{55}]

[iæn]：烟[iɑ^{42}]、边[piɑ^{42}]、骗[p^{h}iɑ^{312}]、棉[miɑ^{51}]、电[tiɑ^{312}]、天[t^{h}iɑ^{42}]、年[ȵiɑ^{51}]、脸[liɑ^{55}]、间[tɕiɑ^{42}]、前[ts^{h}iɑ^{51}]、线[siɑ^{312}]

[uan]：碗[vɑ^{55}]、端[tuɑ^{42}]、团[t^{h}uɑ^{55}]、暖[nuɑ^{55}]、乱[luɑ^{312}]、官[kuɑ^{42}]、宽[k^{h}uɑ^{42}]、软[ʐuɑ^{55}]、钻[tsuɑ^{42}]、蹿[ts^{h}uɑ^{312}]

[yæn]：冤[yɑ^{42}]、娟[tɕyɑ^{42}]、圈[tɕ^{h}yɑ^{42}]、暄[ɕyɑ^{42}]

（3）韵母[ɑu]与[tʂ]、[tʂ^{h}]、[ʂ]拼读时，部分字的韵母[ɑu]读作[uo]。

[tʂɑu]：找[tʂuo^{55}]、着[tʂuo^{51}]、照[tʂuo^{312}]；

[tʂ^{h}ɑu]：潮[tʂ^{h}uo^{51}]、炒[tʂ^{h}uo^{55}]、抄[tʂ^{h}uo^{51}]、超[tʂ^{h}uo^{51}]

[ʂɑu]：　少[ʂuo^{55}]、烧[ʂuo^{42}]、勺[ʂuo^{51}]、捎[ʂuo^{42}]

说明：“河”在西片读音为“[xuo^{51}]”

（4）在黑水河乡西部一带，韵母[ei]与声母[n]、[l]相拼时，其读音相当于普通话中的[uei]；东片读[ei]，与普通话相同。

[nei]：内[nuei^{312}]、雷[luei^{51}]、泪[luei^{312}]

[lei]：类[luei^{312}]、累[luei^{312}]、垒[luei^{55}]

（5）在苏村乡和黑水河乡东南部一带，韵母[i]、[iæn]和[iŋ]与声母[t]相拼时，在部分字中分别读为[ər]、[ɛr]和[əŋ]。

[ti^{214}]：底[tər^{55}]、笛[tər^{51}]；

[tiæn^{214}]：点[tɛr^{55}]

[ts^{h}iæn^{35}]：有钱[ts^{h}ɛr^{51}]

[siæn^{51}]：棉线[sɛr^{312}]

[tiŋ^{214}]：钉[təŋ^{42}]、顶[təŋ^{55}]

说明："点"在东片有时也读作[tɛr^{55}]：给～|有～|不拉～。

（6）韵母[iɑu]作为零声母，或与擦音、塞擦音声母[t]、[t^h]、[n]、[l]、[tɕ]、[tɕ^h]、[ts^h]、[s]拼合时，部分字读[yɛ]。

[iɑu]：药[yɛ^{312}]、舀[yɛ^{55}]、钥[yɛ^{312}]

[tiɑu]：吊[tyɛ^{312}]、调[tyɛ^{312}]、钓[tyɛ^{312}]

[t^{h}iɑu]：挑[t^{h}yɛ^{55}]、跳[t^{h}yɛ^{312}]、粜[t^{h}yɛ^{312}]

[niɑu]：尿[ȵyɛ^{312}]

[liɑu]：撩[lyɛ^{51}]、料[lyɛ^{312}]、疗[lyɛ^{214}]

[tɕiɑu]：脚[tɕyɛ^{214}]、觉[tɕyɛ^{214}]/[tɕiɑu^{312}]

[tɕ^{h}iɑu]：桥[tɕ^{h}yɛ^{51}]、撬[tɕ^{h}yɛ^{312}]/[tʂ^{h}ɑu^{312}]

[ts^{h}iɑu]：瞧[ts^{h}yɛ^{51}]、俏[ts^{h}yɛ^{312}]

[siɑu]：小[syɛ^{55}]/[siɛ^{55}]、笑[syɛ^{312}]、削[syɛ^{214}]

说明："觉"在"睡觉"中读[tɕiɑu^{312}]，在"觉啊"中读[tɕyɛ^{214}]。

"小"一般读[siɛ^{55}]，也读[syɛ^{55}]，如"小子"读[siɛ^{55}tsɤ]。

（7）韵母[uei]与声母[tʂ]、[tʂ^h]、[ʂ]、[ts]、[ts^h]、[s]相拼时，部分字读作[ei]，无韵头[u]。

[tʂuei]：追[tʂei^{42}]、锥[tʂei^{42}]、赘[tʂei]

[tʂ^{h}uei]：吹[tʂ^{h}ei^{42}]、锤[tʂ^{h}ei^{51}]、垂[tʂ^{h}ei^{51}]

[ʂuei]：水[ʂei^{55}]、谁[ʂei^{51}]、睡[ʂei^{312}]

[tsuei]：最[tsei^{312}]、嘴[tsei^{55}]、醉[tsei^{312}]、罪[tsei^{312}]

[ts^{h}uei]：催[ts^{h}ei^{42}]、脆[ts^{h}ei^{312}]、粹[ts^{h}ei^{312}]、翠[ts^{h}ei^{312}]

[suei]：岁[sei^{312}]、随[sei^{51}]、穗[sei^{312}]、虽[sei^{51}]

总之，在韵母数量、声韵母配合与发音方面，元氏方言西片与东片存在差异，或者说，元氏方言自西向东逐步变化，呈现过渡性：西片仍保持更多的方言原味，东片在很多方面与冀鲁官话已趋向一致。

三、音调

（一）声调系统

现有元氏方言文献一般认为，元氏方言调类共有平上去入四种，单字音调平声不分阴阳（元氏县志办，1995：474；刘淑学，2000：22；王亚南，2008：4）。本书利用最新调查语料，经与普通话声调反复比较后认为：

（1）元氏方言声调变化不大，总体上较舒缓，但平声分阴阳，即：方言中存在第五种调类—阳平调 51，其声调明显异于阴平调 42。

（2）元氏方言单字音调有五种，分别是阴平（42）、阳平（51）、上声（55）、去声（312/31）和入声（214）。

（3）各种文献对元氏方言入声调值的描述差异很大，有 13、24、34、35 等多种（李旭，2008：85；王亚南，2008：8；刘蓉芳，2011：5；元氏县志办，1995：474；盖林海等，2005：43）。本研究确认，元氏方言入声发音不太短促，但比较整齐，入声调先降后升，与普通话上声调接近，调值为 214。

本书使用 5 度标音法标明调值，1 度为低调，2 度为半低调，3 度为中调，4 度为半高调，5 度为高调。元氏方言声调及调值与普通话声调与调值对照如下：

表 3-10 **元氏方言与普通话声调对照表***

元氏方言声调		普通话声调		例字
调类	调值	调类	调值	
阴平	4-2	阴平	5-5	包、低、机
阳平	5-1	阳平	3-5	雹、笛、急
上声	5-5	上声	2-1-4	子、满、老
去声**	3-1-2/3-1	去声	5-1	字、慢、涝
入声	2-1-4			百、格、鸭

*表中声调以元氏方言东片为标准。

说明：

（1）全县域内，调类相同，均有五种；方言的声调，阴平、阳平和上声的差异较小，去声与入声略有差异，有待进一步研究。

（2）去声[312]和[31]会随语境发生自由变读。

（3）元氏方言中的阳平声调有如下几种情况：

① 绝大部分普通话阳平字在元氏方言中读作阳平调，调值为 51，接近于普通话的去声调，如：熬[ŋɑu^{51}]、拔[pA^{51}]、财[ts^{h}ai^{51}]、蚕[ts^{h}an^{51}]、茶[tʂ^{h}A^{51}]、笛[ti^{51}]、佛[fɤ^{51}]、孩[xai^{51}]、轮[luən^{51}]、麻[mA^{51}]、南[nan^{51}]、婆[p^{h}ɤ^{51}]、晴[ts^{h}iŋ^{51}]、儒[ʐu^{51}]、人[ʐən^{51}]、熟[ʂu^{51}]、逃[t^{h}ɑu^{51}]等。

② 个别普通话声调为阴平的字，元氏方言读为阳平调，调值为 51，如：猜[ts^{h}ai^{51}]、参[ts^{h}an^{51}]、搀[tʂ^{h}an^{51}]、昌[tʂ^{h}ɑŋ^{51}]、超[tʂ^{h}ɑu^{51}]、痴[tʂ^{h}ʅ^{51}]、初[tʂ^{h}u^{51}]等。

③ 某些字在特定词语中读阳平调，调值为 51，例如：搬[pai^{42}]\搬螳儿[pai^{51}t^{h}ɑrŋ^{312}]（西）；被[pei^{312}]\被裹儿[pei^{51}kuɛr^{214}]（西）；圪[kɤ^{42}]\圪腻[kɤ^{51}ni]（西）；鼓[ku^{55}]\鼓庄[ku^{51}tʂuɑrŋ]；骨[ku^{214}]\骨弄儿[ku^{51}ɲurŋ]；脑[nɑ^{55}]（西）\脑巴盖儿[nɑ^{51}pA^{42} kair^{312}]（西）；旋[suan^{42}]\旋饼[suan^{51}piŋ]（西）；一[i^{214}]\一随儿哩[i^{51}suər^{214}li]。

（4）个别普通话阳平字在元氏方言中读作阴平调，调值为 42，例如：昂[ŋɑŋ^{42}]、涔[ts^{h}ən^{42}]、曾[ts^{h}əŋ^{42}]、传[tʂ^{h}uai^{42}]、从[ts^{h}uŋ^{42}]、丛[ts^{h}uŋ^{42}]等。

（5）元氏方言存在入声调。

（二）入声

1. 元氏方言入声字特点

所谓入声，在古汉语中指以塞音 p[-p^{h}]、t[-t^{h}]和 k[-k^{h}]为韵尾的字，发音特点是先抑后扬、以爆破音收尾，发音短促；在现代汉语中，入声韵已几乎消失，但入声调仍存在于许多方言中，晋语更是以方言中是否存在入声调作为区分标准。经分析研究，元氏方言入声字有以下特点：

（1）元氏方言中已无入声韵，但存在入声调。只有一部分古入声字今天仍读入声调。《广韵》录古入声字 5 398 个（胡安顺，2003：188），丁声树、李荣的《古今字音对照手册》记入声字 1 085 个（同上）。而元氏方言中常用入声字约有 553 个。

（2）许多古入声字在元氏方言中已变声调。经统计，古入声字转变为去声的数量最多，其次为平声，转变为上声的字数最少。古入声字今读去声的有测[ts^{h}ɤ^{312}]（目测）、个[kɤ^{312}]（一个）、客[k^{h}ɤ^{312}]（旅客）、试[ʂʅ^{312}]（考试）等；改读平声的字如：屈[tɕʰy^{42}]、白[p^{51}]、石[ʂʅ^{51}]、杂[tsA^{51}]等；改读上声的有：蹼[pu^{55}]、只[tʂʅ^{55}]（只要）等。

（3）当代入声字有四种情况：① 单字读入声，与其他字组合则变调，如：俗[su^{214}]\风俗[fəŋ^{42}su^{312}]。② 单字读去声，与其他字组合则为入声，如：个[kɤ^{312}]\个别[kɤ^{214}piɛ^{55}]。③ 某些字作词头时读入声，作词尾时读去声，如：幕布[mu^{214}pu^{312}]\报幕[pɑu^{312}mu^{312}]；个别[kɤ^{214}piɛ^{55}]\一个[i^{214}kɤ^{312}]；月份[yɛ^{214}fər^{312}]\年月[ȵiæn^{51}yɛ^{312}]。④ 个别字作词头时读入声，作词尾时读上声，如：室内[ʂʅ^{214}nei^{312}]\教室[tɕiɑu^{312}ʂʅ^{55}]。

（4）大部分在普通话中读去声的入声字在元氏方言中有入声和去声两种读法，如：合适[xɤ^{51}ʂʅ^{214}]/[xɤ^{51}ʂʅ^{312}]的“适”；页码[iɛ^{214}mA^{55}]/[iɛ^{312}mA^{55}]的“页”；翻译[fai^{42}i^{214}]/[fai^{42}i^{312}]的“译”；祝贺[tʂu^{214}xɤ^{312}]/[tʂu^{31}xɤ^{312}]的“祝”。

（5）部分入声字通常符合表 3-3-1 的读音规律，只在个别词语中保留入声调，如：“薄”在“薄厚、薄待”中读阳平，在“日薄西山”中读入声；“错”在“错事、改错”中读去声，在“错误”中读入声；“叠”在“重叠、折叠”中读阳平，在“叠韵”中读入声。

（6）许多字虽仍读入声，但已很不明显，如：侧重[tsʰɤ^{214}tʂuŋ^{312}]、彻底[tʂʰɤ^{214}ti^{55}]、豁免[xuo^{214}miɛ^{55}]、屹立[i^{214}li^{312}]、玉立[y^{214}li^{312}]、月份[yɛ^{214}fən^{312}]、乐队[yɛ^{214}tuei^{312}]等，其中“侧、彻、豁、屹、玉、月、乐”读入声，但已接近去声，入声几乎无法辨认。

（7）某些入声字变音后仍读入声，如；笔[pi^{214}]/[pei^{214}]、搁[kɤ^{214}]/ [kɑu^{214}]、隔[kɤ^{214}]\ [tɕiɛ^{214}]、摸[mɤ^{214}]/ [mA^{214}]/ [mɑu^{214}]。部分非入声字变音后读入声，如：册[tsʰɤ^{312}]/[tʂʰai^{214}]、倒[tɑu^{312}]/[ʂɑu^{214}]、掉[tiɑu^{312}] /[tiɛ^{214}] 、踱[tuo^{312}]/[tu^{214}]、放[fɑŋ^{312}]/ [tʂuɑŋ^{214}]等。

（8）元氏方言中有一些入声音有音无字；或某些词通过变音为入声构成新词，入声是变调构词常用声调之一，如：梏*捋[kʰu^{214}ly^{55}]\梏*蕾[kʰu^{214}lei^{55}] 、驭*[y^{214}]、□[uo^{214}]、一随*儿哩[i^{51}suər^{214}li]、□[tʂʰuɑ^{214}]、□[tʃɑrŋ^{214}]、□[kʰɛr^{214}]、□[tʃər^{214}]等。

总之，元氏方言入声调正在不断变化，大量入声字正在过渡为去声、平声或上声，过渡趋势比较明显。

2. 元氏方言常用入声字统计

《元氏方言常用入声字表》共收录入声字 553 个。说明如下：

（1）“；”将入声字按普通话音调的阴平、阳平、上声和去声顺序排列。

（2）“（）“中是例词，如：扒（扒钩）。

（3）带圈入声字读尖音，如：迹⃝。

（4）“礤*（日字旁）”说明该字写法为将替代字的偏旁改为日字旁。

表 3-11　　元氏方言常用入声字表

B：八、扒（扒钩）、熛（熛锅）、捌、剥[pɑu^{214}]、逼、憋、鳖、瘪（瘪三）、拨、钵、剥[po^{214}]、亳、礴、浡；别、蹩、薄（日薄西山）、勃、渤、博、搏、膊（赤膊）、帛、泊、驳、伯[po^{214}]、箔、舶、钹；百、佰、柏、伯[pai^{214}]、掰、拜、北、笔、瘪（瘪瘦）、卜、捕、哺；必、弼、毕、哔、滗、不。（48 字）

C：擦、插、馇（馇粥）、拆、吃、出、戳、跐（跐啦）、撮；察、碴[tʃ^{h}ər^{214}]（豆碴$_{儿}$）；尺；策、侧、测、恻、册、彻、绌、搐、促、错。（22 字）

D：答（答应）、搭、褡、耷、滴（滴嗒）、跌、督（监督）、嘟（嘟囔）；沓、答（回答）、达、得、德、迭、谍、堞（堞楼）、牒（通牒）、碟（光碟）、蝶（蝶泳）、叠（叠韵）、读、渎、犊、黩（黩武）、度（忖度）、铎（木铎）；倒[ʂɑu^{214}]、得[tei^{214}]、递（递摆）、掉[tiɛ^{214}]、笃、踱[tu^{214}]（踱跳）。（32 字）

E：额；恶（恶心）；恶（恶果）、厄、扼、愕（愕然）、萼（萼片）、鳄、遏、噩（噩耗）、摁（摁跟头）。（11 字）

F：发（发生）；伏（潜伏）、服、幅、福、辐、蝠、芾、匐、腐（腐败）；法、砝；发（理发）、珐（珐琅）、放[tʂuɑŋ^{214}]（放盐）、复、腹（腹部）、蝮（蝮蛇）、鳆（鳆鱼）、覆、缚、復、馥。（23 字）

G：疙、圪（圪料）、胳、鸽、搁、割、袼（袼褙）、骨、刮、郭（城郭）、聒（聒耳）；骼、阁、格、蛤、革、隔、嗝、膈、葛（瓜葛）、给[tɕi^{214}]、掴[kuai^{214}]；葛（葛氏）、谷、骨（骨肉）、鼓（鼓捣）；个（个别）、各。（28 字）

H：喝（喝水）、黑、忽、唿（唿噜）、豁（豁口）；喝（喝彩）、或（或许）、获（收获）、惑（惑乱）、豁（豁亮）。（10 字）

J：击、迹⃝（迹象）、唧⃝（唧咕）、积⃝、绩⃝、缉⃝、敧、激、夹、浃、跤（摔跤）、疖⃝、结、接⃝、揭、撅（撅嘴）、擀⃝（擀面）；及、汲、级、极（南极）、吉、即⃝（即位）、亟（亟待）、急（应急）、疾⃝、嫉⃝（嫉恶如仇）、棘、集⃝、瘠⃝、藉⃝、籍⃝、荚、颊、嚼（咀嚼）、橘、孑（孑然）、节⃝、杰、劫、洁、袺、诘、结、拮、桔[tɕiɛ^{214}]、捷、竭、睫、菊、桔[tɕy^{214}]、决、诀、抉、觉、珏（玉珏）、倔、掘、崛、厥、獗、镢、蹶、爵、攫、孓（孑孓）；给（供给）、脊⃝、戟、挤⃝（挤油）、甲、胛、角、脚、饺；寂⃝、鲫。（77 字）

K：磕、瞌、窟（窟窿）；壳、咳；渴；克（克服）、刻、客（客观）、嗑、扩、括、阔（开阔）。（13 字）

L： 拉（拉屎）、邋、勒、捋；榴（榴石头）；烙、勒、立（立即）、力（力量）、历、沥（沥拉）、列、烈、裂（分裂）、劣（劣势）、猎（猎户）、掠、略（战略）。（18 字）

M： 抹（抹布）、摸；没（没有）、膜；拇（拇捋）；免[mA^{214}]、灭、蔑、末、沫、抹（抹墙）、茉、没（没落）、莫、漠（沙漠）、寞、木（木质）、沐（沐浴）、目（目的）（19 字）

N： 妮、捏；呐、纳、捺、衲、虐、疟、诺。（9 字）

P： 拍、劈、霹、撇（撇下）、瞥、朴（朴刀）、铺（铺排）、泼、泊、扑、仆（前仆后继）；匹、癖、撇（两撇）；僻（偏僻）、辟（开辟）、迫（迫害）、魄（魄力）。（18 字）

Q： 七、漆、趋[tsʰi^{214}]（趋乎）、礤*（日字旁）、掐、戚[tɕʰiɛ^{214}]、切（切菜）、曲（弯曲）、蛐、焌（焌头发）、缺；曲（戏曲）；洽、恰、切（切实）、却（退却）、雀（雀斑）、确、阕（上阕）。（19 字）

R： 入、弱（弱势）、若（若干）。（3 字）

S： 撒、塞（瓶塞）、杀、刹、筛[tɕiɛ^{214}]（筛面）、失、虱、湿、叔、淑（淑女）、刷（刷牙）、摔（摔倒）、说、缩、唆；识（识字）、食、蚀、俗；撒（撒种）、洒（洒水）、色（套色）、死[ʂA^{214}]（笑死人）、所（所以）、索[sɑu^{214}]（索子哦）；萨（萨满）、飒（飒爽）、扫[tʂʰɑu^{214}]（扫地）、色（夜色）、啬（吝啬）、塞（闭塞）、霎（霎时）、设（设备）、式（式样）、试（试验）、饰（装饰）、室（室内）、适、释（释然）、束（一束）、硕、速、肃（肃静）、宿（宿舍）、夙（夙愿）、塑（塑料）。（46 字）

T： 塌、溻（溻衣裳）、趿（趿拉）、剔、踢、帖（妥帖）、贴、秃、突、托、脱；塔、獭、帖（请帖）、铁；踏、挞（鞭挞）、榻（下榻）、蹋、忑、特、帖（字帖）、拓。（23 字）

W： 挖[vai^{214}]、屋；沃、握、龌、勿（勿忘）、物（物理）。（7 字）

X： 夕、汐、矽、吸、昔、惜、析、淅、晰、息、熄、悉、锡、蜥、膝、瞎、歇、蝎、楔（楔打）、楔、削[siɑu^{214}]（削铅笔）、削[syɛ^{214}]（削减）、薛；习、席（一席话）、袭、媳、檄、侠、峡、辖；血[ɕiɛ^{214}]、宿[siou^{214}]、雪；隙、蝎（蝎虎）、畜（畜牧）、血[ɕyɛ^{214}]（血液）。（38 字）

Y： 压、押、鸭、噎、　、壹、约、曰，乙，页、掖、腋、亦（亦然）、译（翻译）、抑（抑制）、悒（悒闷）、臆（臆测）、屹（屹立）、玉（玉立）、郁（郁闷）、欲（欲望）、月（月份）、乐（乐队）、岳（岳父）、悦（悦耳）、阅（阅览）、跃（跃上）、越（越是）。（28 字）

Z： 咂、喳[tʂuɑ^{214}]（喳叽）、扎（扎针）、摘、蜇（蜇人）、汁、只（一只）、织、稙（稙庄稼）、吱（吱霎）、粥、掫、拙、卓、桌、涿、捉、作（作坊）、左；责、则、泽、择、扎、折、哲、蛰（海蜇）、辄、辙、植（植树）、值、殖、职（职务）、竹、竺、烛、逐、灼、酌、茁、啄、琢、卒（士卒）、足、昨；眨、窄、褶、嘱；这[tei^{214}]（西）、仄、浙、帜（旗帜）、质、秩（秩序）、指（指甲）、趾（趾头儿）、瞩、祝（祝贺）、作（作业）、做（做事）。（61 字）

四、音变

元氏方言中存在语音音变。本节描写六个最重要的规律性音变，即“儿”化音、“子”的变音、文白异读、地名变音、数量词变音和连续变调。

（一）“儿”化音

元氏方言儿化音构成主要是“儿”音与前一音节融合形成合音。

1. 除[ya]、[yai]和[yei] 之外，元氏方言音系中其余 39 个常用韵母均可儿化，共形成 21 个儿化韵，儿化韵与基本韵母的对应关系参见《元氏方言儿化韵与基本韵母对应情况表》

关于儿化韵与元氏方言声母的具体搭配，则参见《元氏方言儿化韵声韵配合表》（参见表 3-13、表 3-14、表 3-15 和表 3-16），该表为本研究的成果之一，类似表格尚未在其他元氏方言文献中发现过。

表 3-12　　元氏方言儿化韵与基本韵母对应情况表

儿化韵				对应的基本韵母			
开	齐	合	嘬	开口呼	齐齿呼	合口呼	嘬口呼
ər	iər	ər	yər	ɿ ʅ A ɤ ai ei an ən	i in	u	y yn yei
		uər	uər			u uei uən	yn
ɛr	iɛr	uɛr	yɛr uɛr	A o ɤ ai an	ia iɛ iæn	uɑ uo uai uan	yɛ yæn yai
ɑur	iɑur			ɑu	iɑu		
əur	iəur			ou	iou		
ɑrŋ	iɑrŋ	uɑrŋ		ɑŋ	iɑŋ	uɑŋ	
ərŋ		uərŋ		əŋ		uəŋ	
	irŋ		yrŋ		iŋ		yŋ
		urŋ				uŋ	
ɭ				ər ɿ ʅ			

2. 韵母[ər]的发音[ɭ]

[ər]作独立音节时读舌尖后边音[ɭ]，如：而、耳、尔、二、饵、贰、儿等。[ɭ]音首次用于记录元氏方言，在发音时，舌尖顶住龈后（腭前），舌叶（舌前端）抬起顶住硬腭，软腭上升，口腔半开，不送气，气流从舌端两边流出。

表 3-13　　元氏方言儿化韵声韵配合表（开口呼）

基本韵母	[ʅ]/[ʅ]	[A]	[o]	[ɤ]	[ai]	[ei]	[ɑu]	[ou]	[an]	[ən]	[ɑŋ]	[əŋ]	[ər]
儿化韵 声母	[ər]/[ɭ]	[ɛr]/[ər]	[ɛr]	[ər]/[ɛr]	[ɛr]/[ər]	[ər]	[ɑur]	[əur]	[ɛr]/[ər]	[ər]	[ɑrŋ]	[ərŋ]	[ɭ]
[p]		pɛr 把儿	pɛr 脖儿		pɛr 白白儿哩	pər 辈儿	pɑur 包儿		pɛr 板儿	pər 本儿	pɑrŋ 帮儿	pərŋ 钢蹦儿	
[pʰ]		pʰɛr 钉耙儿	pʰɛr 坡儿		pʰɛr 拍儿	×	pʰɑur 小炮儿	×	pʰɛr 盘儿	pʰər 盆儿	pʰɑrŋ 胖儿	pʰərŋ 棚儿	
[m]		mɛr 小马儿	mɛr 膜儿	mɛr 么儿	×	×	mɑur 猫儿	məur 哞哞儿	mɛr 慢慢儿	mər 门儿	mɑrŋ 帮忙儿	mərŋ 梦儿	
[f]		fɛr 法儿	fɛr 佛佛儿			fər 佛儿嗤		fəur 缶儿	fɛr 烦儿	fər 份儿	fɑrŋ 方儿	fərŋ 蜂儿	
[v]													
[t]		tɛr 疙瘩儿		tər 嘚儿	tɛr 袋儿	×	tɑur 刀儿	təur 兜儿	tɛr 单儿	×	tɑrŋ 裆儿	tərŋ 凳儿	
[tʰ]		tʰɛr 沓儿		tʰɛr 模特儿	tʰɛr 台儿		tʰɑur 桃儿	tʰəur 头儿	tʰɛr 摊儿		tʰɑrŋ 汤儿	tʰərŋ 葡萄藤儿	
[n]		ɲər 哪儿		ɲər 那儿	nɛr/ɲɛr 牛奶儿	×	nɑur/ ɲɑur 豆恼儿	nəur/ ɲəur 耨儿	×	×	nɑrŋ/ ɲɑrŋ 胶囊儿	nərŋ/ ɲərŋ 能能儿	
[l]		ɭər 坷拉儿		×	×	×	ɭɑur 小老儿	ɭəur 炮楼儿	ɭər 篮儿		ɭɑrŋ 刀螂儿	ɭərŋ 棱儿	
[k]		kɛr 嘎嘎儿笑		kər 咯咯笑	kɛr 盖儿	×	kɑur 膏儿	kəur 沟儿	kɛr 秆儿	kər 根儿	kɑrŋ 缸儿	kərŋ 梗儿	
[kʰ]		×		kʰɛr 壳儿	×	×	kʰɑur 补考儿	kʰəur 抠儿	kʰɛr 门槛儿	×	kʰɑrŋ 小康儿	kʰərŋ 坑儿	
[ŋ]				ŋɛr 蛾儿	×	×	ŋɑur 小袄儿	ŋəur 藕儿	ŋɛr 岸儿	×	nɑrŋ 盎儿	×	
[x]		xɛr 打哈哈儿		xɛr 壑儿	xɛr 小孩儿	xər 嗨嗨儿	xɑur 号儿	xəur 猴儿	xɛr 汗儿	xər 记恨儿	xɑrŋ 行儿	xərŋ 哼儿哼儿	
[tɕ]													
[tɕʰ]													
[ɕ]													
[tʂ]	tʃʅ 纸儿	tʃər 圪渣儿		tʃər 这儿	×		tʃɑur 招儿	tʃəur 轴儿	×	tʃʅ 针儿	tʃɑrŋ 张儿	tʃərŋ 证儿	

续表

基本韵母 / 儿化韵 / 声母	[ɿ]/[ʅ]	[A]	[o]	[ɤ]	[ai]	[ei]	[ɑu]	[ou]	[an]	[ən]	[ɑŋ]	[əŋ]	[ər]
	[ər]/[ɭ]	[ɛr]/[ər]	[ɛr]	[ər]/[ɛr]	[ɛr]/[ər]	[ər]	[ɑur]	[əur]	[ɛr]/[ər]	[ər]	[ɑrŋ]	[ərŋ]	[ɭ]
[tʂʰ]	tʃʰɭ 齿儿	tʃʰər 碴儿		tʃʰər 车儿	tʃʰər 当差儿		tʃʰɑur 鸟巢儿	tʃʰəur 绸儿	tʃʰər 铁铲儿	×	tʃʰɑrŋ 尝儿	tʃʰərŋ 秤儿	
[ʂ]	ʃɭ 事儿	×		ʃər 蛇儿	ʃər 色儿		ʃɑur 梢儿	ᐊəur 手儿	ʃər 衫儿	×	ʃɑrŋ 晌儿	ʃərŋ 声儿	
[ʐ]	ɭ 耳儿			×			×	ɭour 肉儿	ɭər 可然儿人名	ɭ 人儿	ɭɑrŋ 瓤儿	×	
[ts]	tsər 籽儿	tsɛr 崽儿		tsər 啧啧儿	tsɛr 牛仔儿	×	tsɑur 枣儿	×	tsɛr 金簪儿	tsɛr 怎儿	tsɑrŋ 脏儿人名	tsərŋ 增儿人名	
[tsʰ]	tsʰər 刺儿	tsʰɛr 板擦儿		×	tsʰɛr 菜儿		tsʰɑur 槽儿	tsʰəur 凑儿	×	×	tsʰɑrŋ 仓儿	tsʰərŋ 层儿	
[s]	sər 丝儿	sɛr 仨儿		sər 瑟瑟儿	sɛr 塞儿		sɑur 嫂儿	səur 飕飕儿	sɛr 三儿	×	sɑrŋ 嗓儿	sərŋ 僧儿	
		×	×										[ɭ] 儿

说明：“×”表示此声韵不能儿化，或者没有发现儿化字。

表 3-14　　元氏方言儿化韵声韵配合表（齐齿呼）

基本韵母 / 儿化韵 / 声母	[i]	[ia]	[iɛ]	[iɑu]	[iou]	[iæn]	[in]	[iɑŋ]	[iŋ]
	[iər]	[iɛr]	[iɛr]	[iɑur]	[iəur]	[iɛr]	[iər]	[iɑrŋ]	[irŋ]
[p]	piər 篦儿		piɛr 鳖儿	piɑur 膘儿		piɛr 边儿	×		pirŋ 柄儿
[pʰ]	pʰiər 劈儿		pʰiɛr 撇儿	pʰiɑur 瓢儿		pʰiɛr 篇儿	×		pʰirŋ 瓶儿
[m]	miər 米儿		miɛr 咩儿	miɑur 苗儿	×	miɛr 面儿	miər 席篾儿		mirŋ 名儿
[f]									
[v]									

续表

基本韵母 / 儿化韵 / 声母	[i] [iər]	[ia] [iɛr]	[iɛ] [iɛr]	[iɑu] [iɑur]	[iou] [iəur]	[iæn] [iɛr]	[in] [iər]	[iɑŋ] [iɑrŋ]	[iŋ] [irŋ]
[t]	tiər 笛儿		tiɛr 蝶儿	tiɑur 貂儿	tiəur 沉丢丢儿	tiɛr 店儿			tirŋ 钉儿
[tʰ]	tʰiər 蹄儿		tʰiɛr 贴儿	tʰiɑur 条儿		tʰiɛr 天儿			tʰirŋ 亭儿
[n]	ȵiər 泥儿		ȵiɛr 捏捏儿	ȵiɑur 鸟儿	ȵiəur 妞儿	ȵiɛr 年儿	×	ȵiɑrŋ 老娘儿	ȵirŋ 拧儿
[l]	liər 梨儿	×	liɛr 裂儿	liɑur 料儿	liəur 瘤儿	liɛr 链儿	liər 林儿	liɑrŋ 凉儿	lirŋ 领儿
[k]									
[kʰ]									
[ŋ]									
[x]									
[tɕ]	tɕiər 鸡儿	tɕiɛr 圪痂儿	tɕiɛr 界儿	tɕiɑur 角儿	tɕiəur 久儿	tɕiɛr 间儿	tɕiər 筋儿	tɕiɑrŋ 讲儿	tɕirŋ 经儿
[tɕʰ]	tɕʰiər 棋儿	tɕʰiɛr 一抹儿	×	tɕʰiɑur 窍儿	tɕʰiəur 球儿	tɕʰiɛr 缱缱儿	tɕʰiər 胡琴儿	tɕʰiɑrŋ 腔儿	tɕʰirŋ 轻轻儿
[ɕ]	xiər 系儿	ɕiɛr 匣儿	ɕiɛr 鞋儿	ɕiɑur 校儿	ɕiəur 珍馐儿	ɕiɛr 弦儿	×	ɕiɑrŋ 香儿	ɕirŋ 杏儿
[tʂ]									
[tʂʰ]									
[ʂ]									
[ʐ]									
[ts]	tsiər 剂儿		tsiɛr 三姐儿	tsiɑur 焦儿	tsiəur 酒儿	tsiɛr 尖儿	×	tsiɑrŋ 浆儿	tsirŋ 静儿
[tsʰ]	tsʰiər 齐儿		×	tsʰiɑur 雀儿	tsʰiəur 泥鳅儿	tsʰiɛr 钱儿	×	tsʰiɑrŋ 墙儿	tsʰirŋ 情儿
[s]	siər 席儿		siɛr 楔儿	siɑur 小儿	siəur 袖儿	siɛr 鲜儿	siər 心儿	siɑrŋ 像儿	sirŋ 星儿
	iər 姨儿	iɛr 芽儿	iɛr 叶儿	iɑur 腰儿	iəur 油儿	iɛr 烟儿	iər 印儿	iɑrŋ 稻秧儿	irŋ 影儿

说明：“×”表示此声韵不能儿化，或者没有发现儿化字。

表 3-15 元氏方言儿化韵声韵配合表（合口呼）

基本韵母	[u]	[uɑ]	[uo]	[uai]	[uei]	[uan]	[uən]	[uɑŋ]	[uəŋ]	[uŋ]
儿化韵 / 声母	[uər]/[ər]	[uɛr]	[uɛr]	[uɛr]	[uər]	[uɛr]	[uər]	[uɑrŋ]	[uərŋ]	[urŋ]
[p]	pər 布儿									
[p^h]	p^hər 铺儿									
[m]	×									
[f]	fər 幅儿									
[v]		vɛr 娃娃儿		×	vər 微微儿	vɛr 弯儿	vər 纹儿	vɑrŋ 网儿	vərŋ 瓮儿	
[t]	tuər 肚儿		tuɛr 花朵儿		tuər 堆儿	tuɛr 段儿	tuər 墩儿			turŋ 洞儿
[t^h]	t^huər 兔儿		t^huɛr 托儿		t^huər 腿儿	t^huɛr 团儿	t^huər 屯儿			t^hurŋ 桶儿
[n]	×		×			×				nurŋ/ɲurŋ 脓儿
[l]	fluər 葫芦儿		ɭuɛr 一摞儿			ɭuɛr 乱儿人名	fluər 轮儿			flurŋ 笼儿
[k]	kuər 股儿	kuɛr 瓜儿	kuɛr 果儿	×	kuər 鬼儿	kuɛr 官儿	kuər 棍儿	kuɑrŋ 光儿		kurŋ 供儿
[k^h]	k^huər 裤儿	×	×	k^huɛr 块儿	k^huər 盔儿	k^huɛr 款儿	k^huər 捆儿	k^huɑrŋ 筐儿		k^hurŋ 孔儿
[ŋ]										
[x]	xuər 户儿	xuɛr 花儿	xuɛr 火儿	×	×	xuɛr 环儿	xuər 魂儿	xuɑrŋ 黄儿		xurŋ 分红儿
[tɕ]										
[$tɕ^h$]										

续表

基本韵母 \ 儿化韵 \ 声母	[u]	[uɑ]	[uo]	[uai]	[uei]	[uan]	[uən]	[uɑŋ]	[uəŋ]	[uŋ]
	[uər]/[ər]	[uɛr]	[uɛr]	[uɛr]	[uər]	[uɛr]	[uər]	[uɑrŋ]	[uərŋ]	[urŋ]
[ɕ]										
[tʂ]	tʃuər 箸儿	tʃuɛr 爪儿	tʃuɛr 桌儿	×	tʃuər 坠儿	tʃuɛr 砖儿	tʃuər 准儿	tʃuɑrŋ 庄儿		tʃurŋ 盅儿
[tʂʰ]	tʃʰuər 一出儿	×	tʃʰuɛr 戳儿	×	tʃʰuər 锤儿	tʃʰuɛr 串儿	tʃʰuər 唇儿	tʃʰuɑrŋ 疮儿		tʃʰurŋ 虫儿
[ʂ]	ʃuər 数儿	ʃuɛr 刷儿	ʃuɛr 小说儿	×	ʃuər 水儿	ʃuɛr 拴儿	×	ʃuɑrŋ 双儿		
[ʐ]	×		×		×	×	×			ɭurŋ 绒儿
[ts]	tsuər 卒儿		tsuɛr 坐儿		tsuər 嘴儿	tsuɛr 钻儿	×			tsurŋ 骨纵儿
[tsʰ]	tsʰuər 粗儿		tsʰuɛr 错儿		tsʰuər 翠儿	×	tsʰuər 村儿			tsʰurŋ 小葱儿
[s]	×		suɛr 所儿		suər 穗儿	suɛr 蒜儿	suər 孙儿			surŋ 小宋儿
	uər 物儿		uɛr 窝儿							

说明："×"表示此声韵不能儿化，或者没有发现儿化字。

表 3-16　　元氏方言儿化韵声韵配合表（嘬口呼）

基本韵母 \ 儿化韵 \ 声母	[y]	[yɛ]	[yæn]	[yn]	[yŋ]
	[yər]	[yɛr]	[yɛr]/[uɛr]	[yər]/[uər]	[yrŋ]
[p]					
[pʰ]					
[m]					

续表

声母 \ 基本韵母 / 儿化韵	[y] [yər]	[yɛ] [yɛr]	[yæn] [yɛr]/[uɛr]	[yn] [yər]/[uər]	[yŋ] [yrŋ]
[f]					
[v]					
[t]					
[tʰ]					
[n]	ȵyər 女儿	×			
[l]	lyər 毛驴儿	×			
[k]					
[kʰ]					
[ŋ]					
[x]					
[tɕ]	tɕyər 句儿	tɕyɛr 橛儿	tɕyɛr 卷儿	tɕyər 军儿人名	tɕyrŋ 囧儿
[tɕʰ]	tɕʰyər 曲儿	tɕʰyɛr 缺儿	tɕʰyɛr 圈儿	tɕʰyər 裙儿	tɕʰyr ŋ 穷儿
[ɕ]	×	ɕyɛr 靴儿	ɕyɛr 悬儿	×	ɕyrŋ 熊儿
[tʂ]					
[tʂʰ]					
[ʂ]					
[ʐ]					
[ts]	tsyər 聚聚儿	×	×	tsuər 俊儿人名	×
[tsʰ]	tsʰyər 趣儿	×	tsʰuɛr 全儿人名	×	×
[s]	syər 絮儿	syɛr 雪儿	suɛr 人选儿	×	×
	yər 鱼儿	yɛr 月儿	yɛr 院儿	×	yrŋ 永儿人名

说明："×"表示此声韵不能儿化，或者没有发现儿化字。

3. 儿化韵的卷舌发音分五种情况

（1）[ɿ]、[ʅ]、[i]、[A]、[o]、[ɤ]、[ɑu]、[iɛ]、[iɑu]、[y]和[yɛ]在儿化时直接卷舌；

（2）[ən]、[in]、[uən]、[yn]在儿化时去掉韵尾直接卷舌；

（3）[ai]、[ei]、[an]、[ia]、[iæn]、[uɑ]、[uo]、[uai]、[uei]、[uæn]、[uən]、[yæn]、[ou]、[iou]在儿化时去掉韵尾，主元音发生变化再卷舌；

（4）[ɑŋ]、[əŋ]、[iɑŋ]、[uɑŋ]、[iŋ]、[uŋ]、[uəŋ]、[yŋ]在儿化时韵尾不卷舌，而是主元音卷舌；

（5）韵母[u]儿化时，随声母不同，去掉[u]加儿化音[ər]或直接加儿化音[ər]。

4. 韵母[u]与声母[p]、[p^{h}]、[f]组成的音节儿化时，去掉[u]加儿化音[ər]

基本韵母	儿化韵	例词
布 [pu^{312}]	[pər^{312}]	花布儿[xuɑ^{42}pər^{312}]
铺 [p^{h}u^{312}]	[p^{h}ər^{312}]	饭铺儿[fan^{312}p^{h}ər^{312}]
幅 [fu^{34}]	[fər^{34}]	一幅儿[i^{31}fər^{34}]

5. 声母[tʂ]、[tʂ^{h}]、[ʂ]、[ʐ]、[l]与韵母组成的音节儿化时，声韵母同时变音，分两种情况

（1）声母[tʂ]、[tʂ^{h}]、[ʂ]与开口呼、合口呼韵母组成的音节儿化时，[tʂ]、[tʂ^{h}]、[ʂ]变音为[tʃ]、[tʃ^{h}]和[ʃ]，韵母[ʅ]变音为[ɭ]，如：

基本韵母	儿化韵	基本韵母	儿化韵
渣[tʂA^{42}]	渣儿[tʃər^{42}]	蛇[ʂɤ^{51}]	蛇儿[ʃər^{51}]
招[tʂɑu^{42}]	招儿[tʃɑur^{42}]	晌[ʂɑŋ^{55}]	晌儿[ʃɑrŋ^{55}]
证[tʂɑŋ^{312}]	证儿[tʃərŋ^{312}]	纸[tʂʅ^{55}]	纸儿[tʃɭ^{55}]
碴[tʂ^{h}A^{51}]	碴儿[tʃ^{h}ər^{51}]	池[tʂ^{h}ʅ^{51}]	池儿[tʃ^{h}ɭ^{51}]
绸[tʂ^{h}ou^{51}]	绸儿[tʃ^{h}əur^{51}]	事[ʂʅ^{312}]	事儿[ʃɭ^{312}]

（2）声母[ʐ]、[l]与开口呼、合口呼韵母组成的音节儿化时，声韵母同时改变，声母[ʐ]、[l]变音为[ɭ]，如：

基本韵母	儿化韵	基本韵母	儿化韵
瓤[ʐɑŋ^{51}]	瓤儿[ɭɑrŋ^{51}]	篮[lan^{51}]	篮儿[ɭər^{51}]
人[ʐən^{51}]	人儿[ɭ^{51}]	螂儿[lɑrŋ^{51}]	刀螂儿[ɭɑrŋ]
肉[ʐou^{312}]	肉儿[ɭəur^{312}]	楼[lou^{51}]	楼儿[ɭəur^{51}]
绒[ʐuŋ^{51}]	绒儿[ɭurŋ^{51}]	笼[luŋ^{51}]	笼儿[ɭurŋ^{51}]
拉[lA^{42}]	坷拉儿[k^{h}ɤ^{42}ɭər^{42}]	棱[ləŋ^{312}]	棱儿[ɭərŋ^{312}]

6. 声母[n]的儿化音。声母[n]与儿化韵相拼有两种情况

（1）声母[n]与韵母[ər]相拼时，声母变音为舌面中鼻音[ɲ]。

基本韵母	儿化韵
哪[nA^{55}]	哪儿[ɲər^{55}]
那[nA^{312}]	那儿[ɲər^{34}]

（2）声母[n]与开口呼、合口呼儿化韵相拼时，部分字有两种读音，[n]仍读作[n]，不变音；或者[n]变读为[ɲ]。

例字	例词	不变音	变音
奶儿	牛奶儿	[n̥iou^{51}nɛr^{55}]	[n̥iou^{51}ɲɛr^{55}]
挠儿	刺挠儿蛋	[ts^{h}ɿ^{51}nɑur^{42}tan^{312}]	[ts^{h}ɿ^{51}ɲɑur^{42}tan^{312}]
	挠儿挠儿	[nɑur^{51}nɑur]	[ɲɑur^{51}ɲɑur]
脑儿	豆腐脑儿	[tou^{312}xu nɑur^{55}]	[tou^{312}xu ɲɑur^{55}]
垴儿	垴儿垴儿	[nɑur^{55} nɑur]	[ɲɑur^{55} ɲɑur]
闹儿	有闹儿	[iou^{55}nɑur^{312}]	[iou^{55}ɲɑur^{312}]
囊儿	胶囊儿	[tɕiɑu^{42}nɑrŋ]	[tɕiɑu^{42}ɲɑrŋ]
能儿	能儿能儿	[nərŋ^{42}nərŋ]	[ɲərŋ^{42}ɲərŋ]
脓儿	脓儿脓儿	[nurŋ^{42}nurŋ]	[ɲurŋ^{42}ɲurŋ]

7. 单音节词重叠儿化后，无论其原声调如何，后调均变为中平调，调值为 33，如：乖乖儿哩[$kuai^{42}kuɛr^{33}li$]、慢慢儿哩[$man^{312}mɛr^{33}li$]

8. 西片方言的儿化韵为其实际发音所使用韵母的儿化韵，其声韵配合符合表 3-13、表 3-14、表 3-15 和表 3-16 中所列的声韵配合规律

例如：

	韵母	例字	儿化音
元氏方言	[ɑu]	勺[$ʂau^{51}$]	勺儿[$ʂaur^{51}$]
西片	[uo]	勺[$ʂuo^{51}$]	勺儿[$ʃuɛr^{51}$]

（二）“子”的变音

元氏方言最明显的标志之一是，名词标志“子”[tsɿ]随声韵配合情况发生音变，“子”主要有四种变音，即[tsɤ]、[ɤ]、[ər]和儿化变音[tsər]。

（1）“子”[tsɿ]变读为[tsɤ]。在元氏县绝大部分区域，“子”作名词后缀时读[tsɤ]，即韵母[ɿ]变音为[ɤ]，[ɤ]与[ts]组合成一个音节，如：棒子[$pɑŋ^{312}tsɤ$]、褂子[$kuɑ^{312}tsɤ$]、饺子[$tɕiɑu^{214}tsɤ$]、麦子[$mai^{312}tsɤ$]、婆子[$p^hɤ^{51}tsɤ$]、椅子[$i^{55}tsɤ$]、桌子[$tʂuo^{214}tsɤ$]等。

（2）“子”[tsɿ]变读为[ɤ]。主要在元氏县北褚乡、姬村镇和因村镇的部分村，“子”[tsɿ]的整个音节变音为[ɤ]，成为独立音节，如：棒子[$pɑŋ^{312}ɤ$]、褂子[$kuɑ^{312}ɤ$]、饺子[$tɕiɑu^{214}ɤ$]、麦子[$mai^{312}ɤ$]、婆子[$p^hɤ^{51}$ ɤ]、椅子[$i^{55}ɤ$]、桌子[$tʂuo^{214}ɤ$]等。

为了更直观地描述元氏方言的语音特点，本书将“子”的变音[ɤ]写作“哦”，将[tsɤ]写作“子哦”，如：桌子哦[$tʂuo^{34}tsɤ$]\桌哦[$tʂuo^{34}ɤ$]；

孩子哦[$xai^{51}tsɤ$]\ 孩哦[$xai^{51}ɤ$]

（3）“子[tsɿ]”变读为[ər]。“子[tsɿ]”的整个音节可变音为[ər]，并与前面的音节合音为儿化韵，这只适用于可儿化名词。

普通话	元氏方言	普通话	元氏方言
板子	板儿[$pɛr^{55}$]	车子	车儿[$tʃ^hər^{42}$]
碟子	碟儿[$tiɛr^{51}$]	盖子	盖儿[$kɛr^{312}$]
票子	票儿[p^hiaur^{312}]	壤子	壤儿[$ɭɑrŋ^{55}$]
椅子	椅儿[$iər^{55}$]	桌子	桌儿[$tʂuər^{34}$]

（4）“子[tsɿ]”的儿化音[tsər]。一些以“子”为后缀的名词可儿化，“子[tsɿ]”

与“儿”一起形成儿化音[tsər]。如：大舅子儿[tA^{312}tɕiou^{312}tsər]、小孩子儿[siɑu^{55}xai^{51}tsər]、椅子儿[i^{55}tsər]

（5）“子”不变音。当“子”作为词的中心意思、或在元氏方言中没有与普通话相对应的词语时，或者一些含有“子”的古语词、外来词和音译词等，“子”保留普通话发音，不发生音变，仍读作[tsɿ]，如：遗腹子[i^{42} fu^{312}tsɿ^{55}]、独生子[tu^{51} ʂəŋ^{42} tsɿ^{55}]、车前子[tʂ^{h}ɤ^{42} ts^{h}iæn^{51} tsɿ^{55}]、老子[lɑu^{53}tsɿ^{55}]（人名）、菟丝子[t^{h}u^{312}si^{42} tsɿ^{55}]、西门子[si^{42}mən^{51}tsɿ^{55}]、王子[vɑŋ^{51} tsɿ^{55}]等。

（三）文白异读

文白异读指同一个字因所使用的语言环境不同而产生的异读（李小凡\夏梦冰，2009：71）。在朗读同一个字时，若用于读书等比较文雅或正规的场合，且读音接近于普通话，则称该读音为文读；若在日常口语中使用，且读音与普通话读音差异较大，则称该读音为白读（同上）。元氏方言文白异读字有三种类型，即声母不同、韵母不同和声韵母均不同。

1. 声母不同

以下例字文白读法的区别在于声母读音不同。

文读	白读	文读	白读
[pɑu^{42}]细胞	[p^{h}ɑu^{42}]同胞	[pi^{55}]比较	[p^{h}i^{312}]比如
[pi^{312}]荫庇	[p^{h}i^{312}]庇护	[pi^{312}]痹症	[p^{h}i^{312}]麻痹
[piæn^{312}]普遍	[p^{h}iæn^{312}]遍地	[piɑu^{312}] 鳔胶	[p^{h}iɑur^{42}]鱼鳔儿
[pɤ^{42}]波涛	[p^{h}ɤ^{42}]波浪	[pu^{34}] 哺乳	[p^{h}u^{34}]哺乳
[pu^{34}]逮捕	[p^{h}u^{34}]逮捕	[ts^{h}ai^{55}] 踩踏	[tʂ^{h}ai^{55}]碴踩
[tʂ^{h}A^{42}]踏雪	[tʂA^{42}] 踏踩	[tʂ^{h}u^{312}]触动	[tʂu^{312}]接触
[tA^{34}]一沓	[t^{h}A^{34}]一沓	[tɑu]倒车	[ʂɑu^{34}]向后倒
[kɑu^{55}]搞对象	[nɑu^{312}]搞到	[tuei^{42}]马王堆	[tsuei^{42}]堆积
[fəŋ^{42}]蜜蜂儿	[p^{h}əŋ]马蜂	[fu]包袱	[xu]包袱
[fu^{34}]腐乳	[xu^{34}]豆腐	[fu^{55}]果脯	[p^{h}u^{55}]果脯
[kuei^{312}]下跪	[k^{h}uei^{312}] 跪啊	[xuei^{55}] 悔改	[k^{h}uei^{55}]后悔
[tɕi^{55}]犄角	[ti^{55}] 犄角	[tɕi^{42}]簸箕	[tɕ^{h}i^{42}]簸箕
[tsi^{312}]药剂	[tiər^{312}]面剂儿	[tɕia^{34}]铠甲	[tɕ^{h}ia^{42}]指甲
[tɕiɛ^{55}] 信笺	[ts^{h}iɛr^{42}]信笺儿	[tɕiɑu^{312}] 酵子哦	[ɕiɑu^{312}]发酵

[tɕiɛ^{34}] 揭发	[ɕiɛ^{55}] 揭锅	[tsin^{312}]沉浸	[ts^{h}in^{55}] 浸泡
[tsiŋ^{42}]画龙点睛	[ts^{h}iŋ^{42}]眼睛珠儿	[tsiŋ^{312}]安静	[siŋ]动静儿
[tɕyɛ^{34}] 撅嘴	[tɕ^{h}yɛ^{55}] 撅折兰	[ləŋ^{312}] 愣怔	[tʂəŋ^{312}] 甲愣
[liɑŋ^{51}] 梁木	[ȵiɑŋ^{55}]脊梁	[liɑu^{312}]预料	[ɭɑur^{312}]（西）布料
[luŋ^{51}]蒸笼	[lou^{51}]灯笼	[nuŋ^{312}] 弄臣	[luŋ^{312}]玩弄
[miou^{312}]	[ȵiou^{312}] 谬论		[nəŋ^{312}] 弄怂人
[tɕ^{h}iæn^{312}]亏欠	[ts^{h}iæn^{312}]嘴欠	[tɕ^{h}iɑu^{42}] 劁	[t^{h}iɑu^{42}] 劁猪
[ʐʅ^{312}] 日期	[ʂʅ^{312}]生日	[sA^{34}]潇洒	[ʂA^{55}] 饭洒兰
[sɑu^{55}]打扫	[tʂ^{h}ɑu^{34}] 扫地	[sən^{42}] 森严	[ʂən^{42}] 森林
[ʂən^{42}] 深刻	[tʂ^{h}ən^{42}] 深浅	[ʃʅ^{312}]试儿试儿	[tʃʅ^{312}]你试儿试儿
[ʂu^{42}] 殊荣	[tʂ^{h}u^{51}]特殊	[ʂuən^{312}]顺利	[tʂ^{h}uən]孝顺
[sou^{42}] 搜寻	[ʂou^{42}] 搜身	[suo^{34}]两所学校	[ʂuo^{34}]所有
[ti^{42}]提防	[t^{h}i^{51}] 提防	[t^{h}u^{51}]涂抹	[tu]糊涂
[u^{55}] 午饭	[xu]晌午	[ɕi^{42}]膝盖	[ts^{h}i^{34}]膝盖
[ɕia^{51}] 狭窄	[tɕ^{h}ia^{55}]窄狭	[ɕia^{51}] 木匣	[tɕ^{h}ia]风匣
[ɕiæn^{42}] 铁锨	[tɕ^{h}iɛ^{42}]/[tɕ^{h}iɛ^{55}]铁锨	[ɕiæn^{51}]闲话	[tɕ^{h}iæn]轻闲
[ɕiæn^{312}] 限止	[tɕ^{h}iæn^{312}]门限	[ɕiɑŋ^{312}]陋巷	[tɕiɑŋ^{55}]小巷儿
[iɑŋ^{55}]久仰	[ȵiɑŋ^{55}] 仰望	[iɑŋ^{312}]荡漾	[ȵiɑŋ^{312}]漾奶
[tsai^{312}] 在乎	[tai^{312}] 在家咾呗	[tsA^{34}]驻扎	[ʂA^{34}]扎紧
[tʂɤ^{312}]看着	[tsɤ]看着	[tʂən^{312}]震撼	[kən^{312}]震耳朵
[tʂəŋ^{55}]包拯	[tʂ^{h}əŋ^{51}] 拯救	[tʂuɑŋ^{312}]莽撞	[tʂ^{h}uɑŋ^{312}]撞倒
[tsuan^{312}]	[ȵuan^{312}] 攥紧		

2. 韵母不同

以下例字文白读法的区别在于韵母读法不同。

文读	白读	文读	白读
[pɑu^{312}]抱歉	[pu^{42}] 抱包袱	[pən^{42}] 奔跑	[pəŋ^{42}]地奔儿
[pi^{214}]笔挺	[pei^{214}] 毛笔	[pi^{312}]逃避	[pei^{312}]躲避
[pɤ^{214}]伯父	[pai^{214}]大伯	[pɤ^{214}] 钹	[piɑu^{51}] 拍钹

[pɤ^{51}]刻薄	[piɑu^{51}]/[pɑu^{51}] 薄厚	[tsʰuər^{42}]村儿	[tsʰər^{42}]村儿（西）
[tɤ^{214}]得到	[ti]认得	[tɤ^{214}]品德	[tei^{214}]朱德
[ti^{55}]抵赖	[tər^{55}lan]抵兰	[tuo^{312}]踱步	[tu^{214}]踱跳
[tʂʰuən^{51}]唇膏	[tʂʰən^{51}]嘴唇	[tA^{214}]耷拉	[tər^{214}]耷拉
[tiɛr^{55}] 优点儿	[tɛr^{55}]/[tsiɛr^{55}]给点儿	[tiɑu^{312}]掉队	[tiɛ^{214}]掉泪（西）
[tʰan^{51}]弹簧	[tʰiæn]动弹	[tən^{312}]扽紧	[təŋ^{312}]扽紧
[fan^{42}]三番五次	[fA^{51}]一番子哦	[kɤ^{214}]耽搁	[kɑu^{214}]搁啊
[kən^{42}]跟随	[kei^{55}]跟你说	[kuai^{55}]拐杖	[kuo^{55}] 拐弯儿
[xɤ^{51}]和睦	[xuo^{312}]你和我	[xɤ^{51}]核桃	[xuər^{51}]/[xu^{51}]枣核 [xai^{51}]审核
[xɤ^{51}]弹劾	[xai^{51}] 参劾	[xɤ^{51}]河水	[xuo^{51}]发河（西）
[xəŋ^{312}]蛮横	[xuŋ^{312}] 横顺	[xuan^{51}]还债	[xan^{51}]还要
[xuɑŋ^{312}]晃动	[xɑŋ^{312}] 晃晃	[xuo^{312}]豁达	[xɤ^{214}]豁亮 [xɤ^{51}] 豁出来
[tɕin^{42}]今天	[tɕi^{42}] 今个（西）	[kʰɤ^{42}]一棵	[kʰuo^{42}]一棵
[kʰɤ^{312}]刻苦	[kʰei^{214}]时刻	[lA^{42}]拉手	[liɛ^{55}] 拉拽
[kʰən^{55}]啃骨头	[kʰuən^{55}]啃骨头	[lɤ^{312}]逗乐	[luo^{312}] 快乐
[liæn^{51}]联系	[luan^{51}]苏联	[liæn^{312}]初恋	[luan^{51}]恋爱
[luo^{51}]网罗	[lɑu^{312}]（西）罗卜	[luo^{312}]失落	[lɑu^{312}]落款
[luo^{55}]捋	[ly^{55}] 捋捋	[mɑu^{51}]花猫	[mA^{51}]猫腰
[mɤ]怎么	[mA] 什么 [mei] 多么	[mei^{312}]没有	[mɤ^{51}]没用
[miɛ^{55}]免职	[mA^{214}] 官儿给免了	[miɑu^{51}]瞄准	[mɑu^{55}]瞄咾一眼
[mɤ^{312}]末尾	[miɛr^{214}] 老末儿	[mɤ^{51}]模范 [mu^{51}]模子	[mA]糊模 [mɤ^{51}]模板
[mɤ^{312}]墨宝	[mei^{312}] 油墨	[mɤ^{214}]触摸	[mɑu^{214}]摸底
[mou^{51}]智谋	[mu^{51}]/[mu] 谋算	[mou^{51}]某人	[mu^{51}]某人
[ȵy^{55}]妇女	[ȵi] 闺女 [ȵi^{214}] 女子哦	[pʰi^{42}]批阅	[pʰei^{42}]雨披

[pʰi^{214}]雷劈	[pʰiæn^{312}] 劈开 [pʰiɛ^{55}]劈叉	[pʰi^{312}ku]屁股	[pʰiou^{312}xu] 屁股
[pʰɤ^{312}]迫降	[pʰai^{214}]迫害 [pʰai^{312}]逼迫	[pʰou^{55}]剖析	[pʰu^{55}] 解剖
[tɕʰi^{51}]欺负	[tɕʰiɛ^{51}]欺赖	[tɕʰy^{312}]去年	[tɕʰi^{312}] 去北京
[tɕʰy^{42}]屈服	[tɕʰyɛ]窝屈	[tɕʰyæn^{55}]蜷缩	[tɕʰyɛ] 窝蜷
[ʐu^{312}]被褥	[ʐou^{312}]褥子哦	[ʐuo^{312}]柔弱	[ʐɑu^{312}] 强弱
[sai^{214}]瓶塞	[sei^{214}]/[tsuei^{214}]/[suei^{214}] 塞住	[sɤ^{312}]塞责	[sai^{214}] 闭塞
[ʂɑŋ^{312}]皇上	[ʂəŋ^{312}]年上（西）	[ʂɤ^{51}]折本	[ʂɑŋ^{42}] 腿折兰
[ʂən^{312} mɤ]什么	[ʂʅ^{312} mA]什么	[ʂəŋ^{42}]生产	[ʂən^{42}] 生火
[ʂu^{55}]叔父	[ʂu^{214}]叔伯 [ʂou^{214}]表叔	[ʂu^{51}]娴熟	[ʂou^{51}] 成熟
[su^{312}]泥塑	[suo^{214}]塑料	[su^{312}]住宿	[sy^{214}] 宿舍
[su^{312}]庸俗	[sy^{51}]俗气 [sy^{312}]风俗	[syɛ^{214}]剥削	[siɑu^{214}]削减 [kʰei^{214}]削铅笔
[siɛ^{312}]不屑一顾	[siɑu^{42}]木屑儿	[suo^{55}]绳索	[sɑu^{214}]索子哦
[tʰai^{312}]太阳	[tʰei^{312}]太热	[tʰɑu^{51}]淘气	[tʰou^{51}]淘米
[tʰan^{51}]弹簧	[tʰiæn]动弹	[tʰi^{51}kʰu^{55}]啼哭	[tʰiou^{51}xu]啼哭
[tʰiɑu^{51}]苗条	[tʰuər^{51}]布条（西）	[tʰou^{51}]头目	[tʰu^{55}]/ [tu^{55}]骨头 [tʰu^{42}]木头
[ɕiæn^{312}]陷害	[ɕyæn^{312}] 陷阱	[ɕiɑu^{42}]楞	[ɕiɛ^{312}]布儿楞
[sɪɑu^{55}]小时	[ɒiɑ^{55}] 小子哦（西）	[siɛ^{51}]一些	[si^{42}] 好些子哦
[sin^{312}mən^{51}]囟门	[si^{51}miər]囟门	[tʂA^{42}]叫喳喳	[tʂuɑ^{214}]喳叽
[tʂA^{214}]眨眼	[tʂai^{55}] 圪眨眼	[tʂɤ^{312}]这人	[tʂei^{312}]/[tei^{214}] （西） 这个/ [tʂai^{312}] 这哩
[tsɿ]孝子	[tsɤ]孩子	[tsu^{214}]满足	[tsy^{214}] 足实
[tsuo^{214}]做事情	[tsu^{214}] 做饭		

3. 声母、韵母均不同

以下例字文白读法的声韵母均不同。

文读	白读	文读	白读
[ŋai^{42}]挨打	[ȵiɛ^{42}] 挨子哦	[pai^{214}]掰断	[p^{h}iɛ^{55}]掰棒子哦
[tʂ^{h}ɑu^{42}]焯	[liɑu^{214}]焯一下儿	[ts^{h}ai^{51}]刚才	[siɛ^{42}]才两点啊
[ts^{h}ɤ^{312}]册封	[tʂ^{h}ai^{214}]上册	[ts^{h}ɤ^{312}]侧面	[tʂai^{55}]侧棱
[ts^{h}ɤ^{312}]决策	[tʂ^{h}ai^{214}]政策	[tʂ^{h}uŋ^{51}]重新	[ts^{h}iŋ^{51}]重干
[ti^{312}]耕地	[tiou^{31}ti^{312}]扫地	[fɑŋ^{312} 解放]	[tʂuɑŋ^{214}]/[tsuo^{214}]（西）放盐
[kɤ^{214}]间隔	[tɕiɛ^{214}]隔着窗户	[kəŋ^{42}]更改	[tɕiŋ^{42}]打更
[kəŋ^{42}]春耕	[tɕiŋ^{42}]耕地	[k^{h}ɤ^{312}]客人	[tɕ^{h}iɛ^{214}]待客
[xu^{51}]煳嫖	[ŋou^{55}]锅煳兰	[tɕiŋ^{312}]颈部	[kəŋ^{55}]脖颈
[tsiou^{312}]成就	[tou^{312}]就是	[k^{h}ai^{55}]槛外人	[tɕ^{h}iæn^{312}]门槛
[lyɛ^{214}]战略	[ɭɑur^{312}]韬略	[miŋ^{51}]明天	[kuo^{42}] 明年
[nA^{312}]那	[ɲɤ^{312}]那东西 [nei^{214}]那个（西） [ɲai^{312}]/[nai^{312}]那哩	[nA^{55}]哪	[ɲər^{55}] 哪儿 [ɲai^{55}] 哪个 [nei^{55}] 哪个（西）
[nən^{312}]嫩	[ɲuən^{312}]嫩草 [luei^{312}]嫩草（西）	[ɲuo^{51}]挪动	[k^{h}ən^{312}]/[k^{h}ɤ^{312}]挪挪
[p^{h}iŋ^{51}]电瓶	[pərŋ^{312}]酒瓶儿	[ts^{h}iæn^{51} 铜钱	[tɕ^{h}yæn]/[tɕ^{h}yɛr]/[ts^{h}yɛr] 榆钱儿
[tɕ^{h}iɑu^{312}]撬门	[tʂ^{h}ɑu^{312}]撬杠	[ts^{h}y^{312}]趋向	[ts^{h}i^{214}] 趋近乎
[tɕ^{h}yɛ^{312}]鹊桥	[tɕ^{h}iɑu^{312}]喜鹊 [ts^{h}iɑu^{312}]麻野鹊	[sɤ^{312}]姿色	[ʂai^{214}]/[ʃər^{214}]脸色儿
[ʂai^{42}]筛选	[tɕiɛ^{214}] 筛糠	[ʂou^{55}]守卫	[tɕ^{h}iou^{55}]守子哦
[sɿ^{55}]死活	[ʂA^{214}] 笑死人 [ʂA^{55}] 吃死老子	[suo^{214}]伸缩	[ʂuɑŋ^{55}]绌缩
[ʐuən^{312}]闰土	[ʐən^{312}] 闰年	[ʐuən^{312}]湿润	[ʐən^{312}]滋润
[tA^{214}]趿拉	[t^{h}ər^{214}] 趿拉	[vai^{42}]弯道	[uo^{42}]弯弹弓
[vai^{42}]挽手	[miɛ^{55}] 挽袖子	[vei^{55}]结尾	[i^{55}]尾巴
[ɕyæn^{42}]旋转	[ts^{h}uan^{51}]旋 [suan]头旋	[ɕyæn^{55}]手足癣	[siɛ^{55}] 牛皮癣

[ɕyn^{55}]追寻	[sin^{51}]寻媳妇	[yɛ^{312}] 音乐	[iɑu^{214}] 乐器
	[sin^{55}]寻找（西）		[iɑu^{312}] 音乐
[tsɤ^{214}]沼泽	[tʂai^{214}] 毛泽东	[tsɤ^{214}]责怪	[tʂai^{214}] 责任
[tʂʅ^{214}]织布儿	[tɕi^{55}] 织毛衣	[tʂou^{55}]敝帚自珍	[tʂʰu] 笤帚

（四）地名音变

元氏县某些地名有其特殊发音或别名（田恒金\李小平，2008：55）。地名音变有一基本规律，若地名中含有“子”、“家”时，“子”和“家”多变读为“啊”，如窑子庄[iɑu^{51}A tʂuɑrŋ^{42}]、石家庄[ʂʅ^{51}A tʂuɑŋ^{42}]等（参见第4章第6节）。故不能列出所有音变地名。举例如下：

地名	音标	地名	音标
大陈庄	[tai^{312}tʂʰən]	大孔	[tA^{312}xuŋ]
岗汪	[kai^{42}vɑŋ]	小孔	[siɑu^{55}xuŋ]
韩台	[xan^{51}tsʰai]	旷村	[kurŋ^{312}tsʰuən^{42}] / [kurŋ^{51}A]
建安	[tɕiæn^{312} kan]	南吴会	[nan^{51}uo^{51}xuei]
南白楼	[nan^{51}pai^{51} lu]	北吴会	[pei^{34}uo^{51}xuei]
北白楼	[pei^{34} pai^{51} lu]	宋曹	[suŋ^{312}sɑu]
齐范	[tsʰi^{51}pʰan]	野鹿头	[iɛ^{55}lɑu^{51}tʰou]
王全口	[vɑŋ^{51}sai^{42}kʰou^{55}]	窑子庄	[iɑu^{51}A tʂuɑrŋ^{42}]
庄窝里	[tʂuɑŋ^{42}xuo li^{55}]	石家庄	[ʂʅ^{51}A tʂuɑŋ^{42}]
井陉	[tɕiŋ^{55}tɕʰiŋ]	赞皇	[tsan^{312}fɑŋ]
新乐	[sin^{42}lɑu]		

（五）数量词音变

元氏方言中，数词与量词“个”组合时，数量词一般会发声音变。量词“个”与“一”组合时读音不变，如：一个[i^{214}kɤ^{312}]，除此之外，量词“个”与其他数词连用时读“啊[A]、哎[ai]、喔[uo]、哦[ɤ]、吔[iɛ]”等。

数量词	音标	数量词	音标
一个	[i^{34}kɤ^{312}] / [kɤ^{312}]/ [ɤ]	十三个	[ʂʅ^{51} sA^{42}A]
二个	[lia^{55}]	十四个	[ʂʅ^{51} sɿ^{312} ɤ]
三个	[sA^{42}]	十五个	[ʂʅ^{51} u^{55} ɤ]
四个	[sɿ^{312}ɤ]	十六个	[ʂʅ^{51} liou^{312} ɤ/uo]
五个	[u^{55}ɤ]	十七个	[ʂʅ^{51}ts^{h}i^{34}iɛ]
六个	[liou^{312}ɤ]/ [liou^{312}uo]	十八个	[ʂʅ^{51}pA^{34}A]
七个	[ts^{h}i^{34}iɛ]	十九个	[ʂʅ^{51} tɕiou^{55}uo]
八个	[pA^{34}A]	二十个	[ɭ^{312}ʂʅ^{51}ɤ]
九个	[tɕiou^{55}uo]	一百个	[i^{31}pai^{34}ai]
十个	[ʂʅ^{51}ɤ]	一百零一个	[i^{31}pai^{34}liŋ^{51}i^{34}iɛ]
十一个	[ʂʅ^{51} i^{34}iɛ]	二百个	[ɭ^{312}pai^{34}ai]
十二个	[ʂʅ^{51} ɭ^{312} ɤ]	几个	[tɕiou^{51} iɛ]

（六）连续变调

连续变调是一种语流音变现象。由于人们对发音动作简便的要求，语流中相邻音节的声调在调型调值方面发生一种相互协调的变化，因此产生了变调（王福堂，2005：201）。连续变调比较复杂，它不单纯受相邻音节的影响，音节所组成的句子结构、说话者的个体差异、语言环境等因素都会对音变产生影响，因此本书仅以元氏方言东片发音为基础，对两字组合正常语速情况下的连续变调做总结。其表调规律如下：

表 3-17　　元氏方言两字组合连续变调表

前字＼后字	平声 42/51	上声 55	去声 312	入声 214	轻声
平声 42/51	不变	不变	不变	不变	不变
上声 55	不变	前字变 53	不变	不变	不变
去声 312/31	不变	前字变 31	不变	不变	前字变 31
入声 214	不变	不变	不变	前字变 31	不变

说明：

（1）前字是平声字，无论后字声调如何，两字组合不发生音变。

（2）前字是上声字，若后字为平、去、入或轻声，两字组合不发生音变；若后字为上声，前字调值变为53，如：保险、洗脸、整理。

（3）前字是去声字且调值为 312，若后字为平、去或入声，两字词组不发生音变；若后字为上声或轻声，前字调值变为31，例如：报纸、算盘。

（4）前字为入声字，若后字为平、上、去或轻声，两字组合不发生音变；

若后字也是入声字，前字调值变为31，例如：及格、特别。

第四章

语法系统

一、词汇组成

本节说明元氏方言构词特点，所举例词以能够说明构词特点为要，大量相关例词请查阅第五章《词汇表》。

（一）词缀

元氏方言主要有三种构词词缀：前缀“圪”（或“疙”、“虼”）、“骨”、“卜”、“老”、“死”，后缀“嗒”或“哒”及后缀“儿”。

1. 表音词缀“圪”（或“疙”、“虼”）

元氏方言具有晋语的共同特点，其“圪”头词明显多于普通话。“圪”常做前缀或中缀，构成名词、动词、形容词、量词、拟声词或短语。“圪” 无具体词汇意义，但有时有语法意义，如：“针”本指缝衣引线用工具， “圪针”指植物枝梗上的刺。

（1）构成名词，如：圪巴儿、圪杈儿、圪壞儿、圪领儿（西）；疙瘩、疙丁儿、虼蚤；蛤蟆圪豆儿、冷圪瘮、尿圪拉、胭圪杈儿。

（2）构成动词，读[kɤ^{214}]或[k^{h}ɤ^{214}]。“圪”读[kɤ^{214}]的动词如：圪把、圪拌、圪吵、圪叨、圪扽、圪蹬、圪颠、圪点、圪烦、圪拱、圪挤、圪夹、圪绞、圪腻（西）、圪念、圪嚷、圪崴、圪星、圪喳、圪眨；“圪”读[kɤ^{214}]或[k^{h}ɤ^{214}]的动词如：圪蹭、圪叉、圪扯、圪缠、圪糗、圪趋、圪掏。

（3）构成形容词，例如：圪囊（西）、圪拧、疙连疙瘩哩、圪连圪拧哩、圪蔫、瘩连圪症哩、圪侧（西）、木圪胀哩、肉蔫圪蠹哩。

（4）构成量词，如：圪节儿。

（5）构成拟声词，如：圪叭（树枝等折断声）、圪嘣圪嘣（炒豆子被咬碎声）、圪噔圪噔（自行车等在土路上颠簸声）、圪雷圪雷（打雷声）、圪吱（椅子等木质器具受力扭曲声）。

2. 表音前缀“骨”

在元氏方言中，“骨”头词和“圪”头词同时存在，且绝大部分不可互换，或互换后构成含义不同的词语。因此，“骨”头词并非“圪”头词的音变结果（吴继章，2003：60），而是一种独立构词前缀。“骨”的语法功能与“圪”相当，可构成名词、动词、形容词或量词。

（1）构成名词，如：骨细纹儿、骨朵儿、骨碌儿、节骨眼、牛骨套、树骨嘟。

（2）构成动词，读[ku^{214}]或[k^hu^{214}]。读[ku^{214}] 的“骨”头词：骨达、骨丢、骨卷、骨蜷、骨撅、骨碌、骨弄、骨扭、骨容儿、骨纵；读[ku^{214}]或[k^hu^{214}] 的“骨”头词：骨窜、骨搓、骨嘬、骨糗、骨趋、骨呿、骨团、骨抓。

（3）构成形容词，如：半骨庄、骨绌、骨连酿绌、腻连骨绌哩。

（4）构成量词，如：骨嘟、骨杵儿、骨碌儿。

3. 表音前缀“卜”

“卜”做表音前缀，一般构成动词，例如：卜挤、卜来、卜郎、卜郎子哦、卜愣、卜摞、卜捻、卜闪、卜挺、卜咂。

4. 前缀“老”

“老”做前缀，可构成名词、形容词和动词。

（1）构成名词，具有表音和表意作用，如：老本儿、老伯、老闺女、老海*儿、老末儿、老母儿、老年间、老生子哦、老爷儿、老鹰。

（2）构成形容词或动词，如：老练、老气、老实、老撒。

5. 前缀“死”

“死”做前缀，具有表音和表意功能，可构成名词、形容词和动词。

（1）构成名词，如：死疙瘩、死圪牢儿、死鸡头、死犟筋、死肉贼。

（2）构成形容词或动词，如：死把、死个呛哩、死砍硬砸哩、死气白脸哩。

6. 后缀“嗒”或“哒”

“嗒”或“哒”作动词后缀，有表音功能，这类动词包括“干、喝、遛、拍、说、踢、晕、种、转”等，动词前一般有“胡”、“瞎”或“穷”等词，意为“随便、无目的地、不负责任地做”，如：瞎吃哒、胡吃哒、穷吃哒；瞎说哒、胡说哒、穷说哒。

7. 后缀“哩慌”：“动词\形容词+哩慌”

“哩慌”可做动词、形容词后缀，具有表音功能，意为“非常…”，如：熬可哩慌、撑哩慌、倒磨哩慌、递倒哩慌、赶介哩慌、聒哩慌、急哩慌、浪哩慌、砌哩慌、臊哩慌、瘆哩慌、使哩慌、闲哩慌。

8. 后缀“毁兰”和“透兰”

“毁兰”和“透兰”可做动词或形容词后缀，具有表音和表意功能，意为“非常…”，如：憋卡毁兰、打毁兰、冻毁兰、饿毁兰、骂毁兰、热毁兰、使毁兰。熬煎毁兰\透兰；憋屈毁兰\透兰；高兴毁兰\透兰；麻烦毁兰\透兰。

9. 后缀“儿”

“儿”做后缀时与普通话“儿缀”的语法功能基本相同，主要用于区别词义、区分词性和表示细小、亲切或喜爱的感情色彩。元氏方言中名词、动词、形容词、代词、量词、副词等均可儿化（王亚南，2008）。

（1）名词的儿化。

儿化名词体现了“儿缀”的基本功能，且在儿化词语中数量最多。本书《词汇表》所列各类名词中均有大量儿化名词：①动植物及人体器官类，如：虫儿、梨儿、脸蛋儿。②人名、地名、称呼类，如：小燕儿、铁屯儿、头儿。③服装针线、生活用品、食品类，如：被单儿、箸儿、菜角儿。④时间、天文、地理、方位建筑类，如：工夫儿、岸儿、老母儿。⑤其他类，如：白条儿、魂儿。

（2）动词的儿化。动词儿化后有四种情况：

① 仍为动词，但改变了语气和感情色彩，如：动动儿、看看儿。

② 词性改变，变为名词，并改变词义，如：帮儿、刺儿、缝儿、盖儿、供儿、画儿、扣儿、印儿。

③ 词性改变，变为量词，如：出儿、起儿。

④ 儿化后既作名词，也作量词，如：把儿、包儿、圈儿。

（3）形容词的儿化。形容词儿化分两种情况：

① 仍为形容词，但改变句子语气和感情色彩，如：慢慢儿哩、轻轻儿哩。

② 儿化后改变词性和词义，多变为名词，如：错儿、单儿、方儿、干儿、黄儿、尖儿、空儿、凉儿、弯儿、早儿、整儿、准儿。

（4）代词的儿化

常用儿化代词有何儿、哪儿、那儿、怎儿么儿、这儿、这会儿、这样儿、自个儿。

（5）量词的儿化。

儿化量词包括串儿、点儿、段儿、节儿、盆儿、瓶儿、勺儿等。

（6）副词的儿化

儿化副词如：才会儿、刚一儿、乃当儿、就手儿。

（二）音变构词

所谓音变构词，就是通过基础词音节中音素的变化构造意义有联系的新词，音变构词可分为变声构词、变韵构词和变调构词三种基本类型（孙玉文，2011：53）。元氏方言中存在变调构词和变韵构词。例如：

表 4-1 **《音变构词例词表》**

出 ①[tʂ^{h}u^{214}]：～息|～席；②[tʂ^{h}u^{51}]分摊：～东西|～钱。

成柴 ①[tʂ^{h}əŋ^{51}tʂ^{h}ai] 出息；教养；②[tʂ^{h}əŋ^{51}tʃ^{h}ər] 兴趣；嗜好。

圪栏儿 ①[kɤ^{51}ɭər]/ [kɤ^{42}ɭər^{51}] 圪针围起来的空地；②[kɤ^{42}ɭər^{42}] 围脖。

跟脚 ①[kən^{42}tɕiɑu] 针脚；地基。②[kən^{42}tɕiɑu^{214}]：鞋跟处鞋帮兜跟，鞋不易掉。

件儿 ①[tɕiɛr^{55}] 活儿；工作；②[tɕiɛr^{312}]：量词；价格。

坑 ①[k^{h}əŋ^{42}] 较大的坑。②[tɕ^{h}iŋ^{42}] 较小的坑。③[tɕ^{h}iŋ^{312}]/[tɕ^{h}iŋ] 茅～；壕～

落利 ①[luo^{312} li]【形】利落。②[luo^{55}li]/[luo^{51} li] 【副】快点；马上。

拧 ①[ȵiŋ^{51}] 用力旋转；旋转大物体。②[ȵiŋ^{55}] 稍用力旋转；旋转小物体。③[ȵiŋ^{312}] 指脾气倔强。

坡 ①[p^{h}ɤ^{42}] 山～；②[p^{h}ɤ^{55}] 路面不陡；～度平缓。

雀 ①[tɕ^{h}yɛ^{312}] 雀斑；②[ts^{h}iɑu^{55}] 家～；③[ts^{h}iɑu^{214}] 男根。

挖 ①[vA^{42}] 动作大、工作量大地挖：～坑。②[vai^{42}] 挖小东西：～葱；③[vai^{214}] 从器皿中拨出；把人从组织内排挤出。

物件 ①[u^{214} tɕiɛr^{312}] ～儿，指东西。②[u^{214}tɕiæn^{312}] 对人轻蔑的称呼。

嫌 ①[ɕiæn^{51}] ～弃；②[ɕiɛ^{55}] 埋怨、嗔怪；因为…

（三）分音词

所谓分音词，就是“把一个字分成两个音节来说”（侯精一，1999：330）。元氏方言分音词有以下特点：① 前音节的声母大多为本字的声母，通常是[p]、[p^{h}]、[m]、[t]、[t^{h}]、[k]、[k^{h}]、[x]；若前音节声母是[k]、[k^{h}]、[x]，本字声母有的是[tɕ]、[tɕ^{h}]、[ɕ]，如“圪牢儿”、“圪料”、“核朗”分别是“角”、“翘”、“响”的分音词。② 前音节大部分读入声。③ 后音节的声母大多为[l]。④ 后音节的韵母是与本字相同或发音相近的韵母。⑤ 本字读入声或与后音节的声调相同。

分音词	本字	分音词	本字
卜来[pu^{214}lai^{55}] 卜闪[pu^{214}ʂai^{55}]	摆[pai^{55}]	卜挤[pu^{214}tsi:^{55}]	逼[pi^{214}]
卜愣[pu^{214}ləŋ^{312}]	蹦[pəŋ^{312}] 绷[pəŋ^{42}]	卜啷[pu^{312}lɑŋ]	膀[pɑŋ]\ 躺[t^{h}ɑŋ^{55}]

卜唧[pu^{214}lɑŋ^{312}] 拨唧[pu^{214}lɑŋ^{312}]	棒[pɑŋ^{312}]	卜拉[pu^{214}lA^{55}] 拨拉[pu^{214}lA^{55}]	扒[pA^{214}]
卜闪[pu^{214}ʂai^{55}]\\ 嘀闪[ti^{214}ʂai^{55}]	甩[ʂuai^{55}] [ʂuai^{214}]	跐啦[tsʰʅ^{214}lA^{55}]	擦[tsʰA^{214}]
得儿拉[tər^{214}lA^{55}]	搭[tA^{214}] 挂[tA^{312}] 耷[tA^{214}]	得儿娄[tər^{214}lou^{55}]	兜[tou^{42}] 逗[tou^{312}]
嘚儿喽[tər^{42}lou]	嗖[sou^{42}]	嘀了儿[ti^{42}liɑur^{42}]	蜩[tʰiɑu^{51}]
嘀嗖[ti^{214}sou^{55}]	抖[tou^{55}]	圪巴[kɤ^{42}pA^{42}]	抓[tʂuɑ^{42}]
圪侧[kɤ^{214}tʂai^{55}]	歪[vai^{42}]	圪叨[kɤ^{214}tɑu^{55}]	吵[tʂʰɑu^{55}]
圪烦[kɤ^{214}fan^{55}]	拌[pan^{312}]	圪挤[kɤ^{214}tsi^{55}]	眯[mi^{51}]
圪讲[kɤ^{214}tɕiɑŋ^{55}]	嚷[ʐɑŋ^{55}]	圪绞[kɤ^{214} tɕiɑu^{55}]	绕[ʐɑu^{312}]
圪拉[kɤ^{214}lA^{55}]	寡[kuɑ^{55}]	圪拉[kɤ^{214}lA^{55}] /[kɤ^{51}lA]	画[xuɑ^{312}]
圪栏[kɤ^{51}lan]/ [kɤ^{42}lan^{51}]	圈[tɕʰyæn^{42}]	圪牢儿[kɤ^{42}ɭɑur^{42}]	角儿[tɕiɑur^{214}]
圪梁儿[kɤ^{214}liɑrŋ^{55}]	岗儿[kɑrŋ^{55}]	圪料[kɤ^{214}liɑu^{312}]	翘[tɕʰiɑu^{312}]
圪壕儿[kɤ^{214}liər^{55}]	脊[tɕi^{214}]	圪凌儿[kɤ^{214}lirŋ^{312}]	惊[tɕiŋ^{42}]
圪蔫[kɤ^{214}ȵiε^{55}]	软[ʐuai^{55}]	圪念[kɤ^{214} ȵiæn^{312}]	算[suan^{312}]
圪拧[kɤ^{214} ȵiŋ^{55}]	耿[kəŋ^{55}]	圪趋[kɤ^{214}tsʰi^{55}]	挤[tsi^{55}]
圪嚷[kɤ^{214} ʐɑŋ^{55}]	讲[tɕiɑŋ^{55}]	圪掏[kɤ^{214}tɑu^{55}]	找[tʂɑu^{55}]
圪崴[kɤ^{214} vai^{55}]	拐[kuai^{55}]	隔把[kɤ^{51}pA]	爬[pʰA^{51}]
硌绷[kɤ^{51}pəŋ]	硬[iŋ^{312}]	咯铮儿[kɤ^{214}tʂəŋ^{55}]	生[ʂəŋ^{42}]
轱辘[ku^{214}lu^{55}]	毂[ku^{42}]	骨绌[ku^{214}tʂʰu^{55}]	皱[tʂou^{312}]
骨串[ku^{214}tʂʰuan^{312}]	转[tʂuan^{312}]	骨嘬[ku^{214}tsʰuo^{55}]	裹[kuo^{55}]
骨嘬[ku^{214}tsʰuo^{55}]	唆[suo^{214}]	骨磊[ku^{214}lei^{55}]	滚[kuən^{55}]
骨隆[ku^{214}luŋ^{55}]	拱[kuŋ^{55}]	骨趋[ku^{214}tsʰy^{55}]	聚[tsy^{312}]
骨蜷[ku^{214}tɕʰya i^{55}]	卷[tɕyai^{55}]	骨容儿[ku^{214}ɭurŋ^{55}]	动儿[turŋ^{312}]
骨抓[ku^{214}tʂ uɑ^{55}]	巴[pA^{51}]	骨抓[ku^{214}tʂʰuɑ^{55}]	刷[ʂuɑ^{214}] 刮[kuɑ^{214}]

骨团[ku^{214}ts^{h}uai^{55}]	卷[tɕuai^{55}]	呱啦[kuɑ^{214}lA^{55}]	聒[kuo^{55}]
呵舍[xɤ^{214}ʂɤ^{55}]	扯[tʂ^{h}ɤ^{55}]	喝啦[xɤ^{42}lA]	哗[xuɑ^{42}]
喝咾[xɤ^{214}lɑu^{55}]	搅[tɕiɑu^{55}]	喝咧[xɤ^{214} liɛ^{55}]	喊[xai^{55}]
喝咧[xɤ^{214} liɛ^{55}]	扁[piɛ^{55}]	喝躺[xɤ^{214} tɑŋ^{55}]	晃[xuɑŋ^{312}]
合拉儿[xɤ^{51}ɭər]	罅[xia^{42}]	核朗[xɤ^{214}lɑŋ^{55}]	响[ɕiɑŋ^{55}]
嘿儿喽[xər^{214}lou^{55}]	吼[xou^{55}]	嘿儿喽[xər^{214}lou^{55}]	齁[xou^{55}]
糊弄[xu^{214}luŋ^{55}]/[xu^{51}luŋ]	哄[xuŋ^{55}]	呼啦[xu^{51}lA]	哗[xuɑ^{42}]
呼隆[xu^{42}luŋ^{42}]	轰[xuŋ^{42}] 哄[xuŋ^{42}]	忽晃[xu^{214}xuɑŋ^{312}]	逛[kuɑŋ^{312}]
忽拉[xu^{51}lA]/[xu^{214}lA^{55}]	划[xuɑ^{51}]	忽拉[xu^{214}lA^{55}]	画[xuɑ^{312}]
忽朗[xu^{214}lɑŋ^{55}]	慌[xuɑŋ^{55}]	忽塌[xu^{214}t^{h}A^{55}]	滑[xuɑ^{51}]
忽悠[xu^{214}iou^{55}]	诌[tʂou^{42}]	胡乱儿[xu^{51}ɭuɛr]	环[xuan^{51}]
划算[xuɑ^{51}suan^{312}]	赚[tʂuan^{312}]	豁篓儿[xɤ^{214}ɭəur^{55}]	口儿[kəur^{55}]
机灵[tɕi^{42}liŋ]	精[tsiŋ^{42}]	激灵[tɕi^{214}liŋ^{55}]	惊[tɕiŋ^{42}]
斤张[tɕin^{42}tʂɑŋ]	让[ʐɑŋ^{312}]	菊晷儿[tɕy^{214}lyɛr^{55}]	卷儿[tɕuɛr^{55}]
坷流儿[k^{h}ɤ^{42}liou]	钩儿[kəur^{42}]	壳拉[k^{h}ɤ^{51}lA]	卡[k^{h}A^{55}]/[tɕ^{h}A^{55}]
壳廊[k^{h}ɤ^{42}lɑŋ^{42}]	腔[tɕ^{h}iɑŋ^{42}]	壳脸儿[k^{h}ɤ^{214}liɛr^{55}]	点儿[tiɛr^{55}]
壳搂[k^{h}ɤ^{51}lou]	抠[k^{h}ou^{42}]	壳脸儿[kɤ^{214} liɛr^{55}]	截儿[tsiɛr^{312}]
窟窿[k^{h}u^{214}luŋ^{55}]	孔[k^{h}uŋ^{55}]	稂糠[lɑŋ^{51}k^{h}ɑŋ^{42}]	脏[tsɑŋ^{42}]
沥拉[li^{51}lA]/[li^{214}lA^{55}]	洒[sA^{214}]	灵臊[liŋ^{51}sɑu]	巧[tɕ^{h}iɑu^{55}]
落利[luo^{51}li]/[luo^{55}li]	急[tɕi^{51}]	拇拉[mu^{214}lA^{55}]	抹[mA^{214}]
拇落[mu^{214}lɑu^{55}]	摸[mɑu^{214}]	蔫蠹[ɻiɛ^{42}tu]	绌[tʂ^{h}u^{214}]
扑拉[p^{h}u^{214}lA^{55}]	扒[p^{h}A^{51}]	扑捞[p^{h}u^{214}lɑu^{55}]/ [p^{h}u^{51}lɑu]	刨[p^{h}ɑu^{51}]
扑落[p^{h}u^{214}lɑu^{55}]/ [p^{h}u^{51}lɑu]	扫[tʂ^{h}ɑu^{214}]	扑棱[p^{h}u^{214}ləŋ^{55}]	嘭[p^{h}əŋ^{42}]
蒲棱[p^{h}u^{51}ləŋ]	蓬[p^{h}əŋ^{51}]	铺滩[p^{h}u^{42}tan^{42}]	片[p^{h}iæn^{312}]
骑啦[tɕ^{h}i^{51}lA]	跨[k^{h}uɑ^{312}]	曲晷儿 [tɕ^{h}y^{214}lyɛr^{55}]	圈儿[tɕ^{h}yɛr^{55}]

提溜[ti^{214}liou^{55}]	兜[tou^{42}]	踢啦[t^{h}i^{214}lA^{55}]	踏[t^{h}A^{214}]
秃噜[t^{h}u^{214}lu^{55}]	脱[t^{h}uo^{214}]	呜拉[u^{42}lA]	哇[uɑ^{42}]
窝囊[uo^{42}nɑŋ]	脏[tsɑŋ^{42}]	吸溜[ɕi^{214}liou^{55}]	嗅[ɕiou^{312}]
支棱[tʂʅ^{42}ləŋ]	撑[tʂ^{h}əŋ^{42}]\ 顶[tiŋ^{55}]	吱儿拉[tʃʅ^{214}lA^{55}]	喳[tʂA^{42}]
吱霎[tʂʅ^{214}ʂA^{55}]	眨[ts^{h}A^{214}]	植煞[tʂʅ^{214}ʂA^{55}]	奓[ts^{h}A^{312}]

（四）合音词

合音词就是将两个音节或多个音节合成一个音节的词。元氏方言中的合音词多为双音节合音词，声母为第一个音节的声母，韵母为第二个音节的韵母，且大多数合音词没有与现代汉语相对应的汉字。例如：

合音词	原词	合音词	原词
□[ɲɑur^{42}]	挨着[ŋai^{42}tʂɑu]	□[pia^{51}]	噼里啪啦[p^{h}i^{42}li p^{h}A^{42}lA]
嫑[piɑu^{312}]/ [pɑu^{312}]	不要[pu^{214}iɑu^{312}]	甭[pən^{42}] / [piŋ^{312}]	不用[pu^{214}yuŋ^{312}]
抱* [pu^{42}]	抱住[pɑu^{42}tʂu^{312}]	丢[tiou^{42}]	单留[tai^{42}liou^{51}]
哼* [xəŋ^{55}]	很可能[xən^{53}k^{h}ɤ^{55}nəŋ^{51}]	□[tɕiɛr^{42}]	今天[tɕin^{42}t^{h}iɛ^{42}]
□[liou^{55}]	里头[lin^{55}t^{h}ou]	□[miɑŋ^{214}]	明天[miŋ^{51}t^{h}iɛ^{42}]
□[ɲɑrŋ^{312}]	那样儿[ɲɤ^{312} iɑrŋ^{312}]	缱[tɕ^{h}iɛ^{55}]	强延[tɕ^{h}iɑŋ^{51} iæn^{51}]
□[tɕ^{h}iɛ^{55}]	起来[tɕ^{h}i^{55} lai^{51}]	□[ʂɑu^{51}]	是嗷[ʂʅ^{312}ɑu]
□[ȵia^{312}]	人家[ʐən^{51} tɕia]	□[tuɑrŋ^{51}]	多当儿啊[tuo^{42}tɑrŋ^{51}A]
□[ʃəur^{51}]	时候儿[ʂʅ^{51}xəur]	野[iɛ^{55}]	遗失[i^{42} ʂʅ^{214}]
□[tʃɑrŋ^{214}]	这当会儿[tʂɤ^{312}tɑŋ^{42}xuər]	□[tʃɑrŋ^{312}]	这样儿[tʂɤ^{312}iɑrŋ^{312}]
□[tʂɑu^{51}]	知道[tʂʅ^{42}tɑu^{312}]	□[tʂei^{312}]（西）	这一[tʂɤ^{312}i^{214}]
□[tʃər^{214}]	这里[tʂɤ^{312}li^{55}]	□[tsia^{312}]	自家[tsʅ^{312}tɕia^{42}]

（五）同素逆序词

所谓同素逆序词就是指构成语素相同、但语素位置互逆的成对出现的双音节合成词（邢福义，1991）。元氏方言中的同素逆序词大部分与普通话词义完全相同，可相互交换使用。下列词组中，“\”之前为元氏方言，之后为普通话词语。

碍妨\妨碍①、熬煎\煎熬、察觉\觉察、畜牲\牲畜、答对\对答、弟兄\兄弟、妒忌\嫉妒、饿饥\饥饿、粉茨\茨粉、管保\保管、怪气\奇怪、喊叫\叫喊、合适\适合、糊模\模糊、紧赶\赶紧、来往\往来、利霎（霎利）\利索、落利\利落、毛皮\皮毛、派气\气派、配搭\搭配、齐整\整齐、气力\力气、墙围\围墙、收秋\秋收、式样\样式、实诚\诚实、涮洗\洗涮、算计\计算、索利\利索、套袖\袖套、嚏喷\喷嚏、替代\代替、啼哭\哭啼、皙白\白皙、相互\互相、务作\作务、羞急\急羞、修整\整修、烟卷\卷烟、要紧\紧要、衣胞\胞衣、喳叽\叽喳、窄狭\狭窄、证见\见证、直正\正直、准保\保准。

（六）古语词

所谓古语词，就是“现代汉语少用，而多见于古代文献的词。”（胡裕树，1987：286）“古语词包括一般所说的文言词和历史词，来源于古代文言著作。”（黄伯荣\廖序东，1979：305）。本书判定古语词的依据为，这些词语在古代文献中使用过，在现代汉语中已很少使用，或仅在现代汉语书面语中出现，但在元氏方言中仍在普遍使用，并保留其在古代汉语中的意义（贾盈荣，2012：61）。经考释，以下106个元氏方言词汇为古语词：

安生、熬煎、鏊、把、罢、奔、崩、搧、钵、薄待、餐、蹅、嗔、怵怯、待见、褡、当差儿、抵、敌、渎、裰、剟、饿饥、缚、跕、古话、拐孤、滚、掴、过、薅、何儿、呵\诃、呵舍、毁、皶、激、迹儿、际儿、贱、将就、浇头、缴、脚踪儿、景致儿、救火、就、惧、诀、俊、慨、剌、浪、拢、冒失、懵、绵、茶、披、嫳、谝、勤谨、潜、駿、呿、擩、苫、殇、拾掇、捋、劁*（兆刂）[tʰiɑu^{42}]、停当、图、瓦*（舌斗）[vA^{55}]、稀罕、瞎话、嫌[ɕiɛ^{55}]/[ɕiæn^{51}]、巷儿、歇、枵、泄、盱、絮烦、玄虚、炫、眩、眼尖、央乞、样中、腰身、咬嚼、怨怅、哕[yɛ^{55}]/[ʐuo^{55}]、（⻊叉）[tʂA^{42}]、奓[tʂA^{312}]、镇、箸儿、彰扬、着[tʂuo^{51}]、证见、置办、周正、缀、滋闹、左近。

迄今为止，极少有元氏文献谈及古语词。故本书将古语词作为元氏方言词汇的组成部分，对其中12个古语词做简单考释，考释词条由词汇、今义、方言例句和古代文献列举组成，以期为相关研究提供语料。

表 4-2　　《元氏方言古语词考释表》

把[pA^{55}] 把握；控制：这孩子哦可难～教哩。《楚语》烝尝不过把握。

搧[piɛ^{55}] 打：我把他臭～咾一顿。《说文》抚也。《唐韵》击也。

敌[ti^{55}]/[ti^{312}] 如；比；抵抗；相当：俺学习可不～掩。《孙子·谋攻》敌则能战之。

① “\”号之后为普通话用词。

薅[xɑu42] 用手拔：～草。《诗・周颂》以薅荼蓼。《说文》拔去田草也。

何儿[xɛr312]/[xar312] 什么。唐・贺知章《回乡偶书》笑问客从何处来。

呵\诃[xɤ312] 斥责：～舍。“诃”：《说文》诃，大言而怒也。《广韵》责也。

诀[tɕyɛ51] 骂人：她一天里～人儿。明・方日升《韵会小补》怒诃也。

慨[kʰai55] 感慨；情绪激昂：管他～嗽。《礼・檀弓》既葬，慨焉如不及。西汉・贾谊《旱云赋》遂积聚而合沓兮，相纷薄而慷慨。

殇[ʂɑŋ42] 折；未成年而死；早亡；意外死亡：今年～咾好几吔年幼哩兰。《汲冢周书》短折不成曰殇，未家短折曰殇。《说文》殇，不成人也。

图[tu51]意愿，为了；图谋，希望得到：我什么也不～你哩，就～你这个人。《战国策・秦策》：而天下可图也。

盱[sy42] 留心；看见：搭～。《易・豫卦》盱豫悔；《注》上视也。

着[tʂuo51]（西） 被；叫；让；命令；放：往锅里～点儿盐。北魏・贾思勰《齐民要术・种麻》：着水中，如炊两石米。

二、词的重叠

重叠是汉语的一种重要构词方法和构形手段。按原构词要素区分，元氏方言主要有五种重叠形式：名词的重叠、动词的重叠、形容词的重叠、数量词的重叠和副词的重叠。

（一）名词的重叠

元氏方言常以一个或两个名词词素重叠构成名词，此类名词与普通话名词的功能基本相同，重叠式主要有四种：

（1）AA 式。此类名词多为亲属称谓或儿童用语：伯伯；狗狗。

（2）AAB 式。A、B 各为一名词词素：娘娘腔儿；泡儿泡儿糖。

（3）ABB 式。A 为一名词词素，BB 为一个名词、形容词或动词词素重叠。此类词有形容词性质，后多跟名词：泪汪汪、水淋淋、油乎乎。

（4）AABB 式。AA、BB 分别为一名词词素重叠，有“…之类”的意思，多用来泛指，如：花花草草、家家户户、时时刻刻、祖祖辈辈。

（二）动词的重叠

动词重叠形式主要有五种：

（1）AA 式或 A 一 A 式。此类词均表示动作短暂或尝试，多受“先、多、可以、应该、最好、要”等词修饰：尝尝\尝一尝；等等\等一等。

（2）A 咾 A 式。此类动词表示动作已完成，如：尝咾尝、看咾看。

（3）ABB 式。A 是动词词素，BB 是动词或名词词素重叠，描述动作状态，如：怒冲冲、气鼓鼓、笑哈哈、笑眯眯、兴冲冲。

（4）ABAB 式或“AB 咾 AB”式。AB 为一合成动词，重叠后表示动作时间短暂或反复进行某一动作：比划比划\比划咾比划；商量商量\商量咾商量。

（5）AABB 式。AB 为一合成动词，如：打打闹闹、缝缝补补、扭扭捏捏。

（三）数量词的重叠

元氏方言数词和量词的重叠式主要有五种。

（1）AA 式或 BB 式。AA 式为数词重叠，BB 式为量词重叠：俩俩、次次。

（2）$A_1A_1A_2A_2$ 式。这是两数词重叠，如：千千万万、三三两两。

（3）A_1A_2（B）A_1A_2（B）式。A_1A_2 为相连的两个数词，B 为 A_2 的变音，如：仨俩仨俩、四五哦四五哦、八九喔八九喔。

（4）一 BB 式。B 一般为量词，例如：一个个、一件件、一棵棵。

（5）AB（儿）AB（儿）式。AB 为数量词：一本$_{儿}$一本$_{儿}$、一个一个。

（四）副词的重叠

副词的重叠式主要有 AA 式和 AABB 式。

AA 式副词重叠词如：暗暗、刚刚、仅仅、慢慢、微微。

AABB 式重叠副词如：的的确确、急急忙忙、实实在在。

三、动词体

所谓动词的“体”，就是“观察动词所表述的动作或事件在时间进程中的状态所得的结果”（郭校珍，2008：83）。本书将元氏方言动词体分为七种典型的动词体：实现体、已然体、进行体、持续体、经历体、起始体和将行体（参见郭校珍，2008）。

（一）实现体

元氏方言实现体标记为“咾”，相当于普通话“了$_1$”[①]，表示从动作发生的“前时点”到“实现点”动词所代表动作已实现。西片实现体标记为“啦”、“啊”或“了”。例如：

（1）俺刚吃咾饭，不能很动$_{儿}$。

（2）他上咾\啦三年大学兰。

---

① 了$_1$：动态助词，用在动词后，实现体标记；了$_2$：用在句尾，表示变化或肯定语气。

（二）已然体

元氏方言已然体标记为“兰”， 相当于普通话的“了$_2$”，一般位于句尾，表示相对于某个参照时间而言，句子所述事件已存在或实现。西片已然体标记为“兰”、“啦”或“了”。已然体标记与实现体标记常同时出现。已然体标记也可出现在将来时句子中，表示未来将会出现的情况。例如：

（3）他考啊大学兰。（动词+宾语+兰）

（4）他都上咾三年大学兰。（“咾”、“兰”同时出现）

（5）他明$_儿$昂要去北京兰。（“兰”在将来式中）

（三）进行体

元氏方言进行体标记为“哩”，相当于普通话的“呢$_1$”[①]，一般位于句尾或分句尾，表示说话时刻动词所代表动作正在进行。进行体常由“在”、“正”与“哩”一同作标记。例如：

（6）外沿$_儿$下雨哩，穿啊雨衣吧。

（7）他正往这$_儿$走哩。

（四）持续体

元氏方言持续体标记为“子哦”，相当于普通话的“着”，表示说话人停止说话后，动词所代表动作或动作所造成结果或状态仍在持续进行。持续体标记“子哦”一般要与进行体标记“哩”同时出现。西片持续体标记为“啊”或“啦”。例如：

（8）外边$_儿$正下子哦雨哩。

（五）经历体

经历体表示在过去时间里曾发生过某一事件或动作。元氏方言经历体分近经历体和远经历体，标记分别为“来”和“过”：① 近经历体“来”用于句末、分句末或疑问句中，表示过去曾发生的动作或事件，与普通话助词“过”、“呢”或“了”相似（例 9、10、11）；当“来”用于分句末时，语义不够完整，通常要在后面加一句来补充说明，若其后无附加分句，则要求说话双方对动作所涉及对象或事件预先知晓（例 12）；当说话双方对动作及结果或事件均知晓时，“来” 可用来代表双方都知道的动作（例 13）。② 远经历体“过”与普通话动态助词“过”的用法相同（例 14）。元氏方言的近经历体与远经历体是相对的，只要说话者认为某经历很近，即使是很久以前的事，仍可用近经历体（例 14'）。带“来”的句

① 呢$_1$：进行体标记；呢$_2$：疑问词

子一般有表示事件发生的时间词；若无明确时间词，则表示动作或事件持续到说话时间或距说话时间很近时才终止。带“过”的句子，时间词可有可无。否定句中只用“过”，不能用“来”。

（9）那两天我给他说来，他知道兰。

（10）你夜儿上学来，还是上班来？

（11）小时候儿你上学来呗？

（12）甲：谁说来哎？（说话双方都知晓所说内容）

乙：老师说来。（老师所说内容双方都知道）

（13）老师听到打碎玻璃的声音就走过去问学生：

老师：谁来哎？（“来”代表双方都知晓的“打坏玻璃”这件事）

学生：俺来。

（14）掩每常么儿啊当过老师。

（14'）掩每常么儿啊当老师来。

（六）起始体

元氏方言起始体与普通话相同，标志有“起来”、“起…来”、“开”等，表示事件或动作起始点的实现。例如：

（15）这学期，他又教起语文来兰。

（16）树叶儿绿开兰。

（七）将行体

将行体一般以说话时间为参照点，动作将要发生。元氏方言将行体标志有“该…兰”、“快…兰”、“快…啊”、“啊”等。其中，“啊”为元氏方言特有将行体标记，只能用于肯定句的句尾或分句尾。例如：

（17）该浇地兰。

（18）他快回来兰。

（19）天快下雨啊。

四、代词

元氏方言使用特殊的人称代词、指示代词和疑问代词。

（一）人称代词

表 4-3　　元氏方言人称代词分类词表*

人 称	单 数	复 数
第一人称	俺 我 咱 人家 □[tʃər^{214}] □们[tʃər^{214}mən^{51}]	俺 俺们 咱 咱们
第二人称	嗯 你	嗯 嗯们 大伙儿 你们
第三人称	掩 别人儿 人家 □[ȵiɑ^{312}] 他 她 它	掩 掩们 掩他们 别人儿 他们 她们 它们 [ȵiɑ^{312}]他们
反身代词	□[tsia^{312}] 自个儿 自啊	□[tsia^{312}] 自个儿 自啊
其他代词	有哩	有哩 人们 大伙儿

*代词的罗列顺序与常用频率一致。

元氏人较少使用普通话中的“你、我、他”或“你们、我们、他们”，更多使用方言代词，各种人称代词参见表 4-3。

1. 第一人称代词

单数“俺、我、咱”同在元氏方言中使用，均可做主语、宾语或定语，但在使用人群、语境、语气方面有差别：成年人多用“俺、我”，年轻人多用“咱”；“俺、我”较平实、郑重，“咱”较委婉、随意；作主语、宾语时常用“我”，作定语、特别在称呼前常用“俺”（例 1、2、3）；“俺”也可指第三人称单数“掩”，表达长辈对晚辈的袒护，相当于“俺孩子”（例 4）；“人家”是“我”的委婉说法，使用者多为年轻女性，说话双方关系密切或有意营造亲密气氛，含羞涩、娇嗔、亲昵意味（例 5）。□[tʃər^{214}]/□们[tʃər^{214}mən^{51}]就是“我”，主要在青少年中流行，成年人则很少使用。代词“俺”可用作单数和复数。“俺”、“俺们”、“咱们”相当于普通话的“我们”，且用法基本相同。“咱”与“咱们”所指有少许差别，“咱”包括说话人和听话人两个人；“咱们”可指说话人和一个听话人，或指说话人与两人以上的听话人。

（1）我\俺\咱明儿昂去北京啊。

（2）你去北京时候儿递说我\俺\咱一下儿。

（3）我\俺\咱爹打过鬼子哦。

（4）你要光说俺不是儿兰，我觉子哦俺挺好哩。

（5）男：咱去看电影沾呗？

女：人家不嘛！”

2. 第二人称代词

单数“你”在元氏方言中用法与普通话相同。“嗯”可同时用作第二人称单数和复数。“你们、嗯们”为第二人称复数。“你们”多用于成年人，较正式；“嗯、嗯们”，多用于年轻人，较随意；“嗯”和“嗯们”均指“你们”，但“嗯们”强调“你们全部”。而“大家伙儿”、“大伙儿”或“咱们大家伙儿”是“你们”的委婉说法。

3. 第三人称代词

“掩”既可作第三人称单数和复数。“掩”在东片读[iæn⁵¹]，在西片读[ʐan⁵¹]，相当于“他、他们”。“掩”作单数、做定语时后可跟第三人称“他”或省略“他”，如“掩他爹”、“掩爹”。“掩别人儿”即“人家”或“别人”，指除说话者和听话者之外的第三方某个人或某些人。“掩别人儿”可用于自称，表示“我”，与第一人称代词“人家”用法相当（例 6）。“掩们”、“掩他们”相当于“他们”；“[ȵiɑ³¹²]” 指“别人、他”，“[ȵiɑ³¹²]们”、“[ȵiɑ³¹²]他们” 指“他们”，为第三人称单数和复数，主要在靠近赞皇县的北正乡与黑水河乡的部分村使用。

（6）甲：咱结婚吧？

乙：不嘛！掩别人儿还小咾呗。

4. 反身代词

“□[tsia³¹²]”、“自啊”、“自个儿”相当于“自己”，常用来复指前面的名词或代词。“自啊”、“自个儿”多用于西片。

（7）要跟他们做伴，叫他们□[tsia³¹²]去吧。

5. 其他人称代词

“有哩”表示人或物不确定的一个或一部分；“人们、大家伙儿、大伙儿”泛指不确定的一些人。其他代词常作主语或宾语。

（8）有哩唱歌，有哩跳舞。

（9）这事儿人们\大家伙儿\大伙儿都不知道。

（二）指示代词

元氏方言的指示代词有远指和近指两类，当“近、较近、远”三种事物并存时，一般在远指代词前加“还有”，如：这个、那个、还有那个。

表 4-4 元氏方言指示代词分类词表

指代类别	近指	远指
单音节	这[tʂɤ^{312}]/[tʂei^{312}]/[tei^{214}]	那[ɲɤ^{312}]/[nei^{214}]
人或物	这个	那个
	这些	那些
特指人	这主儿 这家伙 这物件	那主儿 那家伙 那物件
处所	这儿[tʃər^{214}]、 这哩[tʂai^{312}li] 这环*儿[tʂɤ^{214}xuɛr^{55}]	那儿[ɲər^{214}]、那哩 ɲai^{312}li]/[nai^{312}li] 那儿环*儿[ɲər^{214} xuɛr^{55}]
	这头儿	那头儿[ɲɤ^{312}təur^{51}]
方式	这样儿[tʃɑrŋ^{312}]	那样儿[ɲɑrŋ^{312}]
时间	这会儿	那会儿[ɲɤ^{312}xuər^{51}]
	这阵儿[tʂɤ^{312}tʃʅ^{312}]	那阵儿[ɲɤ^{312}tʃʅ^{312}]

1. "这、那"

"这、那"与普通话的"这、那"含义相同，可指人或物，常作主语与宾语。"这"在东片读[tʂɤ^{312}]，在西片南佐镇周边乡镇读[tʂei^{214}]，其他乡镇读[tei^{214}]或[tei^{55}]。

2. "这个、那个"、"这些、那些"

"这个、那个"修饰名词，在句中作主语、宾语和定语（例 1、2、3）。作为单数的指示代词指物时，可根据物体不同使用不同的量词，将"个"替换为"条、本、辆、场"等，与"这个"使用方法相同，在句中做主语、定语或宾语。"这些、那些"指代两个以上的人或物，与普通话的"这些、那些"用法相同，常作主语、定语和宾语（例 4）；若句中动词受"就"限制，"这些、那些"作动词宾语，或"这些、那些"直接受"就"限制，那么，"这些、那些"表示实物数量少（例 5）。

（1）这个人是河北哩，那个人是河南哩。

（2）张三拾那是这个物件儿，李四拾那是那个物件儿。

（3）这个东西真好看。

（4）这些是俺们班哩，那些是嗯们班哩。

（5）俺就这些东西儿，你看子哦给个钱儿都算兰。

3. 特指代词

“这主儿”、“那主儿”相当于普通话的“这个人、那个人”，特指身边和视野内的某人，一般伴随手势指向；“这主儿、那主儿”等可跟在人名后，强调某人。此类特指人称代词还有“这玩意儿”、“这家伙”、“这物件”、“这东西”、“这鸟儿”、“这不要脸哩”、“这他娘戻哩”、“这狐狸精”、“这狼心狗肺哩”等。

4. 处所指示代词

“这儿、这儿环*儿、这里”、“那里、那儿、那儿环*儿”相当于“这里、那里”；“这头儿、那头儿”相当于“这边、那边”。它们在句中常作主语和宾语。“这哩、那哩”意为“这一带地区、那一带地区”，一般指一个较大范围的区域。例如：

（6）这儿是因村镇，南佐镇在那儿。

（7）这头儿轻，那头儿沉。叫我抬那头儿，你抬这头儿。

（8）俺这哩没嗯那哩那么儿。

5. 方式指示代词

“[tʃaŋ^{312}]”、“[ɲaŋ^{312}]”相当于“这样、那样”，功能上与谓词性词语接近，可代替某种动作或情况，在句中做状语。例如：

（9）□[tʃaŋ^{312}]做，要[piau^{312}]□[ɲaŋ^{312}]做。

6. 时间指示代词

“这会儿”意为“现在”，“那会儿”意为“刚才”，在句中作主语或状语。“这阵儿、那阵儿”或“这阵子哦、那阵子哦”则指“这一段时间、前一段时间”，在句中多作状语。例如：

（10）那会儿雾还老大哩，这会儿一点也没兰

（11）这阵儿我消停兰，那阵儿我真哩太忙兰。”

（三）疑问代词

1. 指人疑问代词

“谁、哪个”用来指人，与普通话词语的使用方法相同，在句中一般做主语、宾语或定语。例如：

（1）那人是谁哎？

（2）你说哪个来？

2. 指物疑问代词

“什么、哪、哪个”用来指物，与普通话词语的使用方法相同，在句中做主语、宾语或定语。“何儿”是元氏方言特殊疑问词，在东片读[xɛr^{312}]，在西片读[xar^{312}]，意即“什么”，与普通话的“什么”用法相同。例如：

（3）他会干何$_{儿}$哎？

（4）你知道何$_{儿}$样哩手机好使呗？

表 4-5　　元氏方言疑问代词分类词表

类别	元氏方言疑问代词	普通话 疑问代词	相当于
人	谁[ʂei^{51}]　哪[nai^{55}]/ [nei^{55}]个	谁　哪个	名词
事物	什么　何$_{儿}$[xɛr^{312}]/[xɑr^{312}] 哪[nai^{55}]　哪个	什么　哪 哪个	名词
处所	哪$_{儿}$[ɲər^{55}]　哪环*$_{儿}$[ɲər^{55}xuɛr] 哪胡乱$_{儿}$[ɲər^{55}xu^{51}ɭuɛr]	哪　哪$_{儿}$ 哪里	名词
时间	多当啊[tuo^{42}tɑŋ^{312}A]\[tuɑrŋ^{312}]　几时	多会$_{儿}$	名词
数量	多少　几	多少　几	数词
原因	怎$_{儿}$么$_{儿}$[tsɛr^{55}mɛr]　怎$_{儿}$啊[tsɛr^{55}A] 怎$_{儿}$[tsɛr^{55}]　怎$_{儿}$何$_{儿}$[tsɛr^{55}xɛr^{312}]（西）	为什么 怎么	谓词
方式	怎$_{儿}$啊[tsɛr^{55}A]　怎$_{儿}$么[tsɛr^{55}mɛr] 怎$_{儿}$[tsɛr^{55}]　怎$_{儿}$何$_{儿}$[tsɛr^{55}xɛr^{312}]　（西）	怎样　怎么样	谓词
状况	多　多么[tuo^{42} mei]	多　多么	副词

3. 处所疑问代词

疑问代词"哪、哪$_{儿}$"与普通话的"哪、哪$_{儿}$、哪里"意义相同，"[ɲər^{55}xuər]"意为"哪里"，在句中作主语和宾语。例如：

（5）你[ts^{h}ai^{51}tʃ^{h}uər]去[ɲər^{55}xuər^{42}]来？（你刚才去哪里了？）

（6）[ɲər^{55}xuər]有□[tʃɑrŋ^{312}]哩书哎？（哪里有这样的书呢？）

4. 时间疑问代词

疑问代词"多当$_{儿}$昂、哪会$_{儿}$"相当于"什么时候"、"什么时间"、"多会$_{儿}$"，在句中作状语或补语。例如：

（7）不知道□[tuɑrŋ^{312}]你才长大哩。

（8）人还不知道自个$_{儿}$哪会$_{儿}$死哩，就耍太较真$_{儿}$兰。

5. 数量疑问代词

疑问代词"多少、几"与普通话词语的使用方法相同，在句中一般做主语、宾语或定语。例如：

（9）这些钱你就拿着吧，多少是我点心意。

（10）你分啊几号楼来？不管是几号，我都高兴。

6. 原因疑问代词

疑问代词“怎儿、怎儿啊、怎儿么儿、怎儿何儿（西）”用来问原因，相当于普通话的“怎么”、“为什么”，在句中作谓语或状语。它们与语气词“来”搭配使用，可单独成句。例如：

（11）你怎儿不念哩唉？（你为什么不说话呢？）

（12）你怎儿何儿来？（你怎么了？）

（13）你怎儿啊不去哎？（你为什么不去呢？）

7. 方式疑问代词

“怎儿、怎儿啊、怎儿么儿、怎儿何儿（西）”相当于普通话的“怎样”、“怎么”、“怎么样”，在句中常作状语。它们与语气词“哎”搭配使用，可单独成句。例如：

（14）甲：怎儿啊说哎？

乙：这样儿哩事儿，俺真不知道该怎儿么儿办。

8. 状况疑问代词

“多、多么”意义和用法与普通话相同，在句中可作定、状或宾语。

（15）不管有多哦难，我都要供嗯念书。

五、形容词

元氏方言的形容词，无论是单音节或双音节，很少单独使用，大多可重叠或带词缀，构词方式有20种之多。因此，一个形容词在不同语境中有多种表现方式，能准确表达各种心情或感受的细微差别。例如，“热”有17种表达方式：多热哎、热呼呼哩、显点儿热、真热、可热哩、太热兰、热上热、热哩心慌、热哩不行、热哩不能下、热哩受不了、热哩搁不住、热哩呛不住、热毁兰、热死兰、热死咾哩、死热烂热哩等。

（一）AA（儿）哩式

此类词为单音形容词重叠+哩，意为“较…”，例如：白白哩、长长哩、大大哩、胖胖哩。

（二）“ABB（儿）哩”式

此类词是双音节形容词AB重叠后一语素+哩，意为“较…”，如：紧张张哩、宽松松哩、齐整整哩。

（三）"AXX（儿）哩"式

此类词为单音节形容词+后缀+（儿）+哩，可使形容词更生动，如：沉甸甸哩、轻了了哩、咸乎乎哩。单音节形容词 A 与后缀 XX 的搭配是习惯性的，一个形容词在不同情况下可有不同后缀，例如：白花花哩（银子、水）\白茫茫哩（云、雾）；胖墩墩哩（男孩）\胖扭扭哩（孩子哦）。有些 XX 可跟在较多的 A 后，如：黑乎乎、胖乎乎、傻乎乎；活生生、好生生、脆生生。

（四）"圪 BB 哩"式

此类形容词意为"有点…"，如：圪怪怪哩、圪筋筋哩、圪零零哩、圪外外哩。

（五）"A 圪 XX 哩"式

此类形容词多含贬义，意为"太…"，例如：白圪蔫蔫哩、胖圪嘟嘟哩、穷圪哒哒哩、死圪塌塌哩。

（六）"A 不 XX（儿）哩"式

此类词多用于形容颜色、质感等。

（1）颜色形容词后加"不蔫蔫"，"蔫蔫"读重音，多有贬义，意为"太…"，如：白不蔫蔫哩、红不蔫蔫哩、黄不蔫蔫哩。

（2）颜色形容词后加"不溜秋"或"不溜丢"，形容词读重音，多有贬义，意为"太…"，如：白不溜秋哩、灰不溜秋哩。

（3）表质感的形容词后加"不溜丢"，形容词读重音，多含有贬义，意为"太…"，如：光不溜丢哩、滑不溜丢哩。

（4）表示颜色、味道、人体型等的形容词后加"不叽儿"，读轻声，意为"有点"，表示肯定或赞成，如：白不叽儿哩、寡不叽儿哩、瘦不叽儿哩。

（5）表示颜色、味道、人体型等的形容词后加"不叽"或"不啦叽、不啦喳"、"不拉沓"，形容词读重音或"不叽"读重音，意思是"太……"，多含贬义：

白不叽哩	白不啦叽哩	白不啦喳哩	白不啦沓哩
软不叽哩	软不啦叽哩	软不啦喳哩	软不啦沓哩
瘦不叽哩	瘦不啦叽哩	瘦不啦喳哩	瘦不啦沓哩

（七）"aBaB 哩"式

a 代表修饰成分，此种形容词用比喻、夸张手法，将事物形容得生动形象，如：笔直笔直哩、冰凉冰凉哩、翠绿翠绿哩。

（八）"AABB（儿）哩"式

这种形容词表示"很……"，例如：

安安静静儿哩　大大方方儿哩　干干净净儿哩　高高兴兴儿哩

（九）"A上A"式

此类词相当于"非常+形容词"，例如：

好上好　好吃上好吃　香上香　老实上老实　沉上沉

（十）"A连AB"式

"A连AB哩"多为贬义词，含有厌恶、轻蔑的意味。这种形式也可在"连"后加"子哦"，说成"A+连子哦+AB+哩"，例如：

糊连糊涂哩　糊连子哦糊涂哩　啰连啰嗦哩　啰连子哦啰嗦哩

（十一）"A连BC哩"式

这种形式也可在"连"后加"子哦"，说成"A+连子哦+BC+哩"，意思是"非常…"，例如：骨连酿绌哩、骨连子哦娘绌哩；胡连捣腾哩、胡连子哦捣腾哩。

（十二）"形容词+马趴哩"式

此类词意为"非常……"，如：受罪马趴哩、受屈马趴哩、受气马趴哩。

（十三）"A哩AB"式

这种形容词数量较少，例如：糊哩糊涂、妖哩妖气。

（十四）"A咾个A"式

这种形容词意为"很+形容词"，多为贬义词，含有厌恶、轻蔑的意味。例如：丑咾个丑、精咾个精、懒咾个懒。

（十五）"死A烂A哩"

这种形容词相当于"太+形容词"，多为贬义词，含厌恶、轻蔑的意味，例如：死沉烂沉哩、死贵烂贵哩。

（十六）"A而吧叽哩"与"A而圪蔫哩"式

负向形容词后跟"而吧叽哩"或"而圪蔫哩"，意为"很……"，多有贬义，例如：穷而吧叽哩、傻而吧叽哩、脏而吧叽哩；白而圪蔫哩、红而圪蔫哩、脏而圪蔫哩。

（十七）"A+呼呼哩"式

这种形容词意为"很+形容词"，表示强调。形容词后跟"呼呼儿哩"，意为"有点+形容词"，表示肯定，如：大呼呼哩、大呼呼儿哩；稠呼呼哩、稠呼呼儿哩；高呼呼哩、高呼呼儿哩。有些形容词后常加"呼呼哩"，却很少加"呼呼儿哩"，如：累呼呼哩、冷呼呼哩、忙呼呼哩、傻呼呼哩。有的形容词后可跟"白呼呼哩"，意为"这么…"，如：浪白呼呼哩、热白呼呼哩、累白呼呼哩、穷白呼呼哩。

（十八）"A+哩慌"式与"A+八万哩"式

形容词后加词缀"哩慌"、"八万"，表示对形容词的强调，如：憋哩慌、急哩慌；圪拧八万哩、呼噜八万哩

（十九）"A+哩+不行\不能干\呛不住"式

这种形容词相当于"非常"、"太"、"过分"+形容词。例如：饿哩不行\不能干\呛不住；高兴哩不行\不能干\呛不住；

（二十）"A+透兰"式

"负向形容词+透兰"，相当于"非常+形容词"；正向形容词后跟"透兰"，则有"过分"的意思：懒透兰；高兴透兰。

六、助词

（一）助词：的、地、得

1. 结构助词"哩"

元氏方言中不分"的"、"地"、"得"，一律用哩[li]。"哩"在句中位置和语法功能与"的"、"地"、"得"相同，可作主语、宾语、表语、定语或状语（例 1、2、3、4）。"那"也常用来表示"的"，但这种形式一般不直接作表语（例 1'）。与"的"字词组相同，元氏方言用"哩"附着在词或词组后，构成名词性词组，例如：吃哩、剃头哩、红色哩、住哩。普通话"的"字词组在元氏方言中常在后边加"那"，或用"那"代替"的"。但这种词组一般不直接作宾语或表语（例 5）。

（1）我哩在这儿，你哩在那儿。（的）

（1'）我那在这儿，你那在那儿。（的）

（2）他们哩东西儿在这儿哩。（的、呢）

（3）慢慢儿哩吃，要着急。（地）

（4）他站哩高高哩。（得、地）

（5）吃哩那在锅里搁[kau^{214}]子哦哩。（吃的在锅里面放着呢。）

吃那在锅搁[kau^{214}]子哦哩。（吃的在锅里面放着呢。西）

"吃、坐"等动词后跟"头儿"，构成名词，意为"吃的东西、坐的东西"，相当于"的字词组"，例如：吃头儿、就头儿、说头儿、坐头儿。没有"喝头儿"，因为"吃头儿"包含喝的东西。但"有（没）+动词+头儿"，意思却是"有或无意思、内容"等：有看头儿、有盼头儿；没等头儿、没要头儿。

2. 语气助词"哩"

在元氏方言中，"哩"用在陈述句末，表示肯定语气，与普通话"的"用法相

同。“哩”作语气词时常省略，如：

（6）我会递说你。\我会递你说。（我会告诉你的。）

3. 语气助词“得[ti]”

“得”置于动词后，表示主语具有动词所表达行为动作的能力、条件或价值，相当于“能够、可以”，后常跟助词“咾”，如：认得咾、看得咾、做得咾、买得咾、吃得咾、干得咾。

（二）动态助词：着

（1）东片的“子哦”[tsɤ]和西片的“啦、啊、了”相当于动态助词“着”，用在动词和形容词后，表示说话时刻动词所代表动作正在进行，或动作致结果或状态仍在持续。西片很少用“正”、“正在”等副词，助词“啦”也常省略（例 1、1'、2、2'）。

（1）他们正开子哦会哩（他们正开着会呢）。

（1'）□[ȵiɑ312]他们开啦会哩。\□[ȵiɑ312]他们开了会哩。（西）

（2）桌子哦啊放子哦一本书（桌上放着一本书）。

（2'）桌子哦啊撂啊一本书。\桌子哦啊撂了一本书。（西）

（2）“着[tʂɑu] / [tʂuo51]（西）”位于动词后做补语，表示动作造成某种轻微的损伤，这类动词有梆、棒、崩、蹭、撑、吹、打、冻、剟、饿、挂、忽拉、溅、溻、磕、捋[luo55]、碰、气、敲、切、伤、晒、烧、摔、踢、捅、扎、撞、砸、吓、咬、蛰、騸*、抓等。

（3）多吃点儿，要饿着咾。（多吃点东西，不要饿出毛病了。）

（4）那天，他叫撞着腿兰。（他的腿被撞得多少有些伤。）

（3）个别形容词如“冷、热、烫、使、累”等后可加“着[tʂɑu51] / [tʂuo51]（西）”做补语，表示动作造成某种轻微损伤，例如：

（5）多穿点儿衣裳，要冷着咾。（多穿点衣服，以防受凉。）

（6）歇会儿吧，要使着咾。（休息会，以防累坏了。）

（三）助词：了

1. 动态助词“了”

“了”在东片是“咾[lɑu]”，在西片是“啊[A]、啦[lA]”，用在动词或形容词后，表示动作或变化已完成，包括已发生、预期或假设的动作或变化，例如：

（1）俺才会儿去咾一趟元氏。（我刚去了一趟元氏。）

俺刚一儿去啊\啦一趟元氏。（我刚去了一趟元氏。西）

2. 语气助词“了”

语气助词“了”用在句尾或句子停顿处，表示变化或出现新情况。在元氏方言中，句型不同，语气词也不同：1）在不含过去时间的陈述句中，“兰”相当于“了”（例 2）。2）“咾、兰”或“啦、了（西）”相当于祈使句中的“了”（例 3）。3）在不含过去时间的是非疑问句中，“咾”或“啦、兰、了（西）”相当于“了”；“咾呗”和“啦哩、兰哩、了哩”相当于“了吗”（例 4）。4）在含有或隐含过去时间的句子中，陈述句与疑问句中的“了”都是“来”，“了吗”是“来呗”，西片读“来哩”或“来啊哩”（例 5）。5）在特殊疑问句中，“来”或“来、兰”（西）相当于“了”（例 6）。

（2）他考啊大学兰。\□[ȵiɑ³¹²]他考啊大学兰。（西）（他考上大学了。）

（3）干件儿嫑使着咾。\干件儿别使着了\啦。（西）（干活儿别累着了。）

（4）他吃咾呗？\□[ȵiɑ³¹²]他吃啦哩\兰哩？（西）（他吃了饭了吗？）

（5）你告诉他那件事了吗？（普通话）

你递他说那事儿来呗？（元氏方言）

你对他说那事儿来啊哩\兰哩\来哎哩？（西）

（6）他昨天给你说什么了？（普通话）

他夜儿给你说什么来？（元氏方言）

他夜儿个儿给你说何儿来唉？\□[ȵiɑ³¹²]他夜儿给你说哈儿来？（西）

（四）动态助词：过

“过”在元氏方言中与在普通话中的读音、句中位置、语法功能和意义均相同，西片一般只在特别强调时才用“过”。“过”用在动词和形容词后面，有三种情况：1）表示动作或状态的完毕（例 7）。2）表示某种行为或变化曾发生，但未持续到现在。（例 8）3）“做…来”表示某人以前“做过\当过……”。（例 9）

（7）山啊那桃花儿开过兰。\山啊那桃花儿早开过兰。（西）

（8）他年上来过北京兰。\□[ȵiɑ³¹²]他年上[ʂəŋ]早来过北京兰。（西）

（9）他每常么儿啊当兵来。\□[ȵiɑ³¹²]他每常么儿啊当兵来。（西）

（五）语气助词：呢

在元氏方言中，语气助词“呢”有特殊发音：① 疑问句中的“哎、吔”相当于“呢”，表示疑问语气；西片特指问句中的“哩、哎”与正反问句中“啊哩、啦哩”相当于“呢”（例 10、11）。② 陈述句中的“哩”相当于“呢”，表示承认事实，且动作或情况正在继续（例 12）。③ 感叹句末使用“哎”，西片用“哩”或“哎”（例 13）。④ 句中语气词“呢”表停顿，一般省略不用（例 14）。

（10）他叫什么哎？（他叫什么呢？）

他叫何儿哩？\□[ȵiɑ312]他叫哈儿哩？（西）（他叫什么呢？）

（11）这书是不是你哩哎？（这书是不是你的呢？）

这书是你哩啊哩？\这书是你吔哩？\这书是你啦哩？（西）

（12）外头正下雨哩。（外边正下着雨呢。）

外沿儿仗啊个正下啊雨哩。\外沿儿仗啊个正下雨哩。（西）

（13）多好看哎！多么好看哩！\多来好看哩！\多哎好看哩！（西）

（14）喜欢呢，你就买；不喜欢呢，就别买。（普通话）

喜欢，你就买；不喜欢，就别买。（元氏方言）

（六）语气助词：吗、吧

在元氏方言中，语气助词“吗”和“吧”有多种发音：① 在是非疑问句中，“呗、嗷”相当于“吗”，与“吗”在句中位置、意义与语法功能大体相同；“呗”主要用来询问动作是否发生过，“嗷”表示对发生的动作有怀疑（参见第4章第7节）。在西片，“啊哩、啦哩、嗷”相当于“吗”；在含有过去时间的是非疑问句中，“来哩”、“来啊哩”或“来嗷”相当于“吗”（例15、16、17）。② 表示“关于某事”时，“嗷”相当于“吗”。③ 在反诘疑问句中，“嗷”相当于“吗”（19）。④ 语气词“吧”在元氏方言中读音不变，其在句中的位置、语义、语法功能与普通话相同（例20）。

（15）你去过她家啊呗？（你是不是去过她家？）

（16）你去过她家嗷？（你去过她家，是吗？你去过她家是真的吗？）

（17）你去过她家啦哩\啊哩\嗷？（你去过她家吗？西）

（18）这事儿嗷，俺早都知道兰。（这事吗，我早就知道了。）

（19）你说不是这样嗷？（你说不是这样吗？）

（20）这是你哩吧？（这是你的吧？）

（七）语气助词：啊

语气词“啊”在元氏方言中的语义和语法功能与普通话有很大差异。“啊”的读音也随其在句中位置与功能变化而有所不同。

（1）在句子末尾时表达感叹语气，“啊”读[ai]，写作“哎”。例如：

（21）多好看哎！（多好看啊！）

（2）“啊”做后缀放在事物名词后，相当于方位词“上、下”，西片用“昂”。例如：部队啊（部队上）、地啊（地上）、身啊（身上）等。

（3）“啊”用在姓氏、人名、称呼或人称代词后，意思是“家”：①“姓氏+

啊+表示处所的名词”用来构成地理名称，例 22 中是元氏县行政村名称。②“姓氏+啊+门”表示“姓氏”的家族或家族的一支，西片直接用“家”(例 23)。③“啊”用于人名、称呼后时，常省略后边的“家”(例 24)。④ 疑问代词“谁”和第三人称复数后跟“家”时，常用“啊”代替“家”(例 25、26)。

(22) 褚啊庄（褚家庄）、范啊庄（范家庄）、何啊沟（何家沟）、胡啊庄（胡家庄）、李啊庄（李家庄）、牛啊楼（牛家楼）、牛啊庄（牛家庄）、彭啊庄（彭家庄）、乔啊庄（乔家庄）。

(23) 高啊门（高家）、孔啊门（孔家）、李啊门（李家）、周啊门（周家）。

(24) 那是老娘啊。(那是姥姥家。)

(25) 你去谁啊哎？\你去谁啊啦？（你去谁家呢？）

(26) 你去他们啊嗷？\你去他们啊哩嗷？（你要去他们家吗？）

(4)“人名+啊+称呼”中“啊”相当于“的”，如：张三啊爹（张三的爸爸）。

(5)“动物名称+啊+似哩”多用来形容人的性格或状态，“啊”只表音，无实义（例 27）。“…啊似哩”相当于“像…一样”。(例 28)

(27) 他老实哩跟绵羊啊似的。(他老实得像绵羊似的。)

(28) 他没命啊似哩才跑哩。(他跑得像逃命一样快。)

(6)“啊”用在行为动词后，用以补充说明动作的结果，相当于普通话的“上、下、了、到、在、住”等。例如：

(29) 背啊书包去校哩吧。(背上书包上学去吧。)

(30) 放啊书包吃饭吧。(放下书包吃饭吧。)

(31) 把东西放啊桌子哦啊吧。(把东西放在\到桌子吧。)

(32) 你挣啊钱咾嫑乱花。(你挣了钱别乱花。)

(33) 锁啊门啦哩？（锁住门了吗？）

(7)“啊”用于肯定句尾或分句尾，表示动作将要进行（参见第 4 章第 3 节）。“啊”在西片读“啦”或“安”。如：

(34) 他去车站啊。\他去车站哩啊。\他去车站安。(他要去车站。)

(8)“啊”用于对祈使句的回答，表示答应、应诺，相当于“行、可以、知道了”等（例 35）。“啊”也用于对问句答复的礼貌性回应，表示对答复的“认可、应诺”，相当于“行、好、知道了”等（例 36）。

(35) 甲：你先出哩一下儿吧！

乙：啊。

(36) 甲：这事儿我该递说他呗？

乙：应该，递说吧。

甲：啊。

（9）在元氏方言中，部分动词使用时需后加“啊”。“啊”在句中无实际语义，但可强调动词，并可补充韵律和加强语气：① 表示动作行为的部分动词和表示存在、变化、消失的部分动词，在肯定句和疑问句中使用时后加“啊”；当动词后加宾语时，“啊”置于宾语后（例 37、38）。② 部分趋向动词和表示可能、意愿、必要的助动词“能、能够、会、可以、愿、愿意、肯、敢、要、应当、应该”等，在疑问句中使用时后加“啊”（例 39、40）。③ 表示心理活动的动词“爱、恨、怕、想、担心”等，在疑问句中使用时后加“啊”；当动词后跟宾语时，“啊”跟在宾语后（例 41）。

（37）我走啊来哩。（我走来的。）

（38）开始啊呗？\开始啊哩？（开始吗？）

（39）你回哩啊呗？\你回啦哩？\你回哩啊哩？（你回去吗？）

（40）你哥哥会啊呗？\嗯哥哥会啊哩？（你哥哥会吗？）

（41）你恨他啊呗？\你恨他啊哩？（你恨他吗？）

七、句子类型

元氏方言的句子类型，无论单句或复句、主谓句或非主谓句，变式句或省略句，大部分与普通话句子结构相同，只在助词或语气词运用上有所区别，这些内容上文已有描述。本节重点描述元氏方言的特殊句型。

（一）疑问句

元氏方言疑问句主要分五种，即是非疑问句、正反疑问句、选择疑问句、特指疑问句和反诘疑问句。

1. 是非疑问句

元氏方言的是非疑问句与普通话疑问句的结构相同，不需疑问代词提出疑问，只需用升降调或在句末用“呗”、“来”等语气词表达疑问即可。这类疑问句只需作出肯定或否定回答，或点头、摇头，或以“嗯、是”肯定，或以“不是、不、没有”否定（例 1）。

“吧”结尾的疑问句为猜度疑问句，说话人对事实已有了解，但不能确定，问对方只望获得证实。猜度疑问句用降调，其他疑问句用升调。在谈话双方对某事都了解时，说话的后者常用“是哎、是嗽、是呗”表达疑问，构成猜度疑问句（例 2、3）。“是哎”意为“是这样吧”，表示对说话者之前观点的肯定。虽是问句，但并不指望甲回答，或甲并不需回答。“是嗽”意为“是吗、真的吗”，表示说话者对某事已有认识，但不确定，望对方确认。对方只需点头、摇头或简单地说“嗯”等（例 2、3）。“是呗”（例 4）有两种含义，一种构成正反句，意为“是不是”；一种与“是哎”相同，意为“是这样吧”，表示对说话者之前观点的肯定。西片用“是啊哩”。

就过去时间里发生的动作提出的是非疑问用“来呗”或“来嗷”，相当于普通话中的“……了吗？”。这两种问句有明显区别。“来呗”句子隐含“在过去某时间，动作是否发生过”之意；“来嗷”句子隐含“在过去某时间，是不是做了什么”（例 4、5）。

在普通话中针对谓语提出的是非疑问“……了吗？”，元氏方言东片使用疑问词“咾呗”，西片使用“啦哩”。（例 6）

（1）你是学生吗\吧？（普通话）

你是学生呗\啊呗？（元氏方言）

你是学生哎\嗷\啊哩？（西）

（2）甲：这事儿就跟你说哩一样。

乙：是哎？（我原先预想的是正确的）

（3）甲：张三说他夜儿看见天啊掉馅饼儿来。

乙：是嗷？（真的吗？）

（4）甲：这事儿就给你说哩一样。

乙：是呗？\我说是呗。

是啊哩？\是哎？\我说什么来？\（西）

（5）你夜儿去北京来呗？\熬？（你昨天去北京了吗？）

（6）你吃咾呗？\ 你吃啦哩？（西）

2. 选择疑问句

选择疑问句一般提出两种或几种看法，希望对方选择一种来回答。这种问句常有两个分句，常用“是、还是”相呼应，“是”可省略。元氏方言的选择问句在结构上与普通话相同，句末常用语气词“哎、哩、啦、啊哩”，相当于普通话的“呢”（例 7）。连词“还是”与句末语气词“哎”或“来”两者可同时使用，也可只使用其中之一。此外，还常用语气词“来、来啦哩”。“来”多用于对过去动作或事件的选择，不单纯对应“呢”，相当于普通话的“了呢”或“的呢”（例 8）。

（7）你是上学哎，还是当兵哎？（你是上学呢，还是当兵呢？）

你是上学啦\哩，还是当兵啦\哩？（西）

（8）你属马来，还是属牛来？（你是属马的呢，还是属牛的？）

你属马啦哩\啦，还是属牛啦哩\哩？（西）

3. 正反疑问句

元氏方言的正反疑问句与普通话一样，均将可能的事情的正面（肯定）和反面（否定）并列，让人选择一项作答。元氏方言正反问格式比较简约精炼、语义明确。① 正反句“动词+不+动词”在元氏方言中的相应句式为“动词+呗\啊呗”（例 9）。②“动词+过\了\过了+没有”、“动词+过\了\过了+没有+动词+（过）”、“有 + 名词+没有”在元氏方言中的相应句式为“动词+呗\咾呗”（例 10）。③“动词+肯定式补语+动词+否定式补语”在元氏方言中的相应句式是“能+动词+（咾、啊）呗”或“会+动词+（啊）呗”（例 11）。④“主语+是不是+动词+了？”在元氏方言中的相应句式是“主语+动词+来呗（啊哩）”，强调在过去某时间动作是否发生过（例 12）。⑤“是不是+主语+动词+了”在元氏方言中的相应句式为“主语+动词+来嗷？”，强调在过去某时间到底做了什么（例 13）。

（9）这个苹果你吃不吃？（普通话）

这个苹果你吃呗\啊呗？（元氏方言）

这个苹果你吃啊不吃哎\哩？（元氏方言）

这个苹果你吃啊哩？（西）

（10）你吃了\过\过了没有？（普通话）

你吃咾呗？\你吃啦哩？（西）

（11）这东西你拿得动拿不动呢？（普通话）

这东西你能拿动呗？\这东西你能拿动咾呗？（元氏方言）

这物件儿你能拿动啦哩？（西）

（12）昨天晚上你是不是去看电影了？（普通话）

夜儿黑啊你看电影来呗？（元氏方言）

夜儿个儿黑啊你是去看电影来啊哩？（西）

（13）是不是他和你们一块去了？（普通话）

他和嗯一块去来嗷？（元氏方言）

他和嗯一齐儿去来嗷？（西）

4. 特指疑问句

元氏方言的特指疑问句在结构上与普通话相同，都用疑问代词代替未知部分提出问题，说话者望对方就未知部分做相应答复。其特点是：① 句末一般用“哎、来、啦、哩、兰”等语气词（例 14、15）。② 常省略疑问代词，直接用“哩、来”

等表达疑问，主要询问人或事物的处所，意为“在哪里”。“哩”侧重表达“现在在哪里”，“来”侧重表达“去哪里了”、“去做什么了”（例 16、17）。③“哩”用于并列分句的句末。例句 18 中，前后两个并别分句隐含条件关系，且前句隐含后句的选项。若询问后句中的人或事物如何，或询问在某种情况下的结果“怎么样”，元氏方言中常用语气词“哩”，并常用“要是”等表假设的词（例 19）。④ 针对第三人称提出的特指疑问句，当对方不知答案或不愿回答时，常用“谁着*哩[$\mathrm{ṣei^{51}tṣau^{51}li}$]”回答，意为“不知道”（例 20）。

（14）你是谁呢？\你叫什么呢？（普通话）

你是谁哎？\你叫什么哎？（元氏方言）

你是谁哩？\你叫什么哩？（西）

（15）你干什么来？（你在干什么呢？）

你干何儿啦哩？\你干哈儿哩？（西）

（16）咱们班主任来？\咱们班主任哩？（西）（咱们班主任在哪里呢？）

（17）他弟弟来？\他弟弟哩？（西）（他弟弟去哪里了呢？）

（18）学生去北京，老师哩？（学生去北京，老师去哪里呢？）

学生去北京啦，老师哩？（西）

（19）如果他今年考不上大学，怎么办呢？（普通话）

要是他今年考不上校咾哩？\要是他今年考不上校啦哩？（（西）

（20）甲：他去哪环儿来？（他去哪里了？）

乙：谁着*哩[$\mathrm{ṣei^{51}tṣau^{51}li}$]。（不知道。）

5. 反诘疑问句

反诘疑问句简称反问句，是无疑而问的一种。虽是问句，但说话者并不要求回答，且答案就在问句中。反问句实为明知故问，可加强语气，将说话者的思想更清楚地表达出来。反问句有肯定和否定两种形式，肯定反问句表达否定之意，否定反问句表达肯定之意。元氏方言反问句特点是：① 包括是非疑问、正反疑问、特指疑问和选择疑问四种形式，以是非问和特指问较多（例 21、22、23、24）。②“怎么会…呢、无论如何不会”形式的反问句在元氏方言中用“好么儿…咾”、“好么儿…嗷”句式（例 25、26）。③ 针对连谓句的后一个谓词的反问句在元氏方言中使用“概嗷”代替，表示因对某人某事的不满而不赞成另一种行为。这种反问句常在因果复句中出现，含义丰富，例句 27 的含义包括：我管他干嘛？我为什么要管他？我何必要管他？我难道还要管他？我管他有什么意义？我不应该管他。

（21）不成想明儿昂还下雨嗷？（难道明天还会下雨吗？）

我就不信明儿昂还下雨哩？（难道明天还会下雨吗？）

（22）桌子哦啊不是放子哦那本书咾？（桌子上不是放着那本书吗？）

桌子哦啊不是放啊那本书咾？（西）

（23）那怎儿啊就成咾一样哩来？（那怎么会是一样的呢？）

那怎儿啊就一样兰？（那怎么会是一样的呢？）

（24）你这是护子哦他，还是害他来？（你这是在保护他，还是在害他呢？）

你这是护他啦，还是害他哩？（西）

（25）他好么儿就听你哩咾？

（26）他好么儿能不管你嗷。

（27）我管他慨嗷？

（二）祈使句

元氏方言祈使句有如下特点：① 恳求性祈使句中多不用“请”，而在句末加“嗷、昂”（例 29、30）。② 致失性动词构成的“动词+掉（完、碎等）”形式的祈使句用“动词+咾\咾哩”表示，西片用“啦、啦哩”（例 31、32）。③ 句尾加语气词“哩、哩吧”相当于带有或隐含趋向动词“去”的祈使句（例 33、34）。

普通话	元氏方言
（29）请起床吧！	起来吧嗷！\起来吧昂！
（30）请不要哭了！	嫑啼哭[tʰiou^{51}xu]兰嗷！\ 嫑啼哭兰昂！
（31）请把垃圾扔掉！	把垃圾扔咾！ \ 把垃圾扔咾哩！
（32）请把饭吃完！	把饭吃咾！\把饭吃咾哩！
（33）请去唱首歌！	去唱首歌儿哩！\去唱首歌儿哩吧！
（34）请把门关住！	去关住门儿哩！\去把门儿关住哩吧！

（三）因果复句

元氏方言因果复句有如下特点：① 一般用“A，愁嗷 B 嗷”、“A，哼是 B”、“A，怨不得 B”或“怨不得 B，A 愁嗷”表示“因为 A，所以 B”、“因此”、“因而”类型的因果复句（例 35）。② 一般用“哼是 B，A 愁嗷”、“怨不得 B，A 愁嗷”或“看不见 B，A 愁嗷”表示“之所以 B，是因为 A”类型的因果复句（例 36）。③ 一般在句尾用“慨嗷”表达“既然 A，那么（就）不 B”句型，意为“没有必要再做什么”（例 37）。

（35）因为你不先找人家，所以人家女孩不会先找你。（普通话）

你不先找掩，怨不得掩一个女哩啊来哩不先找你。（元氏方言）

你不先找掩，掩一个女哩啊来哩愁嗷不先找你嗷。（元氏方言）

你不先找掩，掩一个女哩啊来哩哼是不先找你。（元氏方言）

（36）他之所以没有来，是因为他病了。（普通话）

怨不得掩没来，掩病兰愁嗷。（元氏方言）

看不见掩没来嗷，有啊病兰愁嗷。（元氏方言）

掩哼是没来，掩病兰愁嗷。（元氏方言）

（37）既然他不愿意，我们就不用管他了。（普通话）

他不愿意，咱们管他慨嗷。（元氏方言）

他不愿意，咱们管他慨咾。（西）

（四）假设复句

元氏方言的假设复句一般用助词“咾”或“啦”构成，有三种情况：①“咾”置于谓词及其短语之后，即“A 咾，B”。这种句型是对未来将要发生动作行为或状态的假设，意即“…的话”，相当于“A 的话，就 B”，“如果（假如、倘若、若、要是、要）A，就（那么、那、便）B”（例 38、39）。② 对已成事实的动作行为或状态的假设，一般用“嗷”或省略，大多也可用“咾”（例 40）。③“不咾，B”句型相当于“不然的话”、“假如不…的话”。“不咾”之前需有一个前提（例 41）。④“咾”置于疑问句尾，句尾常出现“哩”等。一般这种复句的说话双方对所说主题均清楚，故将正句省略（例 42）。

（38）想家咾，早点儿回来。（如果想家，就早点回来。）

要是想家啦，早点儿回来。（西）

（39）你愿意咾，我给他说说。（如果你愿意，我可以给他说说。）

要是你愿意啦，我就给掩说说。（西）

（40）知道是他在这儿嗷，俺才不来哩。（如果知道是他在这里，我才不来呢。）

知道是他在这儿咾，俺才不来哩\俺可不来。

（41）赶紧浇水吧，不咾，庄稼就旱死兰。（抓紧浇水吧，不然庄稼就旱死了。）

急忙浇水吧，不啦，庄稼就旱死兰。（西）

（42）假如明天下雨呢？（我们还出门吗？）（普通话）

明儿昂下雨咾哩？（咱们还出哩呗？）（元氏方言）

要是明儿个儿下雨哩？（西）

（五）时间状语

在元氏方言中，使用“咾”或“啦\了（西）”表示“自从…之后”或“…

之后”。“咾”、“啦\了”一般置于谓词及其短语之后，与之共同组成时间状语。例如：

（43）自从我到这里之后，还没有见过他呢。（普通话）

从我到这儿咾，还没啊价见过他哩。（元氏方言）

从我到这儿啦，还没见过他哩。（西）

第五章

词 汇 表

说明

（1）本表参照《方言调查字表》并根据元氏方言特点整理形成，共收录方言词语 4 200 余条。

（2）本表将词汇与短语分为名词、代词、谓词、介词、副词、连词、语气词、量词八大类，名词又分为二十四小类。

（3）本表以元氏县政府所在地槐阳镇居民所用语言为主，全县流行词语无特殊标注；主要在西片使用词语后标“（西）”，仅在某一地带使用词语标流行地带，如：“（西：前仙乡一带）”；“（主西）”或“主东”指在元氏普遍使用、但主要用于西片或东片。

（4）基本不使用或很少使用的词语标“（旧）”，今日说法标“（新）”。

（5）词语按音序排列，相关词语尽量排在一起，标【同】、【近】、【反】，表示同义、近义或反义词。同一物有两个或以上名称则仅列一个条目，标不同发音。

（6）可儿化字在右下角标“儿”，例：花$_{\text{儿}}$、草$_{\text{儿}}$。

（7）有音无字词汇借用读音相同或相近的汉字代替，借用字右上角标“*”；若无合适借用字则用“□”来表示。

（8）词汇有多种含义，首先注明其基本含义，然后为派生含义，用“①”“②”区分。疑难条目举例说明，举例中遇本条目，以“～”代替，若不只一例，例与例之间用竖线“|”隔开；若例词需释义，则释义紧跟例词，放在（）中。

（9）表中用缩略语标注部分词汇的词性，如【形】、【名】等。用<>标注一些特殊用语或对词语的用法做说明。

一、名词

（一）时间类

半时不晌儿哩[pan^{312}ʂʅ^{51}pu^{214}ʃɑrŋ^{55}li] 约上午十点左右，或下午四点左右。

才会儿[ts^{h}ai^{51}xuər]\才处*儿[ts^{h}ai^{51}tʃ^{h}uər]\乃*当儿[nai^{51}tɑrŋ^{214}] 刚才。【同】内*当儿[nei^{51}tɑrŋ^{214}]（西）

打小儿[tA^{53}siɑur^{55}] 从小。

打这儿起[tA^{55}tʃər^{214}tɕ^{h}i^{55}] 从此。

大后儿年[tA^{31} xəur^{312}ȵiæn]\歪后儿年[vai^{42} xəur^{312}ȵiæn] 两年以后。

大后天[tA^{312}xəur^{312}t^{h}iɛr^{42}]\歪后儿[vai^{42}xəur^{312}]（西）两天以后。

大尽[tA^{312}tsin^{312}] 农历有三十天的月份。

大明白天[tA^{312}miŋ^{51}pai^{51}t^{h}iɛ^{42}] ①白天。②光天化日之下。

大前个儿[tA^{312}ts^{h}iæn^{51}kɛr]/[ɕiæn^{312}ts^{h}iæn^{51}kɛr] 大前天；两天以前。

见*前个儿[tɕiæn^{312}ts^{h}iæn^{51}kɛr]（主西）两天以前。

大前年[tA^{312}ts^{h}iæn^{51}ȵiæn]\现*前年[ɕiæn^{312}ts^{h}iæn^{51}ȵiæn] 两年以前。

见*前年[tɕiæn^{312}ts^{h}iæn^{42}ȵiæn]（西）

大早儿[tA^{312}tsɑur^{55}] 早晨天刚亮的时候：一～（天一亮）。

改么*儿[kai^{55}mɛr^{312}] 以后；改天：这事儿咱～再说吧。

刚一儿[kɑŋ^{42}iər]\刚一[kɑŋ^{312}i^{55}] 刚才；刚刚；说话之前。

工夫儿[kuŋ^{42}fuər] 时间：腾～（抽时间）。

古辈超年[ku^{55}pei^{312}tʂ^{h}ɑu^{51}ȵiæn^{51}]\古辈子哦超年[ku^{55}pei^{312}tsɤ tʂ^{h}ɑu^{51}ȵiæn^{51}]很久以前。

万古千年[van^{312}ku^{55} ts^{h}iɛ^{42}ȵiæn^{51}]（西：北正乡一带）

千年万古[ts^{h}iɛ^{42}ȵiæn^{51}van^{312}ku^{55}]（西：前仙乡一带）

过咾年[kuo^{312}lɑu ȵiæn^{51}] 春节以后；明年。

黑啊[xei^{214}A]\黑哎[xei^{214}ai] 晚上。

黑更半夜哩[xei^{214}ts^{h}iŋ^{42}pan^{312}iɛ^{312}li]\半夜三更哩[pan^{312}iɛ^{312}sai^{42}tɕiŋ^{42}li] ①深夜；天色较黑。②形容时间晚了。

后啊黑啊[xou^{312}A xei^{214}A]\后啊黑夜[xou^{312}A xei^{214} iɛ]\黑夜儿[xei^{214}iɛr^{55}]（西）傍晚。

半黑啊[pan^{312}xei^{214}A]\半黑哎[pan^{312}xei^{214}ai] \半黑夜儿[pan^{312} xei^{214}iɛr]（西）半夜。

猴儿年马月[xəur^{51}ȵiæn^{51}mA^{55}yɛ^{312}] \哪百猴儿年[nA^{55}pai^{31}xəur^{51}ȵiæn^{51}]不知何时。

后啊[xou^{312}A] 下午。

后儿[xəur^{312}]\后儿个儿[xəur^{312}kɛr]（西）后天。

会儿[xuər^{51}] ①时刻；时候；这～|那～|才～（刚才）。②一小段时间：过～|一～。

忌日[tɕi^{31}ʐʅ^{312}]/[tɕi^{51}ʐʅ]（主东）①已逝亲人生日和死亡日。②禁忌日。

节儿[tsiɛr^{214}]\圪节儿[kɤ^{214}tsiɛr^{51}]\节骨眼儿[tsiɛ^{214}ku iɛr^{55}] 恰当时候；关键时刻。

今儿[tɕiɛr^{42}]\今儿个儿[tɕiɛr^{42}kɛr] 今天：～黑啊｜～黑哎｜～黑夜（今天晚上）。

今个儿[tɕi^{42}kɛr]\今个[tɕi^{42}kɤ]（西）～黑啊｜～黑夜。

今儿了[tɕiər^{42}lɤ]（西：前仙乡一带）：～黑夜。

老年间[lɑu^{55}ȵiæn^{51}tɕiɛ^{42}]\旧年间[tɕou^{312}ȵiæn^{51} tɕiɛ^{42}]\老年里[lɑu^{55}ȵiæn^{51} li](西)从前。

每常么*儿啊[mei^{55} tʂ^{h}ɑŋ^{42}mɛr^{51}A] 以前；从前：老～（很久以前）。【同】早先[tsɑu^{55}siɛ^{42}]

每常年啊[mei^{55} tʂ^{h}ɑŋ^{51}ȵiæn^{51}A] 往年；过去；以前：老～（很久以前）。

明儿昂[miɑrŋ^{214}]\明儿[mirŋ^{51}]\明儿个儿[mirŋ^{51}kɛr]（主西）明天。

明年[kuo^{42}ȵiæn] 明年。

年根儿[ȵiæn^{51}kər] 阴历年底。

年三十黑啊[ȵiæn^{51}sai^{42}ʂʅ xei^{214}A] 除夕。

小年下儿黑啊[siɑu^{55}ȵiæn^{51}ɕiɛr^{312} xei^{214}A]（西：北正乡一带）

小年儿黑夜[siɑu^{55} ȵiæn^{51} xei^{214}iɛ]（西：前仙乡一带）

小年下儿黑夜[siɑu^{55} ȵiæn^{51} ɕiɛr^{312} xei^{214}iɛ]

年上儿[ȵiæn^{51}ʃɑrŋ] 去年。【同】年上[ȵiæn^{51}ʂəŋ]（西）

年头儿[ȵiæn^{51}t^{h}əur] ①年份。②多年时间：这件古董可有些～兰。

年子儿[ȵiæn^{51}tsər]\年纪儿[ȵiæn^{51}tɕiər]（西）

前个儿[ts^{h}iæn^{51} kɛr]（主西）前天：～黑啊｜～黑夜（前天晚上）。

前晌儿[ts^{h}iæn^{51}ʃɑrŋ]\[ts^{h}iæn^{51}ʃɑrŋ^{55}] 上午：半～（上午十点钟左右）。

热天哩[ʐɤ^{312}t^{h}iɛ^{42}li] 夏天；仲夏。

晌儿[ʃɑrŋ^{55}] 举办典礼的合适日期。【近】日子哦（主西）。

晌午[ʂɑŋ^{51} xu] 中午：正～（正中午）｜～错（正午过后）。

生事①[ʂəŋ^{42}ʂʅ^{312}] 生日。②[ʂəŋ^{42}ʂʅ]【量】〈年岁计量单位〉周岁：他三～兰。

十冬腊月[ʂʅ^{51}tuŋ^{42}lA^{312}yɛ] 腊月；一年中最冷的季节。

头…[t^{h}ou^{51}] 在…之前：～明儿（拂晓）|～年儿（春节之前）|～秋儿（秋收之前）。

头儿啊[t^{h}əur^{51}A]\头哩[t^{h}ou^{51} li] 开始；起始：什么事儿～说清。

前头[ts^{h}iæn^{51}t^{h}ou] ①事件起始时。②说话之前；刚才。【反】后头；后沿。

无冬历夏[u^{55}tuŋ^{42}li^{31}ɕia^{312}]\五冬临夏[u^{55}tuŋ^{42}lin^{31}ɕia^{312}]（西）无论寒暑；长年。【同】成年啊。

五黄六月[u^{55}fɑŋ^{51}liou^{312}yɛ] ①阴历五、六月间天气最炎热时候。②夏季农忙时节。

五月旦五[u^{55}yɛ^{312}tan^{312}u^{55}] 农历五月初五；端午节。

下咾秋儿[ɕia^{312}lɑu ts^{h}iəur^{42}] 秋收以后。

小尽[siɑu^{55}tsin^{31}] ①小月；农历不足三十天的月份。②小月的最后一天。

夜*儿[iɛr^{214}] 昨天：～黑啊|～黑哎（昨天晚上）。

　　夜*儿个儿[iɛr^{214}kɛr]\夜*儿个[iɛr^{214}kɤ]（西）：～黑啊|～黑夜。

一下儿[i^{214}ɕɛr^{312}] ①极短时间；一小会儿。②【副】一起；全部：我把你剩那菜～要兰。

早身起来[tsɑu^{55}ʂən^{42}tɕ^{h}i^{55}lai] 早上；清晨。【同】早晨起来；早起来。

仗*儿啊[tʃɑrŋ^{214}]/[tʃɑrŋ^{214}mɛr^{55}] 现在：你～上几年级来？

　　仗*儿晚儿[tʃɑrŋ^{214}vɛr^{55}]（西）\仗*儿啊个[tʃɑrŋ^{214} kɤ^{51}]（西）

这时候儿[tʂɤ^{312} ʃəur^{51}]\这阵儿[tʂɤ^{31} tʃər^{312}]（西）最近。

正而正晌儿[tʂəŋ^{312}ʅ^{55}tʂəŋ^{312}ʃɑrŋ^{55}]\正时正晌儿[tʂəŋ^{312} ʂʅ^{55}tʂəŋ^{312}ʃɑrŋ^{55}]（西）正常工作时间。

钟头儿[tʂ^{h}uŋ^{42}t^{h}əur^{51}] 小时。

（二）动物类

搬螳[pai^{42}t^{h}ɑŋ]\ 搬螳儿[pai^{55}t^{h}ɑrŋ^{312}]（西）田鼠。

　　圪领儿[kɤ^{214}lirŋ^{55}]（西：前仙乡一带）

嘣插门儿[pən^{42}tʂ^{h}A^{214} mər^{51}] 啄木鸟。

草鸡[ts^{h}ɑu^{55}tɕi] ①母鸡。②【动】害怕，胆怯：～毛[ts^{h}ɑu^{55}tɕi^{42} mɑu^{51}]（胆小怕事的人）。

草驴[ts^{h}ɑu^{55}ly] 母驴。

长虫[tʂ^{h}ɑŋ^{51}tʂ^{h}uŋ] 蛇。

潮虫[tʂ^{h}ɑu^{51}tʂ^{h}uŋ] 鼠妇。

臭妮子哦[tʂ^{h}ou^{312}ȵi^{214}tsɤ]\臭板虫[tʂ^{h}ou^{312}pai^{55}tʂ^{h}uŋ^{51}] 臭虫。

刺鬼[ts^{h}ɿ^{312}kuei] 刺猬。

担仗[tæn^{312}tʂɑŋ] 中华蚱蜢。

刀螂[tɑu^{42}lɑŋ] 螳螂。

嘀了儿[ti^{42}liɑur]\麻嘀了儿[mA^{51}ti^{42}liɑur^{42}] 雄蝉；油蝉。泛指知了。

　　子捋儿[tsɿ^{55}ɭuər^{312}]（西：北正乡一带）

　　知捋儿[tʂʅ^{55}ɭuər^{312}]（西：前仙乡一带）

　　哑巴嘀了儿[ia^{55}pAti^{42}liɑur] 雌蝉。

　　伏嘀伏了儿[fu^{51}ti fu^{42}liɑur^{42}] 【拟声】一种夏至后才叫的蝉。

　　臊子哦尖儿[sɑu^{312}tsɤ tsiɛr^{42}] 蟪蛄，体型较小，鸣声尖而长。

抵角[ti^{55}tɕiɑu] 犄角。

蛾吱[ŋɤ^{214}tʂʅ^{55}] 蛾蠓；蝶蝇。

飞虫儿[fei^{42}tʃ^{h}urŋ] 草蛉虫。

鸽儿[kɛr^{214}] 鸽子。卟～[pu^{51}kɛr]（鹁鸽）。

虼蚤[kɤ^{214}tsɑu^{55}] 跳蚤。

骨隆[ku^{214}luŋ^{55}]\肉牛[ʐou^{312}ȵiou^{51}] 蝉的幼虫。

骨隆皮[ku^{214}luŋ^{55}p^{h}i^{51}]\肉牛壳[ʐou^{312}ȵiou^{51}k^{h}ɛr^{214}] 蝉蜕。

子捋儿皮[tsɿ^{55}ɭuər^{312}p^{h}i^{51}]（西：北正乡一带）

知捋儿皮[tʂʅ^{55}ɭuər^{312}p^{h}i^{51}]（西：前仙乡一带）

呱呱有[kuɑ^{42}kuɑ^{42}iou^{55}] 【拟声】猫头鹰。

蛤蟆[xɤ^{51}mA]\青筋儿蛤蟆[ts^{h}iŋ^{42}tɕiər^{42}xɤ^{51}mA] 青蛙。

蛤蟆圪豆儿[xɤ^{51}mA kɤ^{214}təur^{312}] 蝌蚪。

海儿拉巴儿[xɛr^{55}lA^{51}pɛr] 河蚌、贝壳的统称。

狐子哦[xu^{51}tsɤ] 狐狸。

花大姐[xuɑ^{42}tA^{312}tsiɛ^{55}] 七星瓢虫。

黄鼬[xuɑŋ^{51}iou] 黄鼠狼。

鸡儿[tɕiər^{42}] ①鸡。扎窝～（孵小鸡的母鸡）|落窝～（孵过小鸡的母鸡）|～嗉子哦。②暗娼。

鸡胗金[tɕi^{42}tʂən^{42}tɕin^{42}]\化石胆[xuɑ^{312}ʂʅ^{51}tai^{42}] 鸡肫；鸡胃。

虮子哦[tɕi^{55}tsɤ] 虱子的卵。

甲虫儿[tɕia^{214}tʃ^{h}urŋ^{51}]\流壳儿[liou^{51}k^{h}ɛr]（西）瓢虫。

叫驴[tɕiɑu^{312}ly] 公驴。

疥蠹子哦蛤蟆[tɕiɛ^{312}tu^{214}tsɤ xɤ^{51}mA] 蟾蜍，癞蛤蟆，疥蛤蟆。

蝲蛄[lA^{312}ku]\喇沟[lA^{312}kou^{55}]（西）蝼蛄。

老鸹[lɑu^{55} kuɑ]\老哇[lɑu^{55}vA^{312}]（西）【拟声】乌鸦。

老海*儿[lɑu^{55}xɛr^{42}]\老海*儿猪[lɑu^{55}xɛr^{42}tʂu^{42}]\海猪[xai^{55}tʂu^{42}]母猪。

老海猪[lɑu^{53}xai^{55}tʂu^{42}]（西）母猪。

老鹰[lɑu^{55}iŋ^{42}] 鸢。

捋蛟儿[luo^{55}tɕiɑur^{42}] 刺蛾的幼虫。

麻野雀[mA^{51}iɛ^{55}ts^{h}iɑu^{312}]\麻鸦雀[mA^{51}ia^{55}ts^{h}yɛ^{312}]（西）喜鹊。

马鹏[mA^{55}pəŋ] ①蚂蜂。②大黄蜂或土蜂的统称。

蚂蜋[mA^{312}lɑŋ] 蜻蜓。

蚂蚱儿[mA^{312}tʃər] 蝗虫，蚱蜢。

麦熟儿上垛[mai^{312}ʃəur^{51}ʂɑŋ^{312}tuo^{312}]【拟声】布谷鸟，杜鹃。

毛毛虫[mɑu^{51}mɑu^{51}tʂʰuŋ^{51}] 蛐蜒。

蠓虫儿[məŋ^{55}tʃʰurŋ] 在粪堆旁密集飞舞的黑色小飞虫。【同】糠蚊子哦[kʰɑŋ^{42}vən^{51}tsɤ]（西）

米猫儿 [mi^{55}mɑur] 母猫。

明金儿[miŋ^{51}tɕiər]\明壳郎[miŋ^{51}kʰɤ^{42}lɑŋ^{42}]（西）金龟子。

哞儿老虎[mər^{42}lɑu^{51}xu] 老虎。

腻虫[ȵi^{312}tʂʰuŋ] 蚜虫。

牛慢儿[ȵiu^{51}mɛr^{42}]\牛堆儿[ȵiou^{51}tuər] 蜗牛。

曲善[tɕʰy^{214}ʂan^{312}] 蚯蚓。

雀儿[tsʰiɑur^{55}]\家雀儿[tɕia^{42}tsʰiɑur] ①麻雀。②泛指鸟类。

骚鱼儿[sɑu^{42}yər]\骚咪儿（西）[sɑu^{42}miər] 蚂蚁。

晌午虫儿[ʂɑŋ^{51} xu tʃʰurŋ^{51}] 蝴蝶或蛾子的虫甬，多为棕红色。

哨子哦[ʂɑu^{312}tsɤ] 母牲口和母大型动物的生殖器。

石鸡儿[ʂʅ^{51}tɕiər^{42}] 雉鸡、山鸡。【近】野鸡儿（雉鸡）。

屎壳螂[ʂʅ^{55}kʰɤ^{42}lɑŋ^{42}] 蜣螂。

水不料儿[ʂuei^{55}pu^{214}liɑur^{312}]\水虱子哦[ʂuei^{55}ʂʅ^{214}tsɤ] 小蝌蚪；蛙、蟾蜍、蝾螈、鲵等两栖动物幼体。

水咕嘟[ʂuei^{55}ku^{42}tu^{42}]\水咕嘟嘟[ʂuei^{55}ku^{42}tu^{42}tu]（西）水鸪鸪，斑鸠。

水牛[ʂuei^{55}ȵiou^{51}]（西：前仙乡一带）身体全黑的天牛。

旱牛[xan^{312}ȵiou^{51}]（西：北正乡一带）天牛。

榆牛[y^{51}ȵiou^{51}]（西：前仙乡一带）脊背有斑点的天牛。

绥泡[suei^{42}pʰɑu]\水泡（西）[ʂuei^{55}pʰɑu^{312}] 膀胱。

头户[tʰou^{51}xu] 牛马等大牲畜：～槽（石槽）|～套（拉车套装）|饮～（让牲口喝水）|傍～（侧牵牲口）。

兔蚱儿[tʰu^{312}tʃər]\宿*珠儿[su^{312}tʃuər]\宿*蚱儿[su^{312}tʃər^{42}]（西）蛐蛐、蟋蟀。

瞎奔虫儿[ɕia^{214}pən^{42}tʃʰurŋ] 鼹鼠。

瞎蠓[ɕia^{214}məŋ^{55}] 牛蠓，牛蚊子。

线蛐蜒[siæn^{312}iou^{51}iæn] 蜈蚣。

响蛋虫儿[ɕiɑŋ^{55}tan^{312}tʃʰurŋ^{51}] 蛴螬，金龟甲的幼虫。

蝎出里儿[ɕiɛ^{31}tʂʰu^{214}liər^{55}]\蝎出脸儿[ɕiɛ^{214}tʂʰu^{55}liɛr^{312}]\[ɕiɛ^{214}tʂʰu^{55}ɭər^{312}]（西）蜥蜴。

蝎虎儿[ɕiɛ^{214}xuər^{55}]\蝎虎子哦[ɕiɛ^{214}xu^{55}tsɤ]\爬墙虎儿[pʰA^{51}tsʰiɑŋ^{51}xuər^{55}] 壁虎。

捕蚊子哦虎儿[pʰu^{214} vən^{51} tsɤ xuər^{55}]（西）

鞋底片[ɕiɛ^{51}ti^{55}p^{h}iæn^{312}]/[ɕiɛ^{51}ti^{214}p^{h}iæn^{312}] 土元。

丫狗[ia^{51}kou^{55}] 公狗。

丫猫儿[ia^{51}mɑur^{51}] 公猫。

丫猪[ia^{51}tʂu^{42}] 公猪。

哑巴蚰子哦[ia^{55}pA iou^{51}tsɤ] 雌蝈蝈。

雁[iæn^{312}] 大雁。

燕儿[iɛr^{312}] 燕子。

野飘虎儿[iɛ^{55}p^{h}iɑu^{312}xuər^{55}]\大捕蚊子哦虎儿[tA^{312}p^{h}u^{214} vən^{51} tsɤ xuər^{55}]（西）蝙蝠。

蝇子哦[iŋ^{51}tsɤ] 苍蝇。

蚰子哦[iou^{51}tsɤ] 蝈蝈。

凿蜂[tsɑu^{51} p^{h}əŋ] 一种大黄蜂。

胀牛虫[tʂɑŋ^{312}ȵiou tʂ^{h}uŋ^{51}] 蝴蝶、飞蛾的幼虫。

蛛蛛[tʂu^{42}tʂu] 蜘蛛。

（三）生理类

巴掌[pA^{42}tʂɑŋ] 手掌。

膀子哦[pɑŋ^{55}tsɤ] ①接近肩膀的胳膊。②胳膊。③脊背。

夹膀[tɕia^{214}pɑŋ^{55}] 肩膀。

鼻子哦[pi^{51} tsɤ] ①鼻子：～圪痂儿（鼻涕干结物）。②鼻涕：擤～。

齉鼻子哦[nɑŋ^{42}pi^{51}tsɤ]\齉鼻儿[nɑŋ^{312}piər^{51}]（西）鼻音浓重。

簸箕[pɤ^{312}tɕ^{h}i] 开口状指纹。【近】扫帚（螺旋状指纹）；斗\壳老（圆圈状指纹）。

残渣[ts^{h}an^{51}tʂA^{42}]\蚕沙[ts^{h}an^{51}ʂA^{42}] 雀斑。

糙气[ts^{h}ɑu^{51}tɕ^{h}i] 皮肤上的污垢。

扯布捻子哦[tʂ^{h}ɤ^{55}pu^{31}ȵiɛ^{55}tsɤ]\光布捻子哦[kuɑŋ^{42}pu^{31}ȵiɛ^{55}tsɤ] 光膀。

皴[ts^{h}uei^{42}] ①风干或冻裂的皮肤。②【动】风干并龟裂或起皮。

碟肚[tiɛ^{51}tu] 肛门口大肠头。

肚眉提儿[tu^{312}mei t^{h}iər^{51}] 肚脐。

耳碎[ɭ^{55}suei^{312}] 耳屎。

反手儿[fai^{55}ʃ^{h}əur] 左手。

左扑拉儿[tsuo^{31}p^{h}u^{214}ɭər^{55}]\左扑连儿[tsuo^{31}p^{h}u^{214}liər^{51}] ①习惯左手操作。②左撇子。

胳挺盖儿[kɤ^{214}t^{h}iŋ^{55}kɛr^{312}] 膝盖。

胳肘儿窝儿[kɤ^{214}tʃəur^{55}vɛr^{42}]/[kɤ^{214}tʃəur^{55}uɛr^{42}] 腋窝。

孤拐[ku^{42}kuai] ①颧骨。②脚踝骨。③大脚骨。

骨绌纹儿[ku^{214}tʂ^{h}u^{55}vər^{51}] 皱纹。

骨碌儿[ku^{214}lyər^{55}] 从皮肤上撮出的皮垢。

河拉拉[xɤ^{51}lA^{42}lA^{42}]\哈拉拉[xA^{51}lA^{42}lA^{42}]\寒*拉拉[xan^{51}lA^{42}lA^{42}]（西）口水。

黑雀子哦[xei^{214}ts^{h}iɑu^{51}tsɤ]\痦子哦[u^{51}tsɤ]（西）黑痣，色素痣。

瘊子哦[xou^{51}tsɤ] 皮肤上的良性肿瘤。

后脑勺儿[xou^{312}nɑu^{55}ʃɑur^{51}] 头后部。

脊仰* [tsi^{214}ȵiɑŋ^{55}] 脊梁；脊背：～骨（脊柱）。

紧皮官儿[tɕin^{55}p^{h}i^{51} kuɛr^{42}] 小巧结实的体型。

胡菜[xu^{51}ts^{h}ai] 胡子。【近】连鬓胡\脸皮胡子哦（络腮胡子）。

怀里[xuai^{51}li] 乳部；奶部；胸部。

记[tɕi^{312}] 胎记；母斑。

脚[tɕiɑu^{214}] 脚。～地板儿（脚掌）|～乎跟儿（脚后跟）|～丫子哦（脚）。

嚼牙[tsiɑu^{51}ia] 臼齿。

肋条[lei^{312}t^{h}iɑu] 肋骨。

脸盘儿[liɛ^{55}p^{h}ɛr^{51}] 脸蛋，脸。

馒馒[mæn^{214}mæn^{55}]\牛牛[ȵiou^{51}ȵiou] 乳房。

脑巴盖儿[nɑu^{55}pA kɛr^{312}] 前额；脑门。

脑袋瓜儿[nɑu^{55}tai^{42}kuɛr^{42}] 头；大脑。

梆子哦头儿[pɑŋ^{42}tsɤ t^{h}əur^{51}] 后脑突出或前后脑均突出的头型。

奔楼头[pən^{42}lou^{42}t^{h}ou^{51}]\闷楼头[mən^{42}lou^{42}t^{h}ou^{51}]（西）前额突出的头型。

秃子哦[t^{h}u^{214}tsɤ]\光葫芦[kuɑŋ^{42}xu^{51}lu] ①光头，秃顶。②光头、秃顶的人。

光蛋[kuɑŋ^{312}tan^{312}]\光咕噜蛋[kuɑŋ^{42}ku^{31}lu^{55}tan^{312}] 光头，秃顶。

屁股[p^{h}iou^{312}xu] ①屁股：～眼儿（肛门）②（欠下）很多：一～债。【同】腚[tiŋ^{312}]。

嗓子哦眼儿[sɑŋ^{55} tsɤ iɛr^{55}] 喉咙。

死皮[sɿ^{55}p^{h}i^{51}]\死肉[sɿ^{55}ʐou^{51}] 手或脚上的硬茧。

屎马糊[tʂ^{h}ʅ^{53}mA^{55}xu^{42}] 眼屎。

扇眉齐[ʂan^{312}mei^{51}tsɕ^{h}i^{51}] 刘海儿。

条个儿[t^{h}iɑu^{51}kɛr] 身材。

头皮子哦[t^{h}ou^{51}p^{h}i^{51}tsɤ] 头屑。

腿科流儿[t^{h}ei^{55}k^{h}ɤ^{42}liəur^{42}]\腿弯儿[t^{h}ei^{55}vɛr^{42}]（西）腿窝。

连巴腿儿[liæn^{51}pA t^{h}ər^{55}] 罗圈腿。

下麻*壳儿[ɕia^{312}mA k^{h}ɛr^{214}]\下巴壳儿[ɕia^{312}pA k^{h}ɛr^{214}] 下巴。

小鸡儿[siɑu^{55}tɕiər^{42}]\雀*儿[ts^{h}iɑur^{214}]\鸡巴[tɕi^{42}pA]【俚】男根。

心口[sin^{42}kou^{55}] 胸口；胃。

心里[sin^{42}li] 心脏。

旋[ts^{h}uan^{51}] 头发漩涡。

哑巴坑儿[iA^{55}pA kərŋ^{42}]\忽塌儿[xu^{214} t^{h}ɛr^{55}] 囟门。

眼[iɛ^{55}] 眼睛：～包皮（眼皮）|～眨毛（睫毛）|眯缝儿～（眯成一条缝的小眼睛）。

对眼儿[tei^{51}iɛr]\斜眼儿[siɛ^{51}iɛr] 内斜视，斗鸡眼。

眉眼儿[mei^{51} iɛr] 相貌。

泡儿泡儿眼[p^{h}ɑur^{42}p^{h}ɑur iɛ^{55}] \肉儿肉儿眼[ɭəur^{312}ɭəur iɛ^{55}]（西）眼皮浮肿的眼。

窝窝儿眼[uo^{51}uɛr^{42}iɛ^{55}]\窝儿窝儿眼[vɛr^{51}vɛr^{42}iɛ^{55}]（西）深眼窝。

燕儿窝[iɛr^{312} uo^{42}] 哑门。

腰身[iɑu^{42}ʂən^{42}] ①腰部曲线或身段、体态。②腰围。

指掐[tʂʅ^{214}tɕ^{h}ia^{55}] 指甲；趾甲。

指头儿[tʂʅ^{214}t^{h}əur] 手指。大枚～（大拇指）|二枚～（食指）。

抓角儿[tʂuɑ^{42}tɕiɑur]\撅撅儿[tɕyɛ^{214}tɕyɛr^{55}] 女孩梳在头顶或两边的小辫。

簪[tsuai^{55}] 妇女梳在头后的发髻。

嘴头子哦[tsuei^{55} t^{h}ou^{51} tsɤ] ①嘴。②胃口；饮食习惯。③用语或口气。

豁嘴子哦[xɤ^{214}tsuei^{55}tsɤ]\豁嘴儿[xɤ^{214}tsuər^{55}]\三片儿嘴[sai^{42}p^{h}iɛr^{312}tsuei^{55}]（西）兔唇。

撅撅儿嘴儿[tɕyɛ^{31}tɕyɛr^{214}tsuər^{55}] 嘴唇突出。

（四）疾患类

半身不遂[pan^{312}ʂən^{42}pu^{214}suei^{51}] ①瘫痪。②脑血栓。

鼻子哦风发[pi^{51}tsɤ fəŋ^{55}fA] 感冒；鼻子不通气。

薄薄儿[pɤ^{214}pɛr^{55}] 口疮。

不好[pu^{214}xɑu^{55}] ①生病。②身体不舒服，因病难受。【近】不得劲儿。

不行兰[pu^{214}ɕiŋ^{51}lan]\不沾兰[pu^{214}tʂai^{42}lan] 生命垂危，无法拯救。

搐[tʂ^{h}u^{214}] \抽风[tʂ^{h}ou^{42}fəŋ^{42}] 惊厥。

出疹子哦[tʂ^{h}u^{214}tʂən^{55}tsɤ] ①天花。【同】害疹子哦\出痘[tʂ^{h}u^{214}təur^{312}]。②疹子哦；麻疹。

蹿稀[ts^{h}uai^{42}ɕi^{42}] 腹泻。

打嗝嘚儿[tA^{55}kɤ^{214}tər^{312}]/[tA^{55}kɤ^{214}tər^{55}] 打嗝。

倒磨哩慌[tɑu^{55}mɤ^{42}li xuɑŋ^{42}] 翻来覆去不能安定，胃里难受的样子。

掉兰[tiɑu^{312} lan]\流兰[liou^{51} lan] 孕妇流产。【近】治兰\整兰（孕妇人工流产）。

发摆子哦[fA^{214}pai^{55}tsɤ] 疟疾。

发眼[fA^{214}iɛ^{55}] 角膜炎。

泛[fan^{312}]\泛疙瘩儿[fan^{312}kɤ^{214}tɛr^{55}] 荨麻疹。

风闪着兰[fəŋ^{42}ʂai^{55}tʂɑu^{51}lan] 伤风了；感冒了。

圪痂儿[kɤ^{42}tɕiɛr^{42}] 伤口愈合结成的痂。

圪翻[kɤ^{214} fai^{55}] 胃里不舒服，有呕吐的感觉。

疙瘩子哦[kɤ^{214}tA^{55}tsɤ] 痤疮；青春痘。

害孩子哦[xai^{312}xai^{51}tsɤ] 妇女孕期反应。

嘿儿喽[xər^{214}lou^{55}] 气管炎病人喘气。

急食疙瘩[tɕi^{51}ʂʅ^{31}kɤ^{214}tA^{55}] 因用食过快致使食道中突生了疙瘩。

渐子哦[tsiæn^{312}tsɤ] 小儿肺炎：扎～（治疗小儿肺炎）。

拉[lA^{214}] 婴幼儿腹泻。

拉痢[lA^{214}li^{312}] 痢疾。

烂脚合拉儿[lan^{312} tɕiɑu^{214} xɤ^{51}ɭər] 脚气。

老鼠疮[lɑu^{55}ʂu tʂ^{h}uɑŋ^{42}]（旧）淋巴结核。

冷圪瘆[ləŋ^{55}kɤ^{214}ʂən^{312}] 寒噤；因寒冷而哆嗦。

燎泡[liɑu^{51}p^{h}ɑu] ①皮肤烧伤、烫伤后起的水泡。②因上火嘴唇上起的泡。

裂子哦[liɛ^{312}tsɤ] 皮肤裂口。

闹火儿兰[nɑu^{312}xuɛr^{55}lan] 上火了。

闹祟火[nɑu^{312}suei^{51}xuo] 中邪，鬼魂附体。

跑茅子哦[p^{h}ɑu^{55}mɑu^{51}tsɤ]\跑肚子哦[p^{h}ɑu^{55}tu^{312}tsɤ] 腹泻。
瘌肚子哦[lA^{214}tu^{312}tsɤ]\窜稀[ts^{h}uai^{42}ɕi^{42}]

扑腆[p^{h}u^{214} t^{h}iɛ^{55}]\扑毯[p^{h}u^{214} t^{h}an^{55}]（西）皮肤被蚊虫叮咬后所起的肿块。

砌哩慌[ts^{h}i^{214} li xuɑŋ^{42}] 胃里有涨堵感觉。【近】窝住兰（消化不良）。

气迷疯儿[ts^{h}i^{312}mi^{51}fərŋ^{42}] ①因生气造成的神经不正常。②有神经病的人。

雀捂眼儿[ts^{h}iɑu^{55}u^{53}iɛr^{55}]\雀固眼儿[ts^{h}iɑu^{55}ku^{312}iɛr^{55}]（西）夜盲症。

热疮[ʐɤ^{51}tʂ^{h}uɑŋ] 痱子。

烧[ʂɑu^{42}] 身体发烧。

烧心[ʂɑu^{42}sin^{42}] 胃部灼烧的感觉。

嚏喷[t^{h}i^{312}fən] 喷嚏。

头旋[tʰou51suan] 头晕。

响耳朵底子哦[ɕiɑŋ53 ʅ55 tuo42 ti55tsɤ]\长耳朵底子哦[tʂɑŋ53 ʅ55 tuo42 ti55tsɤ]（西）中耳炎。

小儿瘫[siɑu55ʅ51 tʰai42]（旧）脊髓灰质炎；小儿麻痹症。

点花儿[tiɛ55xuɛr42] 种牛痘；打脊髓灰质炎预防针。

咬牙子哦[iɑu55ia51tsɤ] 睡觉磨牙。

羊羔风[iɑŋ51kɑu42fəŋ42]\羊角风[iɑŋ51tɕiɑu214fəŋ42] 癫痫。

噎食[iɛ214ʂʅ55] 食道癌。

癔症[i312tʂəŋ] 一时的糊涂、迷茫、失去记忆：撒～。

哕[yɛ55]/[ʐuo55] 呕吐。【近】干哕[kai42yɛ]/[kai42 ʐuo] 恶心，呕而不吐。

痄腮[tʂA312sai42] 流行性腮腺炎。

转腿肚子哦[tʂuan312tʰei55tu312tsɤ] 腿部肌肉抽筋。

着凉兰[tʂɑu42liɑŋ51lan42]\凉着兰[liɑŋ312tʂɑu51lan] 寒气或寒风侵入身体致病。

（五）称谓类—亲戚

大伯[tA51pai214]\伯伯[pai51pai214] ①伯父。②对年长男子的尊称。

大伯子哦哥[tA51pai214tsɤ kɤ42] 丈夫之兄。【近】小叔子哦（丈夫之弟）。

大姑子哦[tA51ku42tsɤ] 丈夫之姊。【近】小姑子哦（丈夫之妹）。

大姐儿[tA55tsɕiɛr]（旧）指儿媳，按其在娘家排行称～、二姐儿[ʅ55tsɕiɛr]” 等。

大姐[tA312tsɕiɛ55]（新）年龄最大的姐姐。

大娘[tA51 ȵiɑŋ]\大大[tA312tA] ①伯母。②对年长妇女的尊称。

大人[tA312ʐən51] ①父母对子女说话时自称。②子女对外称呼自己的父母。

带倌儿[tai312kuɛr] 妇女改嫁后跟随自己的前夫子女。

汉们[xan312mən] ①对女子丈夫的一种说法。②成年男子。

当家哩[tɑŋ42tɕia42li]\掌柜哩[tʂɑŋ55kuei312li] 妻子对外称自己的丈夫。

当家子哦[tɑŋ312tɕia42tsɤ] 同姓人或同族人。【同】一家子哦[i214tɕia42tsɤ]（西）。

□家哩[tsia312tɕia42li]\自啊家哩[tsɿ312A tɕia42li] 有血缘关系的家族中人。

弟兄[ti312ɕyŋ] 兄弟；哥与弟：叔伯～（堂兄弟）|姑舅～（表兄弟）。【近】兄弟（弟弟）。

爹[tiɛ42] 父亲：后～（继父）。【近】老伯[lɑu312pai214]（义父）。

定儿们[tirŋ312mən51]/[tirŋ51mən]\哥儿几个[kɛr42tɕi51iɛr]\磴们[təŋ51mən]（西）弟兄们。

公公[kuŋ42kuŋ] 丈夫之父。

闺女[kuei42ȵi] ①对自己女儿的称呼。②女孩。【同】妮子哦[ȵi214 tsɤ]（西）

老闺女[lɑu55kuei42ȵi] ①最小的女儿。②祖父的已出嫁姊妹。③大龄未婚女子。

续闺女[sy^{312}kuei^{42}ȵi] 女儿的丈夫在女儿去世后再娶之妻。
家里[tɕia^{42}li] 丈夫对外人称呼自己的妻子。
妗子哦[tɕin^{312}tsɤ] 舅母：老～（父母的舅母）。
舅子儿[tɕiou^{312}tsər]\舅子哦[siɑu^{55}tɕiou^{312}tsɤ] 妻子之兄弟：大～（妻兄）| 小～（妻弟）
老的儿[lɑu^{55}tər] 父母。
老姑[lɑu^{55}ku^{42}] 父母亲的姑母：～父（父母的姑母之夫）。
老舅[lɑu^{55}tɕiou^{312}] 父母亲的舅父。
老亲[lɑu^{55} tsʰin^{42}] 血缘关系较远的亲戚。
老人[lɑu^{55}ʐən] 子女对外人称自己的父母亲。
老生子哦[lɑu^{55}ʂəŋ^{42}tsɤ] 一对夫妇年龄较大时所生最小的子女。【近】老小儿。
老子哦[lɑu^{55}tsɤ] ①【俚】父母。②自称。用于捉弄他人。
姥姥[lɑu^{51}lɑu] 曾祖母，曾外祖母。
姥爷[lɑu^{55}iɛ] 外祖父：老～（曾外祖父）。
两口子哦[liɑŋ^{53} kʰou^{55} tsɤ] 夫妻俩。
妹的儿[mei^{312}tər]\妹子儿[mei^{312}tsər]\妹子哦[mei^{312}tsɤ] 妹妹。
暮生儿[mu^{312}ʃərŋ] 遗腹子。
奶奶[nai^{55}nai] 祖母：大～（祖父之嫂）。
娘[ȵiɑŋ^{51}] 母亲：后～（继母）|干～（义母）|姥～（外祖母）|丈母～。【同】湿娘（西）。
娘啊头[ȵiɑŋ^{51}A tʰou^{51}] 女性亡者娘家负责人，多为亡者亲兄弟。【同】姥娘啊头（西）。
女婿[ȵy^{55}sy^{312}] ①对外人称自己的丈夫。②外人对女人丈夫的称呼。
女婿[ȵy^{55}sy^{312}]\女婿子哦[ȵy^{55}sy^{312} tsɤ] 对外人称自己女儿的丈夫。
婆婆[pʰɤ^{51}pʰɤ]\婆子哦[pʰɤ^{51}tsɤ] 丈夫的母亲。
七大姑八大姨[tsʰi^{214}tA^{312}ku^{42}pA^{214}tA^{312}i^{51}] 各种有血缘关系的女性亲属总称。
前亡儿啊哩[tsʰiæn^{51}vɑrŋ^{51}A li] 丈夫与过世前妻所生子女。
亲啊[tsʰiŋ^{312}ʌ]\[tsʰiŋ^{312}tɕia] ①儿媳妇、女婿的父母。②儿女的干爹、干娘。
亲戚儿[tsʰin^{42}tsʰiər] 与自己家族有姻亲关系的家庭或人：～礼到哩（指亲友）。
婶子哦[ʂən^{55} tsɤ] 叔母，以兄弟排行称“二～、三～”等。
叔叔[ʂou^{214}ʂou^{55}] ①叔父。②对父亲同辈年轻朋友的尊称。
填房儿[tʰiɛ^{42}fɑrŋ]（旧）丈夫原配妻亡后再续之妻。
头带[tʰou^{51}tai]\头生儿[tʰou^{42}ʃərŋ^{312}]（旧）第一胎。
挑担[tʰiɑu^{55}tan^{312}] 连襟：对外人的互称。
外甥儿[vai^{312}ʃərŋ] 同辈姊妹的儿子。

外甥女儿[vai^{312}ʂəŋ ȵyər^{55}]\外甥妮子哦[vai^{312}ʂəŋ ȵi^{214} tsɤ] 同辈姊妹的女儿。

媳妇儿[si^{214}fər^{55}]\老婆[lɑu^{55}p^{h}ɤ^{51}] 对外人称呼自己的妻子：小～（比丈夫年轻的再娶之妻）。

小子哦[siɑu^{55} tsɤ]①对外人称呼自己的儿子：俺～。②男孩：半大～（约 13 至 17 岁的男孩）|半骨庄～（17 岁左右的男孩）。【同】小子哦[siɛ^{55}tsɤ]（西）

怄小儿[ŋou^{53}siɑur^{55}]\怄小子哦[ŋou^{312}siɑu^{55}tsɤ] 爱哭闹的男孩。

续亲[sy^{312} ts^{h}in] 姊故后妹嫁姐夫；兄故后嫂嫁给小叔子。

续[sy^{312}] 妻死或离婚后，男子再娶媳妇：

兄弟媳妇儿[ɕyŋ^{42} ti^{312}si^{214}fər^{55}]\弟媳[ti^{312}si^{214}] 弟弟的媳妇。

爷爷[iɛ^{51}iɛ] ①祖父：大～（祖父之兄）|老～（曾祖父）。②对年老男子的尊称。

姨儿[iər^{51}]\姨姨[i^{51}i] 姨母：老～（父母的姨母）。

姨子儿[i^{51} tsər]\姨子哦[siɑu^{55} i^{51} tsɤ] 妻子的姊妹：大～（妻姊）|小～（妻妹）。

姨父[i^{51}fu] 姨母的丈夫：老～（父母的姨夫）。

掌柜哩[tʂɑŋ^{55}kuei^{312}li] 儿子对外人称自己的父亲。

丈人[tʂɑŋ^{312} ʐən]\老丈人[lɑu^{55}tʂɑŋ^{312} ʐən] 岳父：叔～（岳父的弟兄）。

侄女儿[tʂʅ^{51}ȵyər] 同辈兄弟的女儿。

侄子哦[tʂʅ^{51}tsɤ] 同辈兄弟的儿子。

重孙子哦[tʂ^{h}uŋ^{51}suən^{42}tsɤ] 第三代子女；孙子的儿女。

妯娌[tʂou^{51}li] 兄弟的媳妇间互称；兄长之妻当面称嫂子，弟媳则直呼名字。

姊妹[tsɿ^{55}mei^{312}]\姊妹妹[ku^{42}tɕiou^{312}tsɿ^{55}mei^{312}mei] 姐妹：叔伯～|姑舅～|两姨～。

姊妹们[tsɿ^{55}mei^{312}mən] 包括兄、弟、姐、妹。

至亲[tʂʅ^{312} ts^{h}in^{42}] 最近的亲人。

（六）称谓类—其他

把式[pA^{55}ʂʅ] ①技术专家；某方面能手。②技术：这人那～不赖。

白崽[pai^{51}tai^{55}]\老白崽[lɑu^{55}pai^{51}tai^{55}] ①白吃饭的人。②对小外甥的戏称。

白点儿[pai^{51}tiɛr^{55}]\[pai^{51}tɛr^{55}]（西）

白眼儿狼[pai^{51}iɛr^{55}lɑŋ^{51}] ①忘恩负义的人；不孝顺的人。②对小外甥的戏称。

搬窝子哦猫儿[pai^{42}uo^{42} tsɤ mɑur^{51}] ①常搬家的人。②常搬动东西的人。

半彪子哦[pan^{312}piɑu^{42}tsɤ]\二半彪子哦[ɭ^{312}pan^{312}piɑu^{42}tsɤ] 行事鲁莽的人。

半块[pan^{312}k^{h}uai]\半块脸[pan^{312}k^{h}uai liɛ^{55}] 蛮横不讲理的人。

棒槌[pɑŋ^{312}tʂ^{h}uei] ①蠢笨、外行的人。②头脑简单、不明事理的人

操蛋仔儿[ts^{h}ɑu^{312}tan^{312}tsər^{55}]\操蛋鬼儿[ts^{h}ɑu^{312}tan^{312}kuər^{55}] 顽皮、可爱男孩。

碴儿[tʃ^{h}ər^{51}] ①主人；主家：这条狗没～。②重要或厉害人物：这人真不是个善～。

吃饱蹲[tʂ^{h}ʅ^{214}pɑu^{55}tuən^{42}] ①饭量大的人。②好吃懒做的人。

绌脖儿瓜[tʂ^{h}u^{214}pɛr^{51}kuɑ^{42}] ①性格内向、不愿出门见人的人。②胆小怕事的人。

刺儿头[ts^{h}ər^{312} t^{h}ou^{51}] 遇事爱挑理、找茬、刁难人且不好对付的人。

刺鬼[ts^{h}ɿ^{312}kuei] 没有梳洗打扮的人。【同】刺鬼蛋；刺挠儿蛋。

灯笼鬼[təŋ^{42}lou kuei^{55}] 爱说空话假话、行踪不定的人。

对脸子哦[tei^{312}liɛ^{55}tsɤ] 名字相同的人。

二婚头[ʅ^{312}xuən^{42}t^{h}ou^{51}] ①（旧）对再嫁妇女的蔑称。②（新）再婚男女。【同】二婚。

清婚[ts^{h}iŋ^{42}xuən^{42}] 没有结过婚的男人。

二妮子哦[ʅ^{312}ȵi^{214}tsɤ] 双性人。

二五眼[ʅ^{312}u^{53}iɛ^{55}] 分不清好坏真假、识别能力差的人。

飞机眼儿[fei^{42}tɕi^{42}iɛr^{55}] 势力眼；势利小人。

疯子哦[fəŋ^{42} tsɤ]\疯闺女[fəŋ^{42}kuei^{42}ȵi] 指性格开朗、不受约束的女子。

　　疯白片[fəŋ^{42}pai^{51} p^{h}iæn^{312}]（西）

佛佛儿[fɤ^{51}fɛr]\神圣儿[ʂən^{51}ʃərŋ]\佛儿佛儿[fɛr^{51}fɛr]（西）对儒释道各路神祇的统称。

缚笤帚哩[fu^{51}t^{h}iɑu^{51}tʂ^{h}u^{42} li]\搐笤帚哩[tʂ^{h}u^{214} t^{h}iɑu^{51}tʂ^{h}u^{42}li]（旧）制作笤帚的人。

嘎杂子哦[kA^{55}tsA^{51}tsɤ] ①爱搞恶作剧的男孩。②对聪明、顽皮男孩的爱称。

杠子哦头儿[kɑŋ^{312}tsɤ t^{h}əur^{51}]\杠头子哦[kɑŋ^{312}t^{h}ou^{51}tsɤ] 喜欢争论的人。

高嘴头儿[kɑu^{42}tsuei^{55}t^{h}əur^{51}] 挑食的人。

　　嘴头儿高[tsuei^{55}t^{h}əur^{51} kɑu^{42}]\嘴头儿袅[tsuei^{55}t^{h}əur^{51}ȵiɑu^{42}]【形】挑食。

个半眼儿[kɤ^{312}pan^{31}iɛr^{55}] 一只眼视力不好的人。

姑子哦[ku^{42}tsɤ] 尼姑。

骨碌锅哩[ku^{214}lu^{55}kuo^{42}li] 以修补铁锅为职业的人。

鼓庄儿[ku^{51}tʂuɑrŋ] 朦胧影像。

拐子哦[kuai^{55}tsɤ] ①瘸子。②骗子。

官家[kuai^{42}tɕia]（旧）旧时对朝廷官员的称呼，前可加姓氏，如“张～”。

管…哩[kuai^{55}…li]（西）以…为职业的人：管教书哩（教师）。

鬼吹灯[kuei^{55}tsuei^{42}təŋ^{42}] 爱吹嘘、说空话大话的人。

光棍儿[kuɑŋ^{42}kuər^{312}] 单身汉；鳏夫：门儿里儿哩～（内横外怯之人）。【同】光棍儿汉。

豪主儿[xɑu^{312}tʃuər]（旧）指富裕家庭。

核咾儿咾儿[xɤ^{51}ɭɑur^{42}ɭɑur^{55}]\圪嘣儿嘣儿[kɤ^{51}pərŋ^{42}pərŋ^{55}] 身体虚弱或疾病缠身的人。

忽郎子哦[xu^{214}lɑŋ^{55}tsɤ] 指做事慌慌张张、手脚不稳当的人。

滑子哦奇[xuɑ^{51}tsɤ tɕ^{h}i^{51}] 对聪明、伶俐男孩的爱称。

活奶奶[xuo^{51}nai^{55}nai] ①容易招惹是非或带来麻烦的人。②惹不起的人。

活头儿[xuo^{51}t^{h}əur] 离婚未嫁的女人。

急嘴子哦[tɕi^{214}tsuei^{55}tsɤ] ①说话速度太快的人。②口吃的人。

急管儿屁[tɕi^{214}kuɛr^{55}p^{h}i^{312}] 急性子、说干就干的人。

结嗑子哦[tɕiɛ^{51}k^{h}ɤ^{214}tsɤ] 口吃的人。

截道哩[tsiɛ^{51}tɑu^{312}li] 拦路抢劫的人。

接嘴严[tsiɛ^{214}tsuei^{55} iæn^{51}] 大人说话时抢着答话或插话的孩子。

斤斤[tɕin^{42}tɕin] 经纪人。

锔盆儿哩[tɕy^{42}p^{h}ər^{51}li]\扒盆儿哩[pA^{214}p^{h}ər^{51} li]（旧）以修补瓷器、铁锅等为职业的人。

绝户头[tsyɛ^{51}xu^{312}t^{h}ou^{51}] ①无后代的人。②做事不顾后果的人。③骂人话。

揽活哩[lai^{55}xuo^{51}li]\扛活哩[k^{h}ɑŋ^{55}xuo^{51}li]（旧）长工或短工。

客[tɕ^{h}iɛ^{214}] 指亲戚朋友：待～（招待亲友）|家里来～兰。

　　做客[tsu^{31} tɕ^{h}iɛ^{214}] 行为拘束，不像在自己家一样随便。

擓篮子哦哩[k^{h}uai^{55} lan^{51} tsɤ li] 携礼品随当事人参加结拜仪式的见证人。

老家哩[lɑu^{55}tɕia^{42} li] 来自自己故乡的人；自己村里的人。

老犟筋[lɑu^{55}tɕiɑŋ^{312}tɕin^{42}] 脾气倔犟的人。

老娘儿[lɑu^{55}ȵiɑrŋ^{51}]\老婆儿[lɑu^{55}p^{h}ɛr^{51}] 老年妇女。

老娘们儿[lɑu^{55}ȵiɑrŋ^{51}mər]【俚】对中年妇女轻视的称呼。

捞轳把[lɑu^{51}lu^{42}pA^{55}] 做事霸道的人。

累赘[lei^{51}tʂuei^{312}] 使自己费心的事、物或人：～棵（使自己费心的人）。

愣头儿青[ləŋ^{312}t^{h}our^{51}ts^{h}iŋ^{42}] 做事鲁莽的年轻人。

六畜[liou^{312}tʂ^{h}u^{55}]〈骂人话〉不懂规矩、没有教养的人。【同】牲畜\畜生。

罗锅儿[luo^{51}kuɛr] 驼背的人。

茅草钵儿[mɑu^{51}ts^{h}ɑu pɛr^{214}] ①茅草根及以上部分。②蓬乱的头发。③未梳洗打扮的妇女。

没嘴儿葫芦[mɤ^{51}tsuər^{55}xu^{51}lu] 不爱说话但有心机的人。

抿嘴儿虎[min^{51}tsuər^{53}xu^{55}] 话少但暗藏祸心、阴险狡诈的人。

拿事儿哩[nA^{51}ʃʅ^{312}li] 管事的人；对事情最终定夺的人。

妮子哦片子哦[ȵi^{214}tsɤ p^{h}iæn^{312}tsɤ] ①对女孩训斥时的称呼。②对女孩的昵称。

　　丫头片子哦[ia^{51}t^{h}ou^{51}p^{h}iæn^{312}tsɤ] 小女孩；女孩儿。

娘们儿[ȵiɑŋ^{51}mər] 对已婚妇女轻视的称呼。【同】娘娘们儿们儿哩

　　小娘们儿[siɑu^{55}ȵiɑŋ^{51}mər]【俚】小女子，有狎昵的意味。

脓包[nuŋ^{51}pɑu^{42}]\孬包[nɑu^{51}pɑu^{42}] 软弱无用、爱哭鼻子的人，一般指小孩。

脓儿脓儿[ɲurŋ^{42}ɲurŋ] ①脓包；孬包。②滥竽充数的人。

爬户头[p^{h}A^{51}xu t^{h}ou^{51}]〈骂人话〉扒灰头；公媳乱伦称扒灰或爬灰。

胖墩儿[p^{h}ɑŋ^{312}tuər^{42}] 较胖的男孩：小～。

陪绑哩[p^{h}ei^{51}pɑŋ^{55}li] ①受牵连的人。②被迫与他人一起做事的人。③做样子给别人看的人。

气包子哦[tɕ^{h}i^{312}pɑu^{42}tsɤ]\气布袋[tɕ^{h}i^{31}pu^{312}tai] 使家人生气的人。

软陷子哦[ʐuai^{55}ɕiæn^{312} tsɤ] 忍气吞声的人；说话办事不理直气壮的人。

全把套儿[ts^{h}uan^{312}pA^{55}t^{h}ɑur^{312}] 全能的人。

山橛子哦[ʂai^{42}tɕyɛ^{42} tsɤ] 山区说话比较生硬的人。

上班儿哩[ʂɑŋ^{312}pɛr^{42}li] 有固定工作按时上班的人。

上年纪儿哩[ʂɑŋ^{312}ȵiæn^{51}tɕiər^{312}li] 对他人父母亲或老年人的称呼。

神婆子哦[ʂən^{51}p^{h}ɤ^{51}tsɤ] 通灵的人。民间认为，～知道人的前生后世，预测吉凶，治疗疑难杂症，指导人趋利避害。【近】明眼儿[miŋ^{51}iɛr^{55}] 据说，"～"能看到常人看不到之物。

生人[ʂəŋ^{42}ʐən] 陌生人。

石女儿[ʂʅ^{51}ȵyɛr] 生殖器官不健全的女人。

受苦哩[ʂou^{312}k^{h}u^{55}li]\受罪哩[ʂou^{312}tsuei^{312}li]（西）干体力活的人，多指农民。

熟快人[ʂu^{51}k^{h}uai ʐən^{51}] 熟人。

双身子哦[ʂuɑŋ^{42}ʂən^{42} tsɤ] 妊娠妇女。

双生[ʂuɑŋ^{42}ʃəŋ^{312}]\双棒儿[ʂuɑŋ^{42}pɑrŋ^{312}]（旧）双胞胎。

死鸡头[sɿ^{55}tɕi^{42}t^{h}ou^{51}] 爱缠磨人、不碰南墙不回头的人。

死犟筋[sɿ^{55}tɕiɑŋ^{312} tɕin^{42}] 固执己见的人。

死肉贼[sɿ^{55}ʐou^{312}tsei^{51}] 不爱交际、安于本分的人。

瘫子哦[t^{h}ai^{42}tsɤ] 瘫痪的人。

剃头哩[t^{h}i^{312}t^{h}ou^{51}li] 以挑着担子剃头为职业的人。

头头儿[t^{h}ou^{51}t^{h}əur] 带头的人。

土鳖儿[t^{h}u^{55}piɛr^{214}]\老土鳖儿[lɑu^{53}t^{h}u^{55}piɛr^{214}] 没见过世面、赶不上形势的人。

尾巴[i^{55}pA] 本指动物尾巴，也指后面跟的人。

玩意儿[van^{51}iər]\物件[u^{214}tɕiæn^{312}]\东西[tuŋ^{42}si] 对人轻蔑的称呼：这～。

瞎话蛋[ɕia^{214}xuɑ^{312}tan^{312}]\瞎话壳篓儿[ɕia^{214}xuɑ^{312}k^{h}ɤ^{214}ɭəur^{55}] 爱说谎话的人。

瞎话篓子哦[ɕia^{214}xuɑ^{312}lou^{55} tsɤ]（西）

相好儿哩[siɑŋ^{42}xɑur^{55}li]\老相好儿[lɑu^{55}siɑŋ^{42}xɑur^{55}] 情人；姘头。

香香虫儿[ɕiɑŋ^{42}ɕiɑŋ^{42}tʃ^{h}urŋ^{51}]\香香屁儿[ɕiɑŋ^{42}ɕiɑŋ^{42}p^{h}iər^{312}]（西）人人喜欢、需要的人。

小矬子儿[siɑu^{55}tsʰuo^{51}tsər] 个子矮的人。【近】地磨牛儿[ti^{312}mɤ^{51}ȵiou] 比喻人非常矮。

小蛋子儿[siɑu^{55}tan^{312}tsər^{55}] 童贞；对年轻人蔑视的说法。

小闺女儿[siɑu^{55}kuei^{42}ȵyər]\[siɑu^{55}kuei^{42}ȵiər] 小女孩。

　　小妮儿[siɑu^{55}ȵiər^{214}]\妮子哦[ȵi^{214} tsɤ]（西）

小跑儿[siɑu^{53}pʰɑur^{55}] 勤务人员。

小娃娃儿[siɑu^{55}vA^{42}vɛr] 婴儿。

小小子儿[siɑu^{53}siɑu^{55}tsər] 小男孩。

笑*捋*[siɑu^{312}ly]\笑*哩*[siɑu^{312}li]（西）小偷；扒手。

斜斜儿[siɛ^{51}siɛr] 爱耍脾气、耍小性的人。

薰货[ɕyn^{31}xuo^{312}] 人缘不好的人。

要猫儿[iɑu^{312}mɑur^{51}]\要猫子哦[iɑu^{312}mɑu^{51} tsɤ] ①故意索要没有的东西。②个别（西）。

野小子哦[iɛ^{53}siɑu^{55}tsɤ] 在外流浪、无人管教的男孩。

野种儿[iɛ^{53}tʃurŋ^{55}]/[iɛ^{55}tʃurŋ]\野孩子哦[iɛ^{55}xai^{51} tsɤ] 私生子。

一棒儿哩[i^{214}pɑrŋ^{51} li]\一榜哩[i^{214}pɑŋ^{55} li]（西）年龄相当的人。

一号儿哩货[i^{214}xɑur^{312} li xuo^{312}] 性格、品行、处事风格相同的人。

一根筋[i^{214}kən^{42}tɕin^{42}] 固执、不知变通的人。

一伙儿哩[i^{214}xuɛr^{55}li] 同伙；在一起的人。

阳人儿[iɑŋ^{51}ʅ]\阴人儿[in^{42}ʅ] 性格、行为怪异的人。

余人[y^{51}ʐən] 什么事都帮不上忙、指望不上的多余人。

张嘴哩[tʂɑŋ^{42} tsuei^{55} li] 等着吃饭的人，指家中人口，包括一家老小。

睁眼儿瞎[tʂəŋ^{42}iɛr^{55}ɕia^{214}] ①文盲。②看不清事物或人的本质的人。

挣钱儿哩[tʂəŋ^{312}tsʰiɛr^{55}li] 上班挣工资的人。

直筒子哦[tʂʅ^{51}tʰuŋ^{55}tsɤ] 心直口快的人。

主儿啊[tʃuər^{55} A] 主家；主人。

（七）植物类

柏翎儿[pai^{214}lirŋ^{55}] 柏树的枝叶。

棒子哦[pɑŋ^{312}tsɤ] 玉米。稙～（早熟玉米）|晚～（晚熟玉米）|捂～（因潮湿发霉的玉米）。

　　玉蜀黍[y^{312}ʂu^{214}ʂu^{55}]/[y^{312}ʂu^{51}ʂu]（西）

秕谷[pi^{55}ku] 谷子不秀无实。

秕子哦[pi^{55} tsɤ] 不饱满的植物籽粒。

菜瓜[tsʰai^{51}kuɑ] 越瓜；稍瓜；菴瓜；生瓜。

草[tsʰɑu^{55}] 草的统称，包括稗草、牛筋草、马唐、画眉草、猪殃殃、猪毛菜、狗牙根、狗尾草、灰绿藜、茇茇草、柳叶箬、獐毛、穗发草、节节草、米瓦罐、香蒿、臭蒿等元氏县常见草。

茬[tʂʰA^{51}]\茬子哦[tʂʰA^{51}tsɤ] 农作物收割后留在土里的根：麦～。

刺藜子哦菜[tsʰʅ^{312}li^{51}tsɤ tsʰai^{312}]\锯子哦菜[tɕy^{312} tsɤ tsʰai^{312}]（西）刺儿菜；小蓟。

打碗棵[tA^{53}vai^{55}kʰuo^{42}] 金叶马兰。

干草[kai^{42}tsʰɑu] ①干燥谷草。②谷物秸秆。

灯笼棵[təŋ^{42}lou kʰuo^{42}] 酸浆。

麸子哦[fu^{42} tsɤ] 小麦磨成面粉后剩下的麦皮渣滓。

圪杈儿[kɤ^{214}tʃʰər^{55}] ①植物分枝：树～。②铁锅里用于支撑篦子的Y形木质用具。

圪档儿[kɤ^{51}tɑrŋ] 农作物如玉米、高粱等除去果实后的秸秆。

圪那儿[kɤ^{214}ɲər^{55}] 道旁、沟渠等处混杂有土、碎草、树叶的东西。

圪针[kɤ^{51}tʂən] 植物枝梗上的刺。～蓬儿（圪针丛）。

根荙[kən^{42}tA]（西）莙荙。

狗唆唆儿[kou^{55}suo^{214}suɛr^{55}]\狗摸唆儿[kou^{55}mɤ^{214}suɛr^{55}]（西）地黄；生地。

谷子哦[ku^{214}tsɤ] 粟。去皮后称“小米”。

瓜瓜兮兮哩[kuɑ^{42}kuɑ^{42}ɕi^{31}ɕi^{55}li] 瓜果之类。

红萝卜[xuŋ^{51}luo^{51}pei] 胡萝卜。

葫芦瓢[xu^{51}lu piɑu^{312}] ①匏瓜；瓢葫芦。②葫芦壳做成的瓢，用于舀水、米等。

花骨肚儿[xuɑ^{42}ku^{214}tuər^{55}]\花骨朵儿[xuɑ^{42}ku^{312}tuɛr]（西）花蕾。

花秸[xuɑ^{42}tɕiɛ^{42}]\花柴[xuɑ^{42}tʂʰai]\棉花秸[miæn^{51}xuɑ^{42}tɕiɛ^{42}]（西）棉花秸秆。

花壳篓儿[xuɑ^{42}kʰɤ^{214}ɭəur^{312}]\棉花壳儿[miæn^{51} xuɑ^{42} kʰɛr^{214}]（西）棉花取出后留下的棉桃外壳。

槐豆[xuɑi^{51}tou^{312}]\槐豆儿[xuai^{51}təur] 槐树籽。【同】槐啦豆儿[xuai^{51} lA^{55}təur^{312}]（西）

黄胡果儿[xuɑŋ^{51}xu kuɛr^{55}] ①花红果、沙果、文林果、林檎。【同】黄瓜儿（西）。②中看不中用的人。

灰子哦白[xuei^{42}tsɤ pai^{51}] 卷心菜。

核儿[xuər^{51}]\[xu^{51}] 苹果、梨、桃、杏、枣等肉质果实的核。

蒺蒺[tsi^{51}tsi] 苍耳。

蒺蒺蔓[tsi^{51}tsi^{51}van^{312}]\蒺蒺蔓儿[tsi^{51}tsi^{51}vɛr^{312}]（西）蒺藜。

菅草[tɕiɛ^{42}tsʰɑu] ①黄背草。②甘草[kai^{42}tsʰɑu^{55}]。其根茎俗称“甜甜儿根儿”。

菅蛾儿[tɕiɛ^{55}ŋɛr^{51}] 下雨时在菅草根部长出的小蘑菇。

尖锥锥[tsiɛ^{42}tʂuei^{42} tʂuei] 菅草的新芽。

江米[tɕiaŋ^{42}mi] 糯米。

苦瓜[kʰu^{55}kuɑ] 瓜蒌。

喇叭花儿[lA^{42}pA xuɛr^{42}] ①牵牛花；田旋花。②旋花科打碗花属、牵牛属草本植物的通称。

懒瓜[lai^{55}kuɑ] 南瓜的一种，比南瓜棱痕较浅，皮色较白，肉质细软，瓜味较小。

老鸹生儿[lɑu^{55}kuɑ^{42}ʃərŋ^{42}]\长果儿豆儿[tʂʰɑŋ^{51}kuɛr^{55}təur^{312}]（西）花生。

涝轳棵[lɑu^{51}lu kʰuo^{42}] 灰菜。

铃铛儿棵[liŋ^{51}tɑrŋ^{42}kʰuo^{42}] 菟丝子。

柳叶儿梅[liou^{55}iɛr^{312}mei^{51}] 夹竹桃。

绿木棱儿[ly^{312}mu^{51}ɭərŋ] 青苔或霉菌。

萝卜[luo^{51}pei]\萝卜[lɑu^{51}pei]（主西）白萝卜。

麻[mA^{51}] 苘麻。

麻葚菜[mA^{51}ʂən^{42}tsʰai^{312}] 马齿苋。【同】麻质菜[mA^{51}tʂʅ^{312}tsʰai^{312}]（西）。

麻身[mA^{51}ʂən^{312}]\麻身饼儿[mA^{51}ʂən^{312}pirŋ^{55}] 花生、棉花籽等榨油后的饼渣。

马滴榴儿[mA^{55}ti^{42}liəur^{42}] 草石蚕；滴露；地轱辘；地环；甘露儿。

麦[mai^{312}] 小麦：～个儿（麦捆儿）|～秸|～荚儿|～糠|～芒儿|～稍儿|～鱼儿（带壳麦粒）。

麦子哦[mai^{312}tsɤ] 小麦：捂～（因潮湿发霉的小麦）。

毛豆[mɑu^{51}tou] 青绿带毛荚的黄豆。

毛垢[mɑu^{51}kou] \毛垢垢[mɑu^{51}kou kou]（西）蘑菇。

毛栗子哦[mɑu^{51} li^{312} tsɤ] 板栗。

毛儿毛儿草[mɑur^{51}mɑur^{51}tsʰɑu^{55}]\毛儿毛儿疙瘩[mɑur^{51}mɑur^{51}kɤ^{214} tA^{55}]（西）狗尾草。

茅草[mɑu^{51}tsʰɑu] ①白茅。②各种草的统称。

苤莲[pʰiɛ^{55}liæn^{51}]/[pʰiɛ^{55}liæn] 擘蓝，大头菜，球茎甘蓝。

婆婆丁[pʰɤ^{51}pʰɤ^{51}tiŋ^{42}] 蒲公英。

茄包子哦[tɕʰiɛ^{51}pɑu^{42} tsɤ] 生长后期的小茄子。

曲曲儿菜[tɕʰy^{214}tɕʰyɛr^{55}tsʰai^{312}] 苦菜、苣荬菜、曲麻菜。指菊科苦荬菜。

扫帚苗儿[sɑu^{51}tʂʰu miɑur^{51}] 地肤。

葚子哦[ʂən^{312}tsɤ] 桑葚。

山里红[ʂai^{42} li xuŋ^{51}] 山楂。

山药[ʂai^{42} iɑu] 红薯、番薯。

山药蛋[ʂai^{42}iɑu^{31}tan^{312}] 土豆、马铃薯。

稍瓜儿[ʂɑu^{42}kuɛr]/[ʂɑu^{312}kuɛr] 地稍瓜；地稍花；小丝瓜。

湿巴蔓[ʂʅ^{214}pA^{55}van^{312}] 葎草，一种缠绕茎蔓生植物。

柿子哦辣椒[ʂʅ^{312} tsɤ lA^{312} tɕiɑu^{214}] 青椒。

菜辣子哦[tʂʰai^{312} lA^{312} tsɤ]（西）青椒。尖椒称“尖辣子哦”。

秫秸[ʂu^{51}tɕiɛ]\玉蜀黍秸[y^{312}ʂu^{214}ʂu^{55} tɕiɛ^{42}]（主西）玉米、高粱等的秸秆。

树骨嘟[ʂu^{312}ku^{214}tu^{55}]\树疙瘩[ʂu^{312}kɤ^{214}tA^{55}] 树干锯掉后从地下挖出的整树根。

酥瓜[su^{42}kuɑ] 一种圆形外皮发白的甜瓜。

穗儿[suər^{312}] 稻麦等禾本科植物的花或果实：棒子哦～|高粱～|谷～|麦～。

甜甜儿[tʰiæn^{51}tʰiɛr] 甘蔗、青玉米秸、青高粱秸及一些含甜汁的根茎。

亭儿[tʰirŋ^{51}] 植物的茎。秫秸～（玉米或高粱秸秆）。

王不留儿[vɑŋ^{51}pu^{214}liəur^{42}] 麦蓝菜。其种子是中药“王不留行”。

莴笋[uo^{42}suən^{55}] 莴苣。

乌霉[u^{42}mei]\乌霉霉[u^{42}mei mei]（西）一种长在小麦、玉米、花生上的霉菌。

西葫芦[si^{42}xu^{51}lu]\胡瓜儿[xu^{51}kuɛr]（西）胡瓜。

席篾儿[si^{51}miər] 竹子、秫秸的表皮，可劈成篾条。

小老儿[siɑu^{53}ɭɑur^{55}] 多指貌似个子小，实际已长老的蔬菜，如茄子等。

小铁匙儿[siɑu^{55} tʰiɛ^{214} ʃʅ^{42}] 荠菜。

须儿[syər^{51}]\棒子哦须儿[pɑŋ^{312}tsɤ syər^{51}] 玉米的胡须状花柱和柱头。

丫丫葫芦儿[ia^{214}ia^{55}xu^{51}ɭuər] 亚腰葫芦；小葫芦。

芫荽[iæn^{51}suei] 香菜。

羊角儿葱[iɑŋ^{51}tɕiɑur^{214}tsʰuŋ^{42}] 指越冬后发芽或新栽种发芽、状似羊角的葱。

洋姜[iɑŋ^{51}tɕiɑŋ^{42}]\洋山药[iɑŋ^{51} ʂai^{42}iɑu] 菊芋。

洋茄子哦[iɑŋ^{51}tɕʰiɛ^{51}tsɤ] ①西红柿。【同】洋柿子哦（西）②指气球；一种玩具。

腰儿[iɑur^{312}] 用青绿麦秸秆拧成的腰带式绳子，用来捆绑小麦。

燕儿衣[iɛr^{312} i^{42}]\燕子哦衣[iæn^{312}tsɤ i^{42}]（西）山苦荬。

野苍谷[iɛ^{55}tsʰɑŋ^{42}ku^{214}]\人惺菜[ʐən^{51}siŋ^{42}tsʰai^{312}] 苋菜。“大人惺菜”即暗紫色叶子的苋菜；“人惺菜”即绿色叶子的绿穗苋。

野芥花[iɛ^{55}tɕiɛ^{312}xuɑ]\麦蒿子哦[mai^{312}xɑu^{42}tsɤ] 播娘蒿。

樱儿[irŋ^{42}] 萝卜、芥菜、蔓菁的叶子。

猪耳朵棵[tʂu^{42}ɭ^{55}tuokʰuo^{42}] 车前子。

籽儿[tsər^{55}] ①植物的果实和种子。②部分植物的种子：菜～（油菜籽）|大麻～（蓖麻籽）。

种儿[tʂuŋ^{55}]\籽种[tsɿ^{53}tʂuŋ^{55}] 种子：麦～。

（八）食品类

熬菜[ŋɑu^{51}tsʰai^{312}] 大锅菜。将肉、豆腐、白菜、粉条等放在一起熬煮的菜。

扒糕[pʰA^{51} kɑu^{42}] 荞麦面做的糕状食品。

白面[pai^{51}miæn] 小麦面粉。

饼折[piŋ^{55}tʂɤ] 发酵小米面的饼状油煎食品：摊～（做饼折）|～锅儿（摊饼折用铁锅）。

饼子哦[piŋ^{55}tsɤ] 玉米饼；饼状食品：菜～（加菜玉米饼）|豆渣～（豆渣面饼子）。

补*面[pu^{51}miæn] 做面食时为避免面团粘连而撒的干面粉。

菜角儿[tsʰai^{312}tɕiɑur^{214}] 以面做饼包菜成三角样的油炸食品。

草子糕[tsʰɑu^{53}tsɿ^{55}kɑu^{42}]（旧）蛋糕。

碴儿 ①[tʃʰər^{51}]小碎块：冰～。②[tʃʰər^{214}]碾碎的豆子、玉米或小麦颗粒。

茶面[tʂʰA^{51} miæn] 炒小米面。

吃那[tʂʰʅ^{214}ɲɤ]\吃哩[tʂʰʅ^{214}li] 泛指食品。

　　吃头儿[tʂʰʅ^{214} tʰəur^{51}]/[tʂʰʅ^{214} tʰəur^{55}]

　　喝那[xɤ^{214}ɲɤ]\喝哩[xɤ^{214}li] 泛指喝的东西。

葱花儿[tsʰuŋ^{42}xuɛr^{42}] 炝或香油拌的葱末、韭菜末等，用于调味。

大卷[tA^{312}tɕyai^{55}] 蒸熟的小麦面多层食品，呈船状。

豆黄儿[tou^{312}xuɑrŋ^{51}]\豌豆黄儿[vai^{42}tou^{312}xuɑrŋ^{51}] 豌豆面做的蒸熟块状食品。

豆汤[tou^{55}tʰɑŋ^{42}]（西）绿豆汤。

二伙开[ʅ^{312}xuo^{55}kʰai^{42}] 两种或两种以上面粉掺和在一起蒸熟的发酵食品。

　　搭掺卷子哦[tA^{214}tʂʰai^{42}tɕyɛ^{55} tsɤ]（西）

粉芡[fən^{55}tɕʰiæn^{312}] 芡粉。①红薯淀粉。②用芡粉或淀粉调成的汁。

福根儿[fu^{214}kər^{42}] 瓶中剩下的一点酒。

干巴咽儿[kai^{42}pA^{42}iɛr^{312}] 没有汤水的干粮食品。

干饭[kai^{42}fan] 比较黏稠可以成块的小米饭。

干哩[kai^{42}li]\干粮[kai^{42}liɑŋ] 馒头、窝窝、烙饼等含水量较少的一类食品。

钢炉烧饼[kɑŋ^{42}lu^{51}ʂɑu^{42}piŋ] 贴在炉子内壁烤熟的芝麻烧饼：打～（做烧饼）。

圪丁儿[kɤ^{42}tirŋ^{42}] 方形小块食品：肉～。

圪渣儿[kɤ^{42}tʃər^{42}] 锅巴或食物烤焦后的脆皮。

供儿[kurŋ^{312}]\供香儿[kuŋ^{312}ɕiɑrŋ] 香火、鱼、肉、菜、馒头之类供品的统称。

共儿[kurŋ^{312}] 肉汤冻儿。

果子哦[kuo^{55}tsɤ] 油条。

耗锅水[xɑu^{312}kuo^{42}ʂuei] 锅里烧开时间较长的水；蒸过干粮后锅里的水。

饸饹[xɤ^{51}lɑu] 荞麦面或山药面掺小麦面做的面条：压～。

糊嘟[xu^{51}tu] 小麦面加盐用水瀣好后加热，使之变得粘稠，叫糊嘟：饐～。

糊汤[xu^{312}tʰɑŋ^{42}] 将鸡蛋、菠菜、豆腐加佐料放入开水中煮成的一种汤饭。

花卷儿[xuɑ^{42}tɕyɛr^{55}] 蒸熟的发酵或不发酵的小麦面麻花样食品。

花籽儿油[xuɑ^{42}tsər^{55}iou^{51}] 从棉花籽中榨出的油。【同】棉花籽儿油儿（西）

黄菜[xuɑŋ^{51}tsʰai] 酸菜；芥菜樱用水煮后闷在瓮里糟成的味酸、色黄的菜：糟～。

浇头[tɕiɑu^{42}tʰou^{51}] 加在盛好的面条或米饭上的菜。

　　肉浇头[ʐou^{312}tɕiɑu^{42} tʰou^{51}]**肉打顶儿**[ʐou^{312}tA^{53}tirŋ^{55}] 做饭时将腥素分开，专门做一锅肉汤，吃肉的人舀饭后再舀肉汤浇到碗里，叫～。

饺子哦[tɕiɑu^{214}tsɤ] 水饺。

酵子哦[tɕiɑu^{312}tsɤ] 发面用的面团；酵母。

卤汤儿[tʂʅ^{42}tʰɑrŋ]\\ **脂汤儿**[tʂʅ^{42}tʰɑrŋ]（西）卤子。伴入面条等主食一起吃的肉菜汤。

皮头[pʰi$^{:51}$tʰou] 掺入酵母用于发面用的面块。

就头儿[tsiou^{312}tʰəur] 与干粮一起吃的各种小菜。

梏*捋[kʰu^{214}ly^{55}]**梏*蕾**[kʰu^{214}lei$^{:55}$] 榆钱或青菜加面类混蒸而成的不发酵食物。

炉食[lu^{51}ʂʅ]**点心**[tiɛ^{55}sin]（旧）糕点。

乱米饭[luan^{312}mi^{55}fan^{312}] 米加豆类一起熬制的较粘稠米饭。

蚂蚁酱[mA^{51}i$^{:214}$tsiɑŋ^{312}]**麻泥酱**[mA^{51}ni^{51} tsiɑŋ^{312}] 芝麻酱。

麻糖[mA^{51}tʰɑŋ]**炉盘儿**[lu^{51}pʰɛr]（旧）带糖的油饼。

霉菜条儿[mei^{51}tsʰai^{312} tʰiɑur^{51}]（西）干萝卜条。

面泡儿[miæn^{312}pʰɑur^{42}]**泡儿**[pʰɑur^{42}] 小麦面制作的各种形状油炸食品。

馍馍[mɤ^{42}mɤ]**卷子哦**[tɕyai^{55}tsɤ] 馒头。

沐楞儿[mu^{51}ɭəŋ] 食物表皮发霉变白或变黑的一层。

呛菜[tsʰiɑŋ^{312} tsʰai^{312}] 芥菜丝急火快炒五成熟后闷在容器中做成的菜。

茄泥儿[tɕʰiɛ^{51} ȵiər^{51}] 茄子蒸熟捣烂加盐后做成的凉菜。

剩嘴子哦[ʂəŋ^{312}tsuei^{55}tsɤ] 别人吃剩下的食品。

□[ʃʅ^{42}] 用面箩从面粉中筛出来的细小颗粒：棒子哦□[ʃʅ^{42}]。

食儿 ①[ʃʅ^{214}]食物：给猪泼点儿～。②[ʃʅ^{42}]人的饭量：这人那～可细哩。

柿饼儿[ʂʅ^{312}pirŋ^{55}] 柿子晒干后的饼状食品，也叫“柿子哦干儿”。

　　柿片儿[ʂʅ^{312}pʰiɛr^{312}] 干柿子片，无柿霜。

　　柿桃儿[ʂʅ^{312}tʰɑur^{51}] 经削皮后风干闷制而成有霜的柿子。

死面[sɿ^{55} miæn^{312}] 未经发酵的面：～饼，

酸枣面儿[suai^{42} tsɑu^{55} miɛr^{312}] 用酸枣磨成面做成的块状食品。

糖包儿[tʰɑŋ^{51} pɑur^{42}] 将小麦面皮里包糖，蒸熟的三角形或圆形食品。

糖糕[tʰɑŋ^{51} kɑu^{42}] 面饼包糖煎炸后的食品。

糖瓜儿[tʰɑŋ^{51}kuɛr^{42}] 瓜形饴糖。“廿三糖瓜儿粘”，用来祭灶神。

糖筋[tʰɑŋ^{51}tɕin^{42}] 糖精。

糖稀[tʰɑŋ^{51}ɕi^{42}] 红糖熬制成的粘稠状食品，多用来炸“麻糖”。

烫面儿饼[tʰɑŋ^{312}miɛr^{312}piŋ^{55}] 一种用开水和面所烙的不发酵饼。

挑儿面[tʰiɑur^{55}miæn^{312}]**干挑儿面**[kai^{42}tʰiɑur^{55}miæn^{312}]**捞儿面**[lɑur^{51}miæn]（西）不带汤的面条。

窝窝[uo^{51}uo^{214}]**窝窝头儿**[uo^{51}uo^{214}tʰəur^{51}] 窝头。

焐嘟水[u^{214} tu^{55} ʂuei] ①存放时间较长的温开水。②太阳晒过有点温度的水。

五香面儿[u^{55}ɕiɑŋ^{42}miɛr^{312}] 五香粉。

咸食[ɕiæn^{51}ʂʅ] 以面加水瀣成粥状煎烙而成的薄饼。

小果儿[siɑu^{53}kuɛr^{55}] 面皮儿叠在一起拧成的麻花样油炸食品。

腥油[siŋ^{42}iou] 动物油，多指猪油、羊油。

絮儿[syər^{51}]/[suər^{42}] 象棉絮一样的东西：鸡蛋～|面～。

旋饼[suan^{51}piŋ]（西）烙饼。

熏缸醋[ɕyn^{42} kɑŋ^{42} tsʰu^{312}] 利用传统熏蒸工艺酿造的醋。

哑巴火烧儿[ia^{55}pA xuo^{55}ʃɑur^{42}]**糖干粮**[tʰɑŋ^{51}kai^{42}lɑŋ]（西）开水和小麦面擀成小饼，中间包红糖，在油锅里炸，似糖糕，比糖糕小。女儿出嫁时炸～，请人吃，也带到婆家。

盐坷垃[iæn^{51}kʰɤ^{42}lA^{42}] 未经加工的大小盐颗粒。

羊杂糕[iɑŋ^{51}tsA^{51}kɑu^{42}] 羊杂汤。

硬头儿[iŋ^{312}tʰəur]**干得儿**[kai^{42}tər]（西）干粮；馒头；窝窝。

枣木杠儿[tsɑu^{55}mu^{31}kɑrŋ^{312}]**枣杠<u>子哦</u>**[tsɑu^{55}kɑŋ^{312}tsɤ] 用枣酿造的酒。

早起吔饭[tsɑu^{53}tɕʰiɛ^{55}fan^{312}] 早饭。【近】晌午饭（午饭）|黑啊饭（晚饭）。

蒸饼[tʂəŋ^{42}piŋ] 将和好的面整块摊到篦子上蒸成的饼状食品。

脂缩儿[tʂʅ^{42}suɛr] 脂肪油渣。

粥[tʂou^{214}]**白粥儿**[pai^{51}tʂəur] 一般指玉米粥：餷～（做玉米面粥）。

　　玉蜀黍面糊涂儿[y^{312}ʂu^{42}ʂu^{55}miæn^{312}xu^{51}tuər]（西）玉米面粥。

白粥[pai^{51}tʂou]（西）小米干饭：餷～（做小米干饭）。

扳猪头[pai^{55}tʂu^{42}tʰou^{51}] 一种猪头肉制成的熟食。

板肠儿[pai^{55}tʃʰɑrŋ^{51}] 煮熟的动物大肠，多指驴大肠。

板油[pai^{55}iou] 猪内脏外边包裹的成块的油脂。

肺叶儿[fei^{312}iɛr^{312}] \ 肺破*子哦[fei^{312}p^{h}ɤ^{312}tsɤ]（西）肺。

肝化[kai^{42}xuɑ] 肝。

肉膘儿[ʐou^{312}piɑur^{42}]\膘儿（膘儿）肉[piɑur^{42}piɑur ʐou^{312}] 肥肉。

肉官儿[ʐou^{312}kuɛr^{42}] 纯瘦肉。

丝儿（丝儿）肉[sər^{42} sər ʐou^{312}] 瘦肉。

虾米[ɕia^{51}mi] 虾皮。

下水儿[ɕia^{312}ʃuər^{55}] 动物内脏，包括心肝肺和大肠小肠，俗称“肠子哦肚子饿布郎鼓子哦”。

线卷儿[siæn^{312}tɕyɛr^{55}] 一种穗状面食。

心骨肚儿[sin^{42}ku^{214}tuər^{55}] 心。

腰子哦[iɑu^{42} tsɤ] 动物肾脏。

杂碎[tsA^{51}suei] 煮熟的动物内脏。【近】羊杂（羊下水）。

猪拱拱儿[tʂu^{42} kuŋ^{31} kuŋ^{55}] 猪嘴头。

猪蹄间儿[tʂu^{42}t^{h}i^{51}tɕiɛr] 猪蹄。

（九）服装针线类

被单儿[pei^{312}tɛr^{42}] 类似床单或毛巾被的单层棉布。

被裹儿[pei^{312}xuɛr^{51}]\被裹儿[pei^{51}kuɛr^{214}]（西）被窝儿。

被套[pei^{312}tɑu^{312}] 被子状棉花。【近】网套[vɑŋ^{55}tɑu^{42}]（旧）有网线的被子状棉花。

布袋儿[pu^{312}tɛr] 衣兜。

布拉条儿[pu^{312}lA^{31}t^{h}iɑur^{51}] ①碎布条。【同】布拉条儿[pu^{312}lA^{31}t^{h}uər^{51}]\布捋条儿[pu^{312}ly^{214} t^{h}uər^{51}]（西）。②红薯面加小麦面做成的面条。因不劲道，煮时变成小短节，像碎布条，故称。

长巾[ts^{h}ɑŋ^{51}tɕin] 一种长围巾，可在脖子上绕几圈，20 世纪 80 年代流行。

穿哩戴哩[tʂ^{h}uai^{42}li tai^{312}li] 泛指衣服。

粗布儿[ts^{h}u^{42}pər]\土布儿[t^{h}u^{55}pər] 经轧、弹、纺、络、染、经等程序、用织布机织出的手工棉布。

大氅[tA^{312}tʂ^{h}ɑŋ^{55}]（旧）大衣。【近】二大衣（半大衣）。

单裤儿[tai^{42}k^{h}uər^{312}]（旧）单层布料的裤子。

单衣裳[tai^{42}i^{42}ʂɑŋ]（旧）单层布料的衣服。

顶针儿[tiŋ^{55}tʃər] 针箍。

斗篷[tou^{55}p^{h}əŋ]（旧）一种用来包裹幼儿的有帽无袖的棉外套。

肚巾儿[tu^{312}tɕiər^{42}]/[tu^{51}tɕiər^{214}]（旧）\肚肚儿[tu^{312}tuər^{214}]（西）肚兜。

袼褙[kɤ^{214}pai^{55}] 褙。打夹纸用的材料。

圪栏儿[kɤ^{42}ɭər^{42}]\围脖儿[vei^{51}pɛr^{51}]（旧）小孩围嘴。

跟脚[kən^{42}tɕiɑu^{214}] 鞋跟处的鞋帮兜跟，鞋穿脚上不易掉。

兜跟[tou^{55}kən^{42}] 鞋跟处的鞋帮向前倾斜，鞋穿脚上不易掉。【反】敞跟[tʂʰɑŋ^{55}kən^{42}]。

褂褂儿[kuɑ^{312}kuɛr]\褂子哦[kuɑ^{312}tsɤ]\布衫儿[pu^{312}ʃər^{42}]（西）衬衣；上衣。

汗溻儿[xan^{312}tɛr]（旧）贴身无袖小褂。

猴儿筋儿[xəur^{42}tɕiər^{42}]（旧）橡皮筋；松紧带。

夹衣裳[tɕia^{214} i^{42}ʂɑŋ]（旧）双层布料的衣服，包括夹袄、夹裤，指春秋季衣服。

夹纸[tɕia^{214}tʂʅ^{55}] 纳“千层底”材料。在袼褙两面贴碎布晾干称～:打～。

坎肩儿[kʰai^{55} tɕiɛr] 马甲。

扣篾儿[kʰou^{312}miər^{51}]（旧）衣扣与扣门；用线绳结成的衣扣与扣眼。

老套子哦[lɑu^{55}tʰɑu^{312}tsɤ]\老套儿[lɑu^{55} tʰɑur^{312}] 已用多年的棉花。

棉衣裳[miæn^{51} i^{42}ʂɑŋ] 絮棉花的衣服，指冬衣。

铺尺[pʰu^{42}tʂʰʅ]\布尺[pu^{55}tʂʰʅ]（西）碎布。

铺盖[pʰu^{42}kai] 被褥等床上用品。【近】铺哩盖哩[pʰu^{42}li kai^{312}li] 泛指床上用品。

气眼儿[tɕʰi^{312}iɛr^{55}] \鞋眼儿[ɕiɛ^{51} iɛr^{55}]（西）绑带鞋上用于固定鞋带的铆钉样的东西。

绒皮子哦[ruŋ^{51}pʰi^{51}tsɤ]（旧）一种女孩用的辫绳。

三眼枪[sai^{42} iɛ^{55} tsʰiɑŋ^{42}] 挎带背心。老年人称“汗溻儿”。

手巾[ʂou^{55}tɕin]\擦脸布儿[tsʰA^{214}liɛ^{55}pər^{312}] 毛巾。

　　小手巾儿[siɑu^{53}ʂou^{55}tɕiər^{42}] 手绢、手帕。

趿儿拉板儿鞋[tʰər^{214}lA pɛr^{55}ɕiɛ^{51}]（旧）木拖鞋。

套袖[tʰɑu^{312}siou^{312}] 袖套。

　　暖袖[ɲuai^{55} siou^{312}] 冬天用来暖手的一种敞口棉袖套。

套子哦[tʰɑu^{312}tsɤ]\棉花套[miæn^{51}xuɑ^{42}tʰɑu^{312}] 成型的棉花。

围腰[vei^{51}iɑu^{42}] 围裙。

小布箩儿[siɑu^{55}pu^{51}ɭɑur]（旧）荆条编织成的圆形针线筐。

鞋钵儿[ɕiɛ^{51}pɛr^{214}] 鞋：臭～。

鞋帮儿[ɕiɛ^{51}pɑrŋ^{42}] ①鞋面沾到夹纸上后的材料。②按鞋样从沾“鞋面”的夹纸上所拓下部分。

鞋鎏子哦[ɕiɛ^{51}liou^{312}tsɤ]（旧）方便缠足妇女穿鞋的鞋拔子，多为铜制。

鞋面[ɕiɛ^{51}miæn] 用于做鞋面的布。

鞋样儿[ɕiɛ^{51}iɑrŋ^{312}] 用纸张剪出来的鞋底或鞋面的大小样式。

踅子哦[syɛ^{51}tsɤ]（旧）裙子。
洋布[iaŋ^{51}pu]（旧）机制平纹布。
营生[iŋ^{51}ʂəŋ] 针线活。
砸衣裳机子哦[tsA^{51}i^{42}ʂaŋ^{42} tɕi^{42}tsɤ]（旧）缝纫机。
针官儿[tʂən^{42}kuɛr^{42}] 针鼻。
针脚[tʂən^{42}tɕiau] 衣物上的针线痕迹或缝纫时两针之间的距离。

（十）纺织类

锭壶轮儿[tiŋ^{312}xu^{51}ɭuər] 纺车锭子上用于约束轮线并驱动锭子的部件。
锭子哦[tiŋ^{312}tsɤ] 用于缠线的纺车部件。
纺车儿[faŋ^{55} tʃ^{h}ər^{42}] 纺线工具。
分儿[fər^{42}] 梭心；梭子中间的纬线轴：打～（往分儿上缠线）。
拐子哦[kuai^{55}tsɤ] 缠线工具，用于拐线。
糨面[tɕiaŋ^{51} miæn] 用于浆线的开水冲泼的小麦面浆糊。
糨线子哦[tɕiaŋ^{312}siæn^{312}tsɤ] 将棉线在糨面中浸润揉搓，以增强棉线坚韧性。
糨线椽子哦[tɕiaŋ^{312}siæn^{312}tʂ^{h}uan^{51}tsɤ] 用于晾晒糨好的棉线的粗竹竿。
麻架[mA^{51}tɕia] 用于支架起糨线椽子哦的木头架子。
经布[tɕiŋ^{42}pu^{312}] 整理经线，手工织布程序之一。
落车儿[lau^{312}tʃ^{h}ər] 缠线工具，用于将线缠到篗上。
棉花[miæn^{51} xua] 籽棉；未加工的带籽棉花：撕～（剥离棉籽）|挦～（剥离棉籽）。
　　红花[xuŋ^{51}xua] ①生长后期的棉花。②拔除花柴上的青桃晒开后所摘的发红棉花。
　　花官儿[xua^{42}kuɛr^{42}]**花盘儿**[xua^{42}pɛr^{312}] 旧指弹过的皮棉，现称“花壤儿”。
　　花壤儿[xua^{42}ɭarŋ^{55}]**壤子哦**[ʐaŋ^{55}tsɤ] 皮棉；去掉籽的棉花。
　　股撮儿[ku^{51}tsyər] 用圪档儿将花官儿搓成的棉花卷。
穗子哦[suei^{312}tsɤ] 纺线时缠绕在锭子哦上的禾穗状棉线。
胜子哦[ʂəŋ^{312}tsɤ] “经布”用收线工具及织布机部件。
梭[suo^{42}]**梭子哦**[suo^{42}tsɤ] 织布机部件，用于穿引纬线。
线箸儿[siæn^{312}tʂuər^{312}] 插在穗子中、一头光滑一头方的竹棍，便于拐线。
篗儿[iaur^{312}] “经布”用绕线工具。
缯[tsəŋ^{312}] 织布机部件，用于防止经线缠绕。
　　掏缯[t^{h}au^{42} tsəŋ^{312}] 经线时，将线头从缯中穿过的动作。
轧车儿[ia^{312}tʃ^{h}ər^{42}] 从籽棉中去除棉籽、分离出皮棉的机械。

杼[tʂu^{312}] 织布机部件，用于分离经线并使纬线与经线结合密实。

　　戳杼[tʂ^{h}uo^{214} tʂu^{312}] 经线时，线头从杼中穿过的动作。

（十一）炊具类

案子哦[ŋan^{312}tsɤ] 案板。

　　剁板[tuo^{312}pai^{55}]\肉蹲儿[ʐou^{312}tuər^{42}] 专用于剁肉或剁菜的案板。

鏊子哦[ŋɑu^{312}tsɤ]（旧）烙大饼圆铁锅。

布箩[pu^{51}lɑu]\[pu^{51}luo] 用于晾晒粮食等的长方形荆条筐。

礤床儿[ts^{h}A^{214}tʂ^{h}uɑrŋ^{55}]\礤子哦[ts^{h}A^{214}tsɤ] 切片或丝的工具。

大钵碗[tA^{312}pɤ^{214}vai]\大海儿碗[tA^{312}xɛr^{55}vai]（西）一种较大的钵状敞口碗。

低桌儿[ti^{42}tʂuər]（旧）餐桌；较低的长方形小木桌。

风匣[fəŋ^{42}tɕ^{h}ia]\风匣[fəŋ^{42}ɕia]（西）风箱。

钢炉锅[kɑŋ^{42}lu^{51}kuo^{42}]\钢中锅[kɑŋ^{42}tʂuŋ^{42}kuo^{42}]（西）铝锅。

锅拍[kuo^{42}p^{h}ai] 锅盖。

饸饹床儿[xɤ^{51}lɑu tʃ^{h}uɑrŋ^{51}] 轧饸饹工具，可放在锅上，将饸饹轧入锅中。

火镩[xuo^{55}ts^{h}uan^{312}]\火柱[xuo^{55}tsu^{312}]\炉锥[lu^{51}tʂuei^{42}]（西）捅火炉子的尖头铁棍。

九印锅[tɕiou^{55}in^{312}kuo^{42}]\九银锅[tɕiou^{55}in^{51}kuo^{42}] 口径约九掌、90 公分左右的大铁锅。

出印锅[tʂ^{h}u^{214}in^{312}kuo^{42}]\超印锅[tʂ^{h}ɑu^{51}in^{312}kuo^{42}] 口径比九银锅大的超大铁锅。

壳壳儿[k^{h}ɤ^{214}k^{h}ɛr^{55}]\壳儿壳儿[k^{h}ɛr^{214}k^{h}ɛr^{55}]（西）用于盛放食物的高粱亭制用具。

盔儿[k^{h}uər^{42}]\盔子哦[k^{h}ui^{42} tsɤ] 用于和面或盛东西的瓷盆。

笼[luŋ^{51}]\蒸笼[tʂəŋ^{42}luŋ] 竹篾木片做成、放在铁锅内蒸馏食品的多层工具。

　　笼屉儿[luŋ^{51}t^{h}iər^{312}]（西）

炉灰扒子哦[lu^{51}xuei^{42}pA^{214}tsɤ] 用于向外扒灶火间炉灰的木质扒子。

罗[luo^{51}] 用于筛面粉的细密筛子。马尾～（马尾或马鬃制筛子）|～床儿（罗的支架）。

马勺[mA^{55}ʂɑu] 一种木质长柄大勺。

拇拉儿[mu^{214}ɭər^{55}] 摊闲食时用于抹平面糊的 T 形用具。

碾子哦[niɛ^{55}tsɤ]（旧）用于碾碎谷物的石制工具，由碾磙、碾盘和碾架组成。

双篦儿[ʂuɑŋ^{42}piər^{312}] 双层高粱亭编制、用来放食品的圆形平板用具。

拍儿拍儿[p^{h}ɛr^{214}p^{h}ɛr^{55}] 双篦儿。用以放食品的平板用具。

蒜臼儿[suan^{31}tɕiəur^{312}] 捣蒜的石臼或木臼。

铁匙儿[tiɛ^{214}ʂʅ^{55}]（旧）厨房用铁质小锅铲。现多为不锈钢质。

小铁匙儿[siɑu^{55}tiɛ^{214}ʃʅ^{55}] 在锅头烧火时上煤的小铲。

沾布[tʂai^{42}pu^{312}]\铺锅布[pʰu^{42}kuo^{42}pu^{312}] 蒸食物时铺在篦子上防止粘连的布。

笊篱[tʂɑu^{312}ly] 荆条或柳枝编织、用于从水或油中捞出食物的炊具。

箸儿[tʂuər^{312}] 筷子。

酒嗉子哦[tsiou^{55}su^{312}tsɤ]（旧）一种无柄细高漏斗状酒器，颈细底阔，颈部到底部平面呈三角形。

锡壶[si^{214}xu^{51}]（旧）一种用来烫酒的锡制酒具。

（十二）日常用品类

棒槌[pɑŋ^{312}tʂʰuei]（旧）洗衣用具，用于槌布的一头粗、一头细的木棒。

保险灯[pɑu^{312}ɕiɛ^{55}təŋ^{42}]（旧）马提灯。

槌板石儿[tʂʰuei^{51}pai^{55}ʂʅ^{51}]（旧）槌布石。

车子哦[tʂʰɤ^{42} tsɤ] 自行车。

称[tʂʰəŋ^{312}] 杆秤。

担杖[tan^{312}tʂɑŋ] 扁担。

电驴子哦[tiæn^{312}ly^{51} tsɤ]（旧）摩托车。

蹲儿[tuər^{42}] 用麦秸秆等编织的圆柱形坐具：扭～（制作～）。

蒲墩儿[pʰu^{51} tʰuər]（主西）用麦秸秆或玉米皮编织的圆盘形坐具。

粪篓儿[fən^{312}ɭəur^{55}]\粪筐儿[fən^{312}kʰuɑrŋ^{42}]（西）带有一个背系儿的圆形荆条筐。

拐[kuai^{55}]\拐棍儿[kuai^{55}kuər] 拐杖。

家当儿[tɕia^{42} tɑrŋ^{312}] 家具、农机具、财产及其他所有物品。

家伙[tɕia^{42}xuo] 东西、工具、农具、武器等。

捞轳[lɑu^{312}lu]（旧）\捞轳[lɑu^{312}tʂu]（西）辘轳。

捞筲勾儿[lɑu^{312}ʂɑu^{42}kəur^{42}]（旧）打捞落井物体的用具，由铁钩、固定铁钩的顶盘、控制铁钩的活动铁盘组成。

捞轳把[lɑu^{312}lu pA^{55}] ①辘轳把。②指霸道的人。

烙铁[lɑu^{312}tʰiɛ^{214}] 熨斗，熨衣服的三角形铁块。

拢子哦[luŋ^{55}tsɤ] 梳子。

篦子哦[pi^{312}tsɤ] 篦齿细密的木质梳子。

攮子哦[nɑŋ^{55}tsɤ] 短柄尖头铁器；匕首。

尿罐[ȵiɑu^{312}kuan^{312}]\尿罐儿[ȵiɑu^{312}kuɛr^{312}]（旧）尿盆；夜晚小便用瓷罐。

蒲扇[pʰu^{51}ʂan] 用蒲草制作的扇子。

气管儿[tɕʰi^{312}kuɛr^{55}] 打气筒。

气儿炉子哦[tɕʰiər^{312}lu^{51} tsɤ] 一般指液化气灶。

气密塞儿[tɕʰi^{312}mi^{51}suər^{214}] 气密芯；橡皮筋。

气密针[tɕʰi^{312}mi^{51}tʂən^{42}] 气针。

软子哦[ʐuai^{55}tsɤ]\软床儿[ʐuai^{55}tʃʰurŋ^{51}]（西）马扎。

扫帚[sau^{51}tʂʰu]\扫竹[sau^{51}tʂu^{214}] 扫把。

筲[ʂau^{42}] 水桶，旧指木质水桶：铁～（铁皮水桶）。【同】水筲。

绳[ʂəŋ^{51}]\大绳[tA^{312}ʂəŋ^{51}] 较粗的绳。【近】绳儿[ʃərŋ^{51}] 较细的绳。

　　索子哦[sau^{214}tsɤ]\小索儿[siau^{55}saur^{214}] 比绳儿粗、比大绳细的绳。

升子哦[ʂəŋ^{42}tsɤ] ①粮食计量工具，十升为一斗。②一种粮食容器。

水管儿[ʂuei^{53}kuɛr^{55}]\水嘴儿[ʂuei^{53}tsuər^{55}] 水龙头。

掏耳挖儿[tʰau^{42}ɭ^{55}vɛr^{42}]\耳扒子哦[ɭ^{55}pA^{214}tsɤ] 掏耳勺；耳挖子。

提儿[tʰiər^{51}] 一种从容器中向上舀酱油、醋、油等液体的长柄计量工具。

替腾儿[tʰi^{214}tʰərŋ^{42}]\洋替腾儿[iaŋ^{51}tʰi^{214}tʰərŋ^{42}] 火柴。

条器[tʰiau^{51}tɕʰi] 一种条形家具，上可放装饰品等，一般靠墙放在堂屋正对门的桌子后。

笤帚[tʰiau^{51}tʂʰu]\笤竹[tʰiau^{51}tʂu] 笤帚。

挑筐[tʰiau^{55}kʰuaŋ^{42}] 带两个交叉提手的圆形荆条筐，可提、挎、挑，也可两人抬。

　　宅*筐儿[tʂai^{51}kʰuarŋ^{42}]\挎篓儿[kʰua^{312}ɭəu^{55}]（西）

杌子哦[u^{312}tsɤ] 一种无靠背的方形或圆形大凳子。

洗衣裳板儿[si^{55}i^{42}ʂaŋ^{42}pɛr^{55}] 搓板。

洋钉儿[iaŋ^{51}tiŋ^{42}]（旧）铁钉。

洋油[iaŋ^{51}iou^{51}]（旧）煤油。

洋针儿[iaŋ^{51}tʃɭ^{42}]（旧）缝衣针：头发换～！（卖货郎的叫卖声）

野篓[iɛ^{55}lou]\篓子哦[lou^{55}tsɤ]（旧）（西）可背挎在肩膀上的荆条框。

胰子哦[i^{51}tsɤ] 肥皂；香皂。洗脸～（香皂）|洋～（香皂）|洗衣裳～（肥皂）。

自来火儿[tsɿ^{312}lai^{42}xuɛr^{55}]（旧）打火机。

坐头儿[tsuo^{312} tʰəur] 泛指坐具。

（十三）文具类

扒子哦[pA^{214} tsɤ] 订书钉；订书钉形状的大铁钉。

草纸[tsʰau^{53}tʂʅ^{55}] 稻草制黄色粗糙纸。纸张缺乏时期的学生用纸和食品包装纸。

　　草纸[tsʰau^{53}tʂʅ^{55}]（旧）\毛头纸[mau^{51}tʰau^{51}tʂʅ]（旧）（西）卫生纸。

尺子哦[tʂʰʅ^{214}tsɤ] 直尺。

抽抽[tʂʰou^{42} tʂʰou^{42}] 抽屉。

臭球儿[tʂʰou^{312} tɕʰiəur^{51}] 卫生球；樟脑丸。

戳儿[tʃʰuɛr^{42}]\戳子哦[tʂʰuo^{42}tsɤ] 印章；图章。

灯棍儿[təŋ^{42}kuər^{312}] 日光灯的灯管。

电棒儿[tiæn^{312}pɑrŋ^{312}] 手电筒。

红表[xuŋ^{51} piɑu^{55}] 用来写对联、剪纸等的整张大红纸。

金镏子哦[tɕin^{42}liou^{312}tsɤ] 金戒指。

历头[li^{312}tʰou]\月份牌儿[yɛ^{312}fən^{55}pʰɛr^{51}] 日历。

面糊[miæn^{312}xu] 浆糊。

墨水儿精[mei^{312}ʃuər^{55}tsiŋ^{42}]（旧）墨水颜料。

石板[ʂʅ^{51}pai^{55}] （旧）长方形石制平板文具，长约 30 厘米、宽约 20 厘米、厚约 5 毫米。

石笔[ʂʅ^{51}pei^{214}] （旧）长约 10 厘米、直径约 3 毫米的圆柱形滑石，可在石板上写字。

水笔[ʂuei^{55}pei^{214}] 自来水钢笔。

（十四）天文类

雹子哦[pɑu^{51}tsɤ] 冰雹。

冰凌[piŋ^{42}liŋ]\冬凌[tuŋ^{42}liŋ] 冰。【近】凌锥（冰锥）。

蹿风[tsʰuan^{312}fəŋ] 旋风。

打春[tʰA^{55}tʂʰuən^{42}] 立春。

打闪[tA^{53}ʂai^{55}] 闪电。

地动[ti^{312}tuŋ^{312}] 地震。

圪星儿[kɤ^{214}sirŋ^{55}] 下小雨；零星小雨。【近】濛星儿（下毛毛细雨）。

寒食[xan^{51}ʂʅ] 清明。

降*[tɕiɑŋ^{312}] 彩虹。

老母儿[lɑu^{312}mər] 月亮。

老爷儿[lɑu^{55}iɛr^{51}]\日头儿[ʐʅ^{51}təur] 太阳。

雷劈兰[lei^{51}pʰi^{214}lan]\龙抓兰[luŋ^{51}tʂuɑ^{42}lan] 被雷击中。

闹天兰[nɑu^{312}tʰiɛ^{42}lan] 天气突变，或阴天、或要刮风下雨。【近】天上来兰。

起雾[tɕʰi^{55}u^{312}] 下雾。

去暑[tɕʰy^{312}ʂu^{55}] 处暑。

扫帚星[sɑu^{312}tʂʰu^{214}siŋ^{42}]/[sɑu^{312}tʂu^{214}siŋ^{42}] 彗星。

上冻[ʂɑŋ^{312}tuŋ^{312}] 结冰。

响雷[ɕiaŋ^{55}lei^{51}] 打雷。【近】圪雷圪雷哩【拟声】(响雷声)。
云彩[yn^{51}ts^{h}ai] 云。【近】烧云(彩霞)。

(十五)地理类

岸儿[ŋɛr^{312}]\岸子哦[ŋan^{51}tsɤ](西)坡。
侧窝[tʂai^{55}uo^{312}] 路上的坑洼。
场[tʂ^{h}ɑŋ^{51}] 收获季节用来存放、翻晒、脱粒及碾轧谷物等的平坦空地。
道沟[tɑu^{312}kou^{42}] 路两边的沟壑。
地尺儿[ti^{312} tʂ^{h}ər^{51}]/[ti^{312} tʂ^{h}ər^{214}] 地块的长度。
地窑[ti^{312}iɑu^{51}] 埋锅做饭在地下挖的小坑。
地里[ti^{312}li] 庄稼地里;田地里。
丢*地[tiou^{31}ti^{312}] 地;地面:扫~。
圪栏儿[kɤ^{51}ɭər]/[kɤ^{42}ɭər^{51}] 用树枝、树桩等围起来的一片空地。
圪牢儿[kɤ^{214}ɭɑur^{51}]/[kɤ^{42}ɭɑur^{42}] 即"角":背~|背地~(偏僻之地)|门儿~(门角)。
圪梁儿[kɤ^{214}liɑrŋ^{55}] 岗,中间隆起的地形。
圪壕儿[kɤ^{214}liər^{55}] 脊,中间高起的长条形部分:土~。
圪台儿[kɤ^{214}t^{h}ɛr^{51}] 阶梯或面积较小的台地。
疙瘩[kɤ^{214}tA^{55}] 土疙瘩,小球形或块状的东西。
关界儿[kuai^{42}tɕiɛr] 两家地块中间搪起的比普通"界儿"稍高的土脊。
官道[kuai^{42}tɑu] 元氏县大孔、南苏村西一条南北向土路,据说是秦始皇修的驰道,人称"官道"。
拐角[kuai^{55}tɕiɑu] 拐弯的地方。
壕[xɑu^{51}] 坑,池塘:~坑。
　　壕壕儿[xɑu^{51} xɑur] 很浅的小沟。
　　淹壕[iɛ^{42}xɑu]\闫壕[iæn^{51}xɑu] 东张乡西富村村中一坑塘名称。
壕坑[xɑu^{51}tɕ^{h}iŋ]\滩坑[t^{h}an^{51}tɕ^{h}iŋ](西)比较大的坑或水坑。
夹道儿[tɕia^{214}tɑur^{312}] 两边都有墙壁的狭窄通道。
胶泥[tɕiɑu^{42}ni] 含有水分的黏土。
界儿[tɕiɛr^{214}] 田埂:扒~(扒土成畦坎)。
　　背儿[pər^{312}] (1)(西)田埂。(2)淋沟、垄沟的沟沿儿。
坷垃[k^{h}ɤ^{42}lA^{42}]\土坷垃[t^{h}u^{55}k^{h}ɤ^{42}lA^{42}] 土块。
淋沟[liŋ^{51}kou] 田地里浇水的沟渠。

漫场野地[mæn^{312}tʂ^{h}ɑŋ^{51}iε^{55}ti^{312}]**漫天野地**[mæn^{51} t^{h}iε^{42}iε^{55}ti^{312}]（西）空旷无人的野外。

南沙河[nan^{51}ʂA^{42}xɤ^{51}] 槐河。

垴[ɲɑur^{55}]（西）顶部；比较高的地方。

　　垴儿垴儿[ɲɑur^{55}ɲɑur]（西）山顶；高的地方。

　　高高垴儿[kɑu^{42}kɑu^{42}ɲɑur^{55}]（西）最高的地方。

跑马[p^{h}ɑu^{55}mA] 田畦地势有坡度，水源处地势高，浇地时水顺势流。

畦儿[ɕiər^{51}] 用“界儿”分隔成的小块地：菜～。

山药窖[ʂai^{42}iɑu^{42}tɕiɑu^{312}] 冬储红薯用地窖，由三米深竖井和底部储藏室组成。

墒儿[ʃɑrŋ^{42}] 土壤的湿度，含水量。

土鼓堆[tu^{53}ku^{55}tsuei^{42}] 土堆。

巷子哦[tɕiɑŋ^{55}tsɤ] 巷子；胡同。

稙地[tʂʅ^{214}ti^{312}] 秋收后闲置，等春季再播种的耕地。

（十六）方位类

半块儿[pan^{312}k^{h}uεr] 半边；边：左～（左边）|右～（右边）。

边边隙隙[piε^{42}piε^{42}ɕi^{312}ɕi^{55}]**边边沿沿**[piε^{42}piε^{42}iæn^{51}iæn] 边沿零星地方。

出[tʂ^{h}u^{214}] 外面；与“往”连用：都往～走吧。

当[tɑŋ^{312}]/[tɑŋ^{42}] 地理位置中间：～街（街中间）。

当间儿[tɑŋ^{42}tɕiεr^{42}]**当不间儿**[tɑŋ^{42}pu^{214}tɕiεr^{312}]/[tɑŋ^{42}pu^{214}tɕiεr^{55}] 中间。

地当儿[ti^{312}tɑrŋ] 地方：可～（到处）。

顶啊[tiŋ^{55}A] 上；物体或人体各部位的上面或表面：房～|脸～。

跟儿哩[kər^{42}li] 跟前。

街[tɕiε^{42}] 街道：前～（村中南边的街）|后～（村中北边的街）|前后～（周围、附近、邻居）。

胡乱儿[i^{214}xu^{51}ɭuεr] 片、边：一～（附近）|当～（邻居）|那～（那边）|转～（周围）。

可村儿哩[k^{h}ɤ^{312}ts^{h}uər^{42}li] 整个村子。

起[tɕ^{h}i^{55}] 上面；最顶端：往～摞|墙头儿～|东头～。

　　脚头起[tɕiɑu^{214}t^{h}ou^{51}tɕ^{h}i^{55}] ①土炕里面靠墙处。②人躺下时脚的位置。

日头儿牌儿哩[ʐʅ^{51}təur p^{h}εr^{42}li]**日头儿牌儿底啊**[ʐʅ^{51}təur p^{h}εr^{42}ti^{55}A] 太阳底下；有阳光的地方。

世界[ʂʅ^{312}tɕiε] 地方、处所；处处、到处：一～|可～|满～|一～土|一～债。

四米子哦[sɿ^{312}mi^{214}tsɤ] 四面：那屋子哦～透风。

头[t^{h}ou^{51}] 方位；边；面：北～（一个村子的北部）|南～|西～|东～|前～|后～。

浮头[fu^{51}t^{h}ou] 液体表面；液体表层。

里头[li^{55}t^{h}ou]/[liou^{55}] 里边；里面。

两头[liaŋ^{55}t^{h}ou]/[liaŋ^{55}t^{h}ou^{51}] ①两个地方；两个方向；②两件事；两个集团等。

外头[vai^{312}t^{h}ou^{51}] ①外边；外面。②外地。③不确定的某地。【同】外沿儿[vai^{312}iɛr^{51}]（西）

上头[ʂɑŋ^{312} t^{h}ou^{51}] ①上边；上面。②上级；上级领导。

下头[ɕia^{312}t^{h}ou^{51}]\底啊[ti^{55}A] 下边；下面。

头儿[t^{h}əur^{51}] ①方位；边：南～|西～|东～|这～|那～。②某方位顶头：顶东～|尽东～|东～起（最东边）。

头儿啊[t^{h}əur^{51}A] ①队列的最前面。【近】头哩（队列前部；长形物体的前端）。

外环儿[vai^{312}xuɛr^{51}] 外侧；右侧。【反】里环儿。

沿儿[iɛr^{51}] 边；侧；侧面：左～|右～|两～|这～|乃～（那边）|后～。

一处儿[i^{214}tʃ^{h}uər^{312}] 一个地方：他们在～住哩。

月亮地儿哩[yɛ^{312}liɑrŋ^{42}tiər^{312}li] 有月光的地方；月光下面。

正道道儿[tʂəŋ^{31}tɑu^{312}tɑur]（西）路的正中央；正当道。

转可栏儿[tʂuan^{312} k^{h}ɤ^{42} ɭər^{42}]\转胡乱儿[tʂuan^{312}xu^{51}ɭuɛr] 周围；各处。

左近[tsuo^{55}tɕin^{312}] ①邻近，附近。②（地理）最近。③（时间）最近。

（十七）农机具类

扒把儿[pA^{214}pɛr^{55}] 锄草用农具，也用于刨花生等地下果实。

把儿[pɛr^{55}]/[pɛr^{312}] 柄；把手。

壁板[pi^{312}pɛr^{55}] 小拉车或马车的车厢两边用于保护运载物的挡板。

夹板儿[tɕia^{214}pɛr^{55}] 置于牲口脖颈处革拉子哦上，用于固定牵引绳的木板。

车[tʂ^{h}ɤ^{42}]各种车辆。～斗儿（无顶车厢）|大～（马车、牛车）|马～。

锄[tʂ^{h}u^{51}] 锄头。

杵子哦[tʂ^{h}u^{55}tsɤ]（旧）做土坯用具。搊[tʂou^{214}]坯时在模子里填土后，用～杵打。

带子哦[tai^{312}tsɤ] 轮胎。

粪叉[fən^{312}tʂ^{h}A^{42}] 铁质或木质带齿农具，用于叉草类、起粪或撒粪。

粪扒[fən^{312}p^{h}A^{51}] 铁质四齿农具，用于刨、掘和搂扒。

革拉子哦[kɤ^{42}lA^{42}tsɤ]（旧）套在拉车牲口脖颈肩胛处的皮革套垫。

轱辘脚儿[ku^{42}lu^{55}tɕiɑur^{214}]\车轱辘儿[tʂ^{h}ɤ^{42}ku^{214}ɭuər^{55}] 车轮。

小车儿脚儿[siɑu^{55}tʃ^{h}ər^{42}tɕiɑur^{214}] 小拉车的车轮。

毫锄儿[xɑu^{51}tʃ^{h}uər] 一种较小的向内倾斜坡度较大的短柄锄草农具。

犁子哦[xɤ^{214}tsɤ]（旧）耕地的犁铧。

红机子哦[xuŋ^{51}tɕi^{42}tsɤ]（旧）小型柴油机。

花夹子哦[xuɑ^{42}tɕia^{214}tsɤ] 用于拔棉花秸秆的农具。

京巴子哦[tɕiŋ^{42}pA^{42}tsɤ]（旧）小拉车或大车拍儿前后的挡板。

嚼子哦[tsiɑu^{51}tsɤ] 牲口嘴中的羁绊。

镰[liæn^{51}] 镰刀。

笼头[luŋ^{51}t^{h}ou] 拴马用笼子状皮具，可套马头，系缰绳。

碌碡[liou^{312}tʂu]（旧）石头磙子。

模子哦[mu^{51}tsɤ]（旧）土坯模具。

牛鼻筋儿[ȵiou^{51}pi^{51}tɕiər^{42}] 穿在牛鼻上的铁环。

牛骨套[ȵiou^{51}ku^{214}t^{h}ɑu^{312}] 轭，套在牛脖子上的曲木。

耙[pA^{312}]（旧）平整田地农具，与“擦子哦”并用。

擦子哦[ts^{h}A^{214}tsɤ]（旧）耕地后将土块擦碎、田地擦平的荆条制农具。

耪镬[p^{h}ɑŋ^{55}tɕyɛ]（西）长柄大钉耙[p^{h}A^{42}]。

偏套[p^{h}iɛ^{42}t^{h}ɑur^{42}] 边套。

小镢儿[siɑu^{55}tɕyər^{214}]\镢子哦[tɕyər^{214}tsɤ]（西）镢头。

小拉（推）车儿[siɑu^{55}lA^{42} （t^{h}ei^{42}）tʃ^{h}ər^{42}] 木制或铁制双轮人力车。【同】双轮车[ʂuɑŋ^{42}ɭuər^{51}tʂ^{h}ɤ]（西）

爪扒[tʂɑu^{42}p^{h}A] 用于搂扒较轻物体、前端有爪的长柄竹农具。【同】耙子哦[p^{h}A^{51} tsɤ]（西）。

（十八）建筑类

椽子哦[tʂ^{h}uan^{51}tsɤ] 木质结构房的屋顶处搭在两根檩条上的正方体细短木。

窗户纸儿[tʂ^{h}uɑŋ^{42}xu^{42}tʃʅ^{55}] 木棂格子窗户上糊的毛头纸。

窗棂儿[tʂ^{h}uɑŋ^{42}lirŋ^{51}] 窗格。

大梁[tA^{312}liɑŋ^{51}] 房梁。

大灰[tA^{312}xuei] 石灰。

大门儿[tA^{312}mər^{51}] 院门；街门。【同】街门\大门。

大门洞儿[tA^{312}mən^{51}turŋ^{312}]\过道儿[kuo^{312}tɑur^{312}] 院门的过道；作为通道的大门处房子。

磴儿[tərŋ^{312}] ①台阶、梯子的格档：圪～（阶梯）|圪～台儿（台阶）；②台阶的层级。

跌水[tiɛ^{214}ʂuei^{55}] 滴水。为防雨水侵蚀墙体而做的防水处理。

断间墙[tuan^{312}tɕiɛ^{42}ts^{h}iɑŋ^{51}]（旧）隔墙。

房[fɑŋ^{51}]\房儿[piɑu^{55}tʂuai^{42}fɑŋ^{51}]房；屋：表砖～|串间～| 土坯～|卧砖～|正～|砖瓦～。

房壳廊[fɑŋ^{51}k^{h}ɤ^{42}lɑŋ^{42}]（旧）无顶的房子或周围有房屋的空房基地。

空地当儿[k^{h}uŋ^{312}ti^{312}tɑrŋ^{42}]（新）空房基地。

房檐儿[fɑŋ^{51}iɛr^{51}] 屋檐。

隔套儿[kɤ^{214}t^{h}ɑur^{312}] 房屋内分隔成的小房间。

跟脚[kən^{42}tɕiɑu] 地基：打～（处理地基）。

骨取[ku^{214}ts^{h}y^{55}] 合页。

桄[kuɑŋ^{42}] 木质家具、门窗、器具上的较粗横木。

桄儿[kuɑrŋ^{42}] 木质家具、门窗、器具上的较细横木。

撑儿[tʃ^{h}ərŋ^{312}] 木制家具的骨架。

锅头啊[kuo^{42}t^{h}ou A]\厦子哦底啊[ʂA^{312}tsɤ ti^{55}A] 厨房。

锅头台儿[kuo^{42} t^{h}ou t^{h}ɛr^{51}]\灶火台[tsɑu^{312}xuo t^{h}ai^{42}] 灶台。砖垒灶台。

过门石[kuo^{312}mən^{51}ʂʅ^{51}] 石质门槛。

井帮儿[tsiŋ^{55}pɑrŋ^{42}]（旧）井壁。

炕[k^{h}ɑŋ^{312}] 土炕：火～（可借灶火取暖的炕）|灶火～（火炕）。

口[k^{h}ou^{55}] ①预留在墙上以安装窗户、门的孔洞。②窗户框；门框。

窟窿[k^{h}u^{214}luŋ^{55}] "孔"的分音词。①洞：～眼儿（小洞）。②债务；借贷：～滔天哩（欠债多）|腾～（借债）|腾～借马勺（借债）。

老抓[lɑu^{55}tʂuɑ^{42}]（旧）\老吊[lɑu^{55}tiɑu^{42}]（西）吊车。

亮子哦[liɑŋ^{312} tsɤ] 固定或可自由开关的门框上部小窗。

钌铞儿[liɑu^{55}tiɑur^{312}]（旧）搭扣，装在两扇门窗中间用来锁住门窗的铁片。

檩条儿[lin^{55}t^{h}iɑur^{51}] 用来支撑椽子、做成屋顶的横木。

落房土[lɑu^{312}fɑŋ^{51}t^{h}u^{55}] 旧房拆除时留下来的土。

落炕土[lɑu^{312}k^{h}ɑŋ^{312}t^{h}u^{55}] 拆除土炕时留下的土。

麻达[mA^{51}tA] 碎麻，掺入石灰用于抹墙以防止石灰干裂。

满丈[mai^{55}tʂɑŋ^{312}]（旧）一公尺 33.3…厘米，满丈 333.3…厘米。

茅子哦[mɑu^{51}tsɤ]\茅坑[mɑu^{51} tɕ^{h}iŋ] 厕所：～眼儿（厕所盛接大小便的部分）。

门插管儿[mən^{51}tʂ^{h}A^{214}kuɛr^{55}]（旧）门拴。

门墩儿[mən^{51}tuər^{42}]（旧）门口两边托住门扇转轴的石墩。

门环儿[mən^{51}xuər^{51}] 大门上的圆环，用于开关门和敲门，有装饰效果。

木势儿[mu^{312}ʃʅ^{312}] 建筑或制作家具所用的木料。

泥抹[ȵi^{51}mɤ^{214}]\泥拌[ȵi^{51}pan^{312}]（西）抹子，抹墙工具。

棚儿棚儿[p^{h}ərŋ^{51}p^{h}ərŋ] 棚屋；简易小屋。

坯[pi^{42}]\土坯[tu^{55}pi^{42}]（旧）未经烧制的长方体黄土制土块。【近】坯子哦（未经烧制的砖块）。

嵌檐[tɕʰiɛ^{55}iæn] 屋顶前伸遮阳部分：～台儿（嵌檐下方、门口到台阶的平台）。

墙帮儿[tsʰiaŋ^{51}parŋ^{42}] 墙壁。

墙头儿[tsʰiaŋ^{312}tʰou^{51}]\墙垛儿[tsʰiaŋ^{51}tuɛr^{312}]（西）围墙或墙的上端。

套[tʰau^{312}] ①（旧）在窗口外周砌的突出沿子。②包裹门窗口墙面的木板。

土梁土檩[tʰu^{55}liaŋ^{51}tʰu^{53}lin^{55}]（旧）垒入土墙内支撑大梁、与大梁相连构成框架的木柱。

瓦口[vA^{312}kʰou]（旧）房顶的出水口。

瓦渣[vA^{55}tʂA]\瓦渣儿[vA^{55} tʃʅ]（旧）瓦片。

苇薸[vei^{55}piau^{51}]（旧）铺在椽子上、防房顶垫土掉落的芦苇制平板。

屋[u^{55}] 房屋：北～|南～|东～|西～。

安屋儿[ŋai^{42}uər]\草屋儿[tsʰau^{55}uər^{214}] 田野里看庄稼的简易小屋。

里间屋儿[li^{55}tɕiɛ^{42}uər^{214}]（旧）套间。

窝棚[uo^{42}pʰəŋ] 低矮简陋的野外小屋。

窝窝儿[uo^{51}uɛr] ①墙壁上的洞。②地上的小坑。

厦子哦[ʂA^{312}tsɤ] 至少有一面无完整墙壁的敞口房屋。

洋灰[iaŋ^{51}xuei^{42}] 水泥。

窑堡儿[iau^{51}pɛr]\窑堡儿[yɛr^{51}paur]（西）壁龛。

窨子哦[in^{312}tsɤ]\地窨子哦[ti^{312}in^{312}tsɤ] 地窖。

影背墙[iŋ^{55}pei tsʰiaŋ^{51}] 影壁。

油坊[iou^{51}faŋ]（旧）用榨油机或石磨磨香油的作坊。

雨搭[y^{55}tA]\雨搭 [y^{55}tɛr]（西）探出窗外、可挡雨的木质或油毡挡板。

灶火坑[tsau^{312}xuo tɕʰiŋ^{42}]\灶坑[tsau^{312} tɕʰiŋ^{42}]（旧）灶火间。【同】灶火。

灶筒[tsau^{312}tʰuŋ]\烟筒[iɛ^{42}tʰuŋ] 烟囱。

栅遮儿[tʂA^{312}tʃər] 栅栏；篱笆。

猪圈[tʂu^{42}tɕyæn^{312}] ①猪舍，猪窝。②粪坑。【同】粪坑[fən^{312}tɕʰiŋ^{42}]。

柱子哦[tʂu^{42}tsɤ] 立柱，直立用以支撑大梁的木头。

（十九）玩具类

弹弓[tan^{312}kuŋ]\弹弓子哦[tan^{312}kuŋ^{42}tsɤ] 带皮条、可弹射小石子的“Y”形木制或铁丝玩具。

笛儿[tiər^{51}] ①笛子。②春天新抽芽的树枝做成的柳笛。

核朗儿朗儿[xɤ^{51}ɭarŋ^{42}ɭarŋ^{55}] 空腔内装有石子等硬核，可手摇发声的玩具。

胡胡儿[xu^{51}xuər] 京胡、二胡或板胡。

链子哦枪[liæn^{312}tsɤ ts^{h}iɑŋ^{42}] 自制玩具手枪。

琉璃蛋蛋儿[liou^{42}li tan^{312}tɛr]\琉琉儿[liəur^{51} liəur] 玻璃球。

毛毛儿枪[mɑu^{51}mɑur^{51}ts^{h}iɑŋ^{42}] 红缨枪。

捻捻转儿[ȵiæn^{53}ȵiæn^{55}tʃuɛr^{312}] 可手捻的小陀螺。

皮牛[p^{h}i^{51}ȵiou^{51}]\木牛儿[mu^{312}ȵiəur^{51}]（西）：陀螺。

三角儿[sai^{42}tɕiɑur^{214}]\四角儿[sɿ^{312}tɕiɑur^{214}] 三角或四角形叠纸，在地上拍打、翻转，以正反面论输赢。

耍耍物儿[ʂuɑ^{53}ʂuɑ^{55}uər^{312}]\耍头儿[ʂuɑ^{55}t^{h}əur] 玩具。

水咕嘟[ʂuei^{55}ku^{42}tu^{42}] 【拟声】陶制空腹小鸟。

水箭[ʂuei^{55} tsiæn^{312}] 竹筒水枪。

玩艺儿\玩意儿[van^{51}iər] ①玩的东西；玩具。②杂技等民间杂耍：耍～哩（耍杂技卖艺的人）。

望眼镜[vɑŋ^{312}iɛ^{55}tɕiŋ^{312}] 望远镜。

响蛋[ɕiɑŋ^{55}tan^{312}]内装小石子、可发出响声的自制土陶玩具。

绣球[siou^{312}tɕ^{h}iou^{51}]\绣球蛋蛋儿[siou^{312}tɕ^{h}iou^{51}tan^{312}tɛr]内装米粒或石子的四方体布玩具。

蛋蛋儿[tan^{312}tɛr]（西）

洋鼓[iɑŋ^{51}ku^{55}] 军鼓。

洋号[iɑŋ^{51}xɑu^{312}] 小号等铜管乐器。

（二十）游戏、娱乐类

拔萝卜[pA^{51}luo^{51}pei] 两手捧住小孩颌部将小孩拔起离地。

变戏法儿[piæn^{312}ɕi^{31}fɛr^{214}] 表演魔术。

猜枚[ts^{h}ai^{51}mei^{51}] 猜拳；拳头、剪子、包袱游戏；石头、剪刀、布游戏。

藏藏没儿[ts^{h}ɑŋ^{51}ts^{h}ɑŋ^{51}mər^{214}] 捉迷藏。

吹泡儿泡儿[tʂ^{h}uei^{42}p^{h}ɑur^{312}p^{h}ɑur] 吹肥皂泡；用麦秸杆沾洗衣粉水吹泡泡。

跐溜光[ts^{h}ɿ^{214}liou^{42}kuɑŋ^{42}]\踔光光儿[ts^{h}uo^{42}kuɑŋ^{42}kuɑrŋ]（西）滑冰。

打狗刨子哦[tA^{53}kou^{55}p^{h}ɑu^{42}tsɤ]\狗刨刨儿[kou^{55}p^{h}ɑu^{51}p^{h}ɑur]（西）狗刨式游泳。

打仗[tA^{55}tʂɑŋ^{312}] 木棍敲打木棍游戏。

打子儿[tA^{53}tsər^{55}] 手抓石子游戏。抛起石子后，抓起地上石子并接住下降的石子，地上石子抓完为止。

倒跟头[tɑu^{312}kən^{42}t^{h}ou]\折跟头[tʂɤ^{214}kən^{42}t^{h}ou] 翻筋斗；翻跟头。

翻绳儿[fai^{42}ʃərŋ^{51}]\挑绳儿[tiɑu^{55}ʃərŋ^{51}] 两手将一根首尾相接的绳子撑起来，挑绳形成各种花样。

放鹰[fɑŋ^{312}iŋ^{42}] 放风筝。

圪蹬腿儿[kɤ^{51}təŋ^{312}t^{h}ər^{55}] 单腿跳着走路。

蛤蟆蹦儿[xɤ^{51}mA p^{h}ərŋ^{312}] 二人靠背，臂腕倒挎，同向跳跃。

将拐[tsiɑŋ^{42}kuai^{55}]\戳拐[tʂ^{h}uo^{214} kuai^{55}] \撞拐[tʂ^{h}ɑŋ^{312} kuai^{55}]（西）单腿独立，另一腿曲至腰胯，用手勾住，跳着冲向对方，两者膝盖相碰，倒下者或腿先落地者为败。

乱弹[luan^{312}t^{h}an^{51}] 指河北地方戏“丝弦儿”。

念曲儿[ȵiæn^{312}tɕ^{h}yər^{214}] 说歌谣；说童谣。

评戏[p^{h}iŋ^{51}ɕi] 评剧。

泼谜[p^{h}ɤ^{214}mi^{312}] 猜谜；出谜面让人猜。

瞧哞儿嘛[ts^{h}ɑu^{51}mər^{42}mA^{51}] 模仿老虎或牛，说“哞儿”或“嘛”，突然出现，逗小孩玩。

耍钱儿[ʂuɑ^{55}ts^{h}ɛr^{51}] 赌钱；赌博。

耍狮子哦[ʂuɑ^{55}ʂʅ^{42} tsɤ] 舞狮子。

耍水儿[ʂuɑ^{53} ʃuər^{55}] 游泳。

踢绣球[t^{h}i^{214}siou^{312}tɕ^{h}iou^{51}] 按规定路线将绣球从起点踢到终点。【同】踢蛋蛋儿（西）。

贴饼子哦[t^{h}iɛ^{214}piŋ^{55}tsɤ] 背靠墙倒立。

推圈[t^{h}ei^{42}tɕ^{h}yɛr^{42}] 用带有 U 型铁丝头的推子哦推着铁圈在运动中前进转弯。

騆毛儿毛儿托儿[tʂou^{42}mɑur^{51}mɑur t^{h}uər^{214}] 踢毽子。【同】踢踢毛儿（西）。

騆绣球[tʂou^{42}siou^{312}tɕ^{h}iou^{51}] 单人、双人或多人将绣球抛起，用脚相互接抛。

走子儿[tsou^{53}tsər^{55}] 在地上画两行多列方格，格内放子儿，按规则走子儿，得子儿多者为赢。

折纸儿[tʂɤ^{214} tʃʅ^{55}] 折纸。用旧报纸、旧书本折叠成纸船、纸飞机等。

拄拐[tʂu^{53}kuai^{55}] 踩高跷。

（二十一）婚嫁类

把轿杆儿哩[pA^{51}tɕiɑu^{312}kɛr^{42}li] 送亲时保护花轿或花车的新娘的至亲兄弟。

抱包袱哩[pu^{42}pɑu^{42}xu^{42}li] 送亲的小孩。

倒扎门儿[tɑu^{312}tʂA^{42}mər^{51}] 倒插门；男到女家落户；入赘。

打发闺女[tA^{55}fA^{42}kuei^{42}ȵi] 女儿出嫁。

过门儿[kuo^{312}mər^{51}] 举办婚礼。【近】进门儿（娶过门）。

过事儿[kuo^{312}ʃʅ^{312}] 一般指结婚：你～咾呗？【同】过红事儿。

换礼[xuan^{312}li^{55}] 定亲仪式；婚前仪式；交换礼品。

回门儿[xuei^{51}mər^{51}] 婚礼后次日或第三天，新郎陪新娘一起回娘家，拜见岳父母。

换亲[xuan^{312}ts^{h}in^{42}] 因各种原因，两家各以自家女儿嫁对方儿子。

看晌儿[k^{h}an^{312}ʃɑrŋ^{55}]\看日子哦[k^{h}an^{312}ʐʅ^{312}tsɤ] 为结婚、开业、乔迁等选吉日。

起身[tɕ^{h}i^{55}ʂən^{42}] 寡妇改嫁。

娶客[ts^{h}y^{55} tɕ^{h}iɛ] 到女方家中迎娶新娘的男方女亲属代表。

甄仲[tʂən^{42}tʂuŋ^{42}] 到女方家中迎娶新娘的男方男亲属代表。

食箩[ʂʅ^{51}luo]\[ʂʅ^{51}lɑu] 可盛放粮食或食品的竹制器具。

食箩礼[ʂʅ^{51}luo^{42}li^{55}]\[ʂʅ^{51}lɑu^{42}li^{55}] 按旧婚俗，男方在婚礼前一二日送给女方一“食箩”米面等。今结婚仍送～，内装现金，称“彩礼”。

送戚[suŋ^{312}tɕ^{h}iɛ^{214}] 送新娘到男方家中的女方亲属女代表。

席面儿[si^{51}miɛr] 红白事或招待客人时桌面上的酒菜。

幛子哦[tʂɑŋ^{312}tsɤ] 帮助亲戚朋友与乡亲办红白事所赠送的布匹。

转亲[tʂuan^{312}ts^{h}in^{42}] 条件大致相当的三家兄妹或姐弟，按协定转着相互嫁娶。

（二十二）丧葬类

闭眼兰[pi^{312}iɛr^{55}lan]\蹬腿儿兰[təŋ^{42}t^{h}ər^{55}lan] 死了。

吹灯兰[tʂ^{h}uei^{42}təŋ^{42}lan] 死了或确定要死了，对人死亡的一种不敬说法。

下会兰[ɕia^{312}xuei^{312}lan]\不在兰[pu^{214}tsai^{312}lan]\没兰[mɤ^{51}lan]

打墓[tA^{55}mu^{312}]\刨墓[p^{h}ɑu^{51}mu^{312}] 挖墓穴。

拜祭[pai^{214}tsi^{312}] \吊孝儿[tiɑu^{312}ɕiɑu^{312}]（西）吊唁。一般指亲戚、朋友和乡亲对死者的吊唁。

打狗棒[tA^{53}kou^{55}pɑŋ^{312}] 死者灵堂供品和下葬品之一。灵堂供桌的瓶内装三根高粱杆，杆上插熟面团，用于灵魂到阴间喂狗或打狗。起灵前供品由阴阳一同收拾，出殡后由阴阳携带，下葬时放入墓中。

捯气儿[tɑu^{312}tɕ^{h}iər^{312}] 临死前呼吸急促、断断续续。

垫背钱儿[tiæn^{312}pei^{312}ts^{h}iɛr^{51}] 入殓前，子女在棺材底为死者放置的制钱或硬币。

订棺材[tiŋ^{312}kuai^{42}ts^{h}ai] 制作或订购棺材，忌讳说“买棺材”。

丢哒[tiou^{42}tA] 婴儿夭折。

斗子哦[tou^{55} tsɤ]\寿材[ʂou^{312}ts^{h}ai^{51}] 棺材。

放几天[fɑŋ^{312}tɕi^{55}t^{h}iɛ^{42}]\排几[p^{h}ai^{51}tɕi^{55}] 停灵几日。

干鬼儿[kai^{42}kuər] 去世的未婚人：～成亲（将两个生前未婚人的尸体合葬一处）。

供享儿[kuŋ^{312}ɕiɑrŋ] ①死者灵堂中的祭奠品。②祭祀神灵祖先的供品。

过白事儿[kuo^{312}pai^{51}ʃʅ^{312}]\埋人[mai^{51}ʐən^{51}] 办丧事。

花孝[xuɑ^{42}ɕiɑu^{312}]\花儿花儿孝[xuɛr^{42} xuɛr^{42} ɕiɑu^{312}]死者孙辈亲属披的带颜色孝布。

净身[tsiŋ^{312}ʂən^{42}] 死者子女在死者入殓前为死者擦身整容；洗丧。

老坟[lɑu^{55}fən^{51}] 祖坟。

灵牌[liŋ^{51}pʰai^{51}] 供桌上放置的写有亡者姓名身份的牌位。

领魂幡[liŋ^{55}xuən^{51}fan^{42}]\引魂幡[in^{55}xuən^{51}fan^{42}] 出殡时孝子扛着的纸幡，死者男性，则纸幡上有龙，死者女性，则有凤。

落气儿纸儿[lɑu^{312}tɕʰiər^{312}tʃʅ^{55}] 直系亲属确认死者断气之际所焚烧的纸钱。

蒙单[məŋ^{51}tai] \苫单[ʂan^{312}tai^{42}]（西）蒙盖尸体的布。

起灵[tɕʰi^{55}liŋ^{51}] 将亡者灵柩抬起来，从灵堂运到灵车上。

扦柴火哩[tɕʰia^{42}tʂʰai^{51}xuo li] 出殡后负责清理垫在尸体下的干草及打扫灵堂的人。

丧盆儿[sɑŋ^{42}pʰər^{51}]\烧纸儿盆儿[ʂɑu^{42}tʃʅ^{55}pʰər^{51}] 放在灵床前供吊唁者烧纸用的瓦盆。

上坟[ʂɑŋ^{312}fən^{51}] 到坟前给死去的亲人烧纸。

烧车马[ʂɑu^{42}tʂʰɤ^{42}mA^{55}] 丧葬仪式，出殡前一天夜里焚烧纸车马为死者送行。

烧七纸儿[ʂɑu^{42}tsʰʅ^{214} tʃʅ^{55}] 祭祀仪式。从去世当天起，每七天烧纸一次，直到七七四十九天。

烧纸 ①[ʂɑu^{42}tʂʅ] 祭奠时当做纸钱焚烧的黄纸。②[ʂɑu^{42}tʃʅ^{55}] 祭奠活动。

守丧[ʂou^{55}sɑŋ^{42}] 死者子孙及亲属穿孝衣、戴孝帽等，并禁止参与娱乐活动。

停丧[tʰiŋ^{51}sɑŋ^{42}] 停尸；停灵。穿好寿衣后，把尸体挪至正房门口的灵床上。

喜丧[ɕi^{55}sɑŋ^{42}] 为年龄较大、正常死亡的人所办理的丧事。

孝布[ɕiɑu^{312}pu^{312}] 死者亲属披挂在身上的白布。

孝帽儿[ɕiɑu^{312}mɑur^{312}] 死者亲属戴在头上的白布。

孝子[ɕiɑu^{312}tsʅ^{55}] 出殡时为死者扛引魂幡的人，通常是长子或长孙。

谢孝[siɛ^{312}ɕiɑu^{312}] 送葬人员从坟地返回后，拿孝衣孝帽在原放灵柩的地方磕头。

遗饭罐儿[i^{42}fan^{312}kuɛr^{312}] 供桌上盛祭品的器皿。最初内装五谷，随后在停丧期由死者亲属每餐添饭少许入内，直到填满。

阴阳[in^{42} iɑŋ] 管理丧事礼仪的人。

隐魂幡[in^{55}xuən^{51}fan^{42}] 家门口悬挂的纸骨朵儿，用于灵魂白天出入家中时隐藏其中。

引生幡儿[iŋ^{42}ʂəŋ^{42}fɛr^{42}]（西）

樱樱幡儿[iŋ^{42}iŋ^{42}fɛr^{42}] 包括家门口悬挂的纸絮、出殡时孝子扛的“领魂幡”和亲属手举的“哭丧棒”。

圆坟[yæn^{51}fən^{51}] 祭祀形式；葬后第二日，死者子女到坟前烧纸钱、上供品、为坟培土。

照魂灯[tʂɑu^{312}xuən^{51}təŋ^{42}]\引魂灯[in^{55}xuən^{51}təŋ^{42}] 引路灯；点在亡者头旁、脚后或供桌上的长明灯。

转灵[tʂuan^{312}liŋ^{51}]\转材[tʂuan^{312}ts^{h}ai^{51}]（西）丧葬仪式；起灵后送葬人员绕灵车转三圈。

走事儿哩[tsou^{55}ʃʅ^{312}li]\吹鼓手儿[tʂ^{h}uei^{42}ku^{53}ʃəur^{55}]（西）专门为红白事唱戏的小戏班。

（二十三）抽象类

摆设儿[pai^{55}ʃər^{312}] ①所陈设家具。②陈列物。③无实用价值的东西；幌子。

百者儿[pai^{214}tʃər^{55}] ①任何事；任何工作：～不会。②任何东西：把人说哩～不是。

包错儿[pɑu^{42}ts^{h}ɛr^{312}] 过错；缺陷；瑕疵。

蹩脚儿[piɛ^{51}tɕiɑur] 绊脚。

卜唧子哦[pu^{214}lɑŋ^{55}tsɤ] 跟头：摔咾个～（走路滑倒或被物绊倒）。

不是儿[pu^{312}ʃʅ^{214}]\不是[pu^{214}ʂʅ^{31}] 人的缺点、错误、失误：～不是儿（认错、道歉）。

财牌[ts^{h}ai^{51} p^{h}ai] 财产；财物。

潮气[tʂ^{h}ɑu^{51}tɕ^{h}i] 话语中的虚假成分。

成柴[tʂ^{h}əŋ^{51}tʂ^{h}ai]\成色[tʂ^{h}əŋ^{51}ʂai] 出息；教养：缺～|有～。

成柴儿[tʂ^{h}əŋ^{51} tʃ^{h}ər] 兴趣；嗜好：好～|赖～|～不强。

尺丈儿[tʂ^{h}ʅ^{214}tʃɑrŋ^{312}] 尺寸。

出儿[tʃ^{h}uər^{214}] 故意损害他人利益或感情的事件：你这演哩是那一～哎？

动醒儿[tuŋ^{312}sirŋ]\动静儿[tuŋ^{312}tsirŋ] ①声响；声音；消息。②引人注意的事。③做事进度。

气气儿[tɕ^{h}i^{312} tɕ^{h}iər] 声音；消息。

兜儿地[təur^{42}ti^{312}] 空地；什么也没有；没有所希望的结果。

短教[tuai^{55}tɕiɑu] 把柄；亏欠；对不住人的地方。

圪绊儿[kɤ^{214} pɛr^{312}] 障碍。

个儿[kɛr^{312}]\个丈儿[kɤ^{214}tʃɑrŋ^{312}] 个头，人的身材高低或物体大小。

古话[ku^{55}xuɑ^{312}] 故事；过去的事情。

管脚儿[kuai^{55}tɕiɑur^{312}] ①控制活动物体的障碍物。②规则；规范；约束力。

过[kuo^{312}] 缘故；原因；过错：夏天哩～。

过节儿[kuo^{312} tsiɛr^{214}] 小矛盾，小摩擦。

合拉儿[xɤ^{51}ɭər] ①罅；缝隙：脚～。②很短的时间。③降价的空间，价格之间的差距。

话头儿[xuɑ^{312}t^{h}əur^{51}]\话头子哦[xuɑ^{312}t^{h}ou^{51}tsɤ] 冷言冷语。

话音儿[xuɑ^{312}iər^{42}] 言外之意。

汉像[xan^{31}siɑŋ^{312}]\悍像[xan^{31}siɑŋ^{312}] 指女人有男人之像，身体强壮，面有怒色。

悍像[xan^{31}siɑŋ^{312}] 指男子满脸横肉、眼露凶光。

活钱儿[xuo^{51}ts^{h}iɛr] ①花出去可挣回来的钱，指做生意赚的钱。②工资外收入。

死钱儿[sɿ^{55}tsʰiɛr] 工资收入；固定收入。【反义】活钱儿。

火力[xuo^{55}li] ①一个人耐寒抗冷的能力：～大。②精神活力。

魂儿[tɕʰyɛ^{214}xuər^{51}] 心智；心眼：缺～|～不全（行为怪异或迷糊）|没～啊似哩（指人精神恍惚）。

饥荒[tɕi^{42}xuɑŋ] ①庄稼歉收或无收成。②青黄不接。③经济困难：打～（借债应付经济困难）。

迹儿[tsiər^{214}] 痕迹；标记：水添啊～那儿。

际*儿[tsiər^{214}] 限度；定数；底数：他吃多少没～。

架势儿[tɕia^{312}ʃɭ] ①姿势；样子。②可能性：他那样儿一点～也没。

架子哦[tɕia^{312}tsɤ] 姿态；装模作样、自以为了不起的姿态：掩没一点儿～。

件儿[tɕiɛr^{55}]\件子哦[tɕiæn^{55}tsɤ] ①工作：干～（工作）。②职业：他是干什么～哩哎？

派件儿[pʰai^{312}tɕiɛr^{55}] 原指生产队长给社员派工，现指领导给下属分配任务。

没件儿干[mɤ^{51}tɕiɛr^{55}kan^{312}] ①没有工作。②无中生有，故意找茬。

讲儿[tɕiɑŋ^{55}] 讲究；来历；来由。

进项[tsin^{312} ɕiɑŋ^{312}] 收入来源。

劲儿[tɕiər^{312}] 情况；状况；样子：你觉子哦什么～哎？

景致儿[tɕiŋ^{55}tʃɭ] ①景色。②有意思的场景、情形。

口头儿[kʰəu^{55}tʰəur^{51}] ①口感：这菜那～挺好。②口感的适应性：他那～轻。

亏欠[kʰuei^{42} tɕʰiæn^{312}] 债务；愧疚；对不起人的事。

喇哈儿味儿[lA^{312}xɛr vər^{312}] 油脂类食品储藏不好酸败以后的味道。

老末儿[lɑu^{55} miɛr^{214}] 倒数第一；最后的位置或名次。

利儿[liər^{312}] 利润。

乱子哦[luan^{312} tsɤ] 祸事；纷争。

马趴[mA^{55}pʰA^{51}] 摔倒后，面朝下着地：摔哒个～。

毛病儿[mɑur^{51}pirŋ] ①疾病。②缺点；不足；坏习惯。③差错。④缺陷。⑤失误。

么儿[mɛr^{312}] ①东西：零碎～（小东西）|面草～（粮食蔬菜之类食品）|～吃（食品）|要～吃哩（乞丐）②事情：百～不懂（无真本事）。③礼节；道理：知道～（有礼貌）。⑤【量】次；回。

门儿[mər^{51}] 可能性：没～（不可能）。【近】样儿。

命业子哦[miŋ^{31}iɛ^{312}tsɤ] 命运：～赖（命运不好）。

摸扭头儿[mɤ^{214}ȵiou^{55}tʰəur] ①可以消磨时间的活儿。②磨磨蹭蹭的脾气。

腔儿[tɕʰiɑŋ^{42}] 办法：孩子哦没出息，你说我有什么～哎。

嗓儿[sɑrŋ^{55}] 嗓子的音色、音质等。

俏话儿[tsʰiɑu312xuɛr312] 当面让人听着舒服，不使人难堪的话。
时气[ʂʅ51tɕʰi] 运气。
生处味[ʂəŋ42 tʂʰu vər] 人上火后所呼出气息的特殊味道。
收成[ʂou42tʂʰəŋ] 指庄稼、蔬菜、果品等收获的结果。
韬劳*儿[tʰɑu51ɭɑur] ①小孩的办法、主意。②大人的韬略、魄力。
外心[vai312sin42] 异心，多指对自己的配偶不忠诚的心理。
歪杖儿[vai42tʃɑrŋ312] 心机；坏主意，坏心眼。
王性儿[vɑŋ51sirŋ] ①生命的活力。②一个人驾驭事物发展的能力；气势，魄力。
味儿[vər312] ①气味儿。②难闻的味道。
闲话[ɕiæn51xuɑ312] 关于某人某事的谣言、传闻、幕后消息等：说～|学～|传～。
　闲话蛋[ɕiæn51xuɑ312tan312]\闲话（壳）篓儿[ɕiæn51xuɑ312kʰɤ214ɭəur55] 爱说闲话的人。
小性儿[siɑu55sirŋ312] 多指女孩或女人胸襟狭窄，爱闹脾气。
心遑儿[sin42xuɑrŋ] 心情；对于做事的专心程度：没～（心不在焉）。
心劲儿[sin42tɕiər312]\心劲子哦[sin42tɕiər312tsɤ] 心气：他那～可真不小。
心壳廊儿[sin42kʰɤ42ɭɑrŋ42] 心量；度量；心胸。
心气儿[sin42tɕʰiər312] 一个人的愿望和想要达到的目标。
心眼儿[sin42iɛr55] ①心地：～强。②心机；主意；智慧：～多|～少。②见识与眼力：缺～|有～。③气量、肚量：～小。
眼臊儿[iɛ55sɑur42] \眼脑子哦[iɛ53nɑu55tsɤ]（西）一个人的眼部神态。
眼色[iɛ55ʂai312] 一个人总能看到应该做的活叫"有眼色"：小张很有～。
阳寿[iɑŋ51ʂou312] 寿命；一个人在世间存活的时间。
样儿[iɑrŋ312] 迹象；可能性：这事儿一点儿～也没。
一番儿[i214fɛr51] ①一阵；某段时期：这～感冒哩不少。|～哩（一个时间段出生的人）。②一批；一拨；流行性特征：这病儿是～。【同】一番子哦[i214fA51tsɤ]
　一番儿一番儿哩[i214fɛr51 i214fɛr51li]/[i214fA51tsɤ i214fA51 tsɤ li] 一代一代地。
一根腿[i214kən42tei55] 奸情：甲跟乙有～。
一景[i214tɕiŋ55] 一个人因长期专注某事而无心它事：你一天哩闹腾那脏物件，成咾～兰。
用项[yŋ312ɕiɑŋ312] 费用；用途；作用。
照面儿[tʂɑu312miɛr312] ①偶然碰面：打咾个～。②露面；短时见面：他走时候儿连个～也没打。
证见[tʂəŋ51tɕiæn] 见证：他做好事儿来，我能当～。
嘴麻子哦[tsuei55mA51tsɤ] ①嘴巴。②口才：～好使（口才好）。
嘴皮子哦[tsuei55pʰi51tsɤ] 口才：磨～|耍～。

嘴头子哦[tsuei^{55}t^{h}ou^{51}tsɤ] 说话方式；说话时所用词汇及语气：这人儿～赖。

（二十四）其他类

扒钩儿[pA^{214}kəur^{42}] ①用具的钩。②用来悬挂、固定或搂扒物品的钩状用具。

绷簧[pəŋ^{42}xuɑŋ] 弹簧。

碜[tʂ^{h}ən^{55}] 食物中的土粒、沙粒。

大炮[tA^{312}p^{h}ɑu^{312}]\二起脚[ɭ^{312}tɕ^{h}i^{55} tɕiɑu^{214}] 双响爆竹。

道杈儿[tɑu^{312}tʃ^{h}ər^{214}] 春节期间街道上悬挂的五颜六色毛头纸，纸下方垂有纸条呈圪杈状。

　　胭圪杈儿[iɛ^{42}kɤ^{312} tʃ^{h}ər^{42}]（西）

对子哦[tei^{312} tsɤ] 对联。

圪巴儿[kɤ^{42}pɛr^{42}] 米粥、泥巴等汤状粘稠物的干结物：饭～|泥～。

圪拉[kɤ^{51}lA]\圪拉子哦[kɤ^{42}lA^{42}tsɤ] 污渍的印迹：尿～（尿渍）。

花哩[xuɑ^{42}li] 泛指货币；钱：有吃哩有～。

钢蹦儿[kɑŋ^{42} pərŋ^{312}] 硬币。

哈气[xA^{51}tɕ^{h}i] ①口中呼出的气。②凝结在玻璃等上面的水蒸汽。

壑儿[xɛr^{214}]\豁子哦[xɤ^{214} tsɤ]\豁儿[xɛr^{214}] 缺口；豁口：～嘴儿|～牙子哦。

　　裂儿[liɛr^{312}] 裂缝。

黄鼬匣子哦[xuɑŋ^{51}iou xia^{51}tsɤ] 诱捕黄鼬的工具。

火绳[xuo^{55}ʂəŋ^{51}]\火腰儿[xuo^{55}iɑur^{312}] 用香蒿编的草绳，夏天点燃后以其烟熏蚊子。

锔子哦[tɕy^{42}tsɤ] 又名“扒子哦”。铜或铁的扁平两脚钉，可连合器物裂缝。

卷烟儿[tɕyɛ^{55}iɛr] 手工卷的旱烟。【近】烟卷儿[iɛ^{42}tɕyɛ^{55}] 机制香烟；卷烟。

橛儿[tɕyɛr^{51}] 一头削尖的短木棍，可钉在地面上，用来支撑或固定物体。

　　灰橛[xuei^{42}tɕyɛ] 地面下用石灰和木撅做标记的地界。

　　石界[ʂʅ^{51}tɕiɛ] 地面上或地面下，用石头或砖头做标记的地界。

喇叭碗儿[lA^{55}pA vɛr^{55}]\大喇叭[tA^{312}lA^{55}pA] 高音喇叭。

龙磺[luŋ^{51} xuɑŋ] 硫磺。民间用于熏馒头，使馒头变白。

票儿[p^{h}iɑur^{312}]\毛票儿[mɑu^{55}p^{h}iɑur^{312}] 人民币纸币：一块～。

毛儿毛儿[mɑur^{51} mɑur] ①禾本科杂草，如狗尾草的穗。②丝絮；丝状物。

捻儿[ȵiɛr^{55}] 引信：炮～。

邋遢水[lA^{214}t^{h}A^{53}ʂuei^{55}]\泔水[kai^{42}ʂuei]\潲水[ʂɑu^{312}ʂuei] 刷锅水与剩饭菜的混合水，多用来喂猪。

杀锅[ʂA^{214} kuo^{42}] ①杀猪用大铁锅。②宰杀牲畜的地方。

社[ʂɤ^{312}] 指农村商店。

收庄[ʂou^{42}tʂuɑŋ] 主要指收购粮食的地方。

碳渣儿[t^{h}an^{312}tʃər^{42}] 煤渣；碳渣。

趟土[t^{h}ɑŋ^{51}t^{h}u^{55}]\[t^{h}ɑŋ^{51}t^{h}u] 灰尘。

系儿[ɕiər^{312}] 固定在物体上，便于提扛的部件：挎篓～|壶～。

物件儿[u^{214}tɕiɛr^{312}] 东西；物品。

小卖铺儿[siɑu^{55}mai^{312}p^{h}ər^{312}] 小卖部；小商店。

小炮儿[siɑu^{55}p^{h}ɑur^{312}] 鞭炮。

用哩[yŋ^{312}li] 泛指各种生活用品。

鱼白色儿[y^{51}pai ʃər^{214}] 浅蓝色。

窝儿[uɛr^{42}]（西）<骂人话>家。

住哩[tʂu^{312}li] 房子。

庄货[tʂuɑŋ^{42}xuo] 房子、房基地等不动产。

紫花色儿[tsɿ^{55}xuɑ^{42}ʃər^{214}] 黑红发灰的一类不纯正颜色，如棕色、棕红色、棕黄色、赭色、紫黑色、茶色、驼色等都可以叫紫花色。

子儿[tsər^{55}] 小钱；小额货币：一个～|俩～。

二、代词

俺[ŋan^{55}] 我；我们。【复数】俺们。

别哩[piɛ^{51}li] 其他的事。

别人儿[piɛ^{51}ɭ]\人家[ʐən^{51}tɕia] 其他人。

多当儿啊[tuo^{55}tɑrŋ^{312}A]\[tuɑrŋ^{312}] ①什么时候。②任何时候。【同】多当晚儿（西）

嗯[ŋən^{55}] 你；你们。【复数】嗯们。

哪儿[ɲər^{55}]\哪儿环*儿[ɲər^{55}xuɛr]\哪儿胡乱儿[ɲər^{55}xu^{42}ɭuɛr] 哪里。

那儿[ɲər^{214}]\那儿环儿[ɲər^{214} xuɛr^{55}] 那里。

那哩[ɲai^{312}li]/[nai^{312}li] 那个地方；那一带地区。

老那哩[lɑu^{55}ɲai^{312}li]/[lɑu^{55}nai^{312}li] 很远的那个地方。

那主儿[ɲər^{312}tʂuər^{55}] 那个人。

人们[ʐən^{312}mən]\大伙儿[tA^{312}xuɛr^{55}] 泛指一些人。

什么[ʂʅ^{312}mA]\何儿[xɛr^{312}]（西）\哈儿[xɑr^{312}]（西）什么。

掩[iæn^{51}]\掩[ʐan^{51}]（西）别人，人家；他；他们。【复数】掩们\掩他们。

□[ȵiɑ^{312}]（西）他、她。【复数】□[ȵiɑ^{312}]他们\□[ȵiɑ^{312}]们（西）

掩别人儿[iæn^{51}piɛ^{51}ɭ] ①别人；其他人。②自己；说话人自称。

有哩[iou^{55}li] 某个人；某些人。

咱[tsan^{51}] 我；我们。【复数】咱们。

怎儿[tsɛr^{55}] 为什么：你～不念哩唉？

怎儿啊[tsɛr^{55} A]**怎儿么儿**[tsɛr^{55}mɛr] 怎么样：～来（怎么了）。【同】怎儿何儿[tsɛr^{55}xɛr^{312}]（西）

这儿[tʃər^{214}]**这儿环儿**[tʃər^{214}xuɛr^{55}] 这里。

　　这哩[tʂai^{312}li] 说话者所在的这个地方、这一带地区：俺～。

这狐狸精[tʂɤ^{312}xu^{51}li tsiŋ^{42}] 这个女人。

这主儿[tʂɤ^{312}tʂuər^{55}] 这个人。【同】这家伙\这东西\这物件\这不要脸哩\这狼心狗肺哩\这鸟儿\这玩意儿。

阵儿[tʃfl^{312}]**阵子哦**[tʂən^{312}tsɤ] 一段时间：这～（这段时间）|那～（那段时间、前段时间）。

□[tsia^{312}]**自啊**[tsɿ^{312}A]**自个儿**[tsɿ^{312}kɛr^{42}] 自己。

□[tʃər^{214}]\\□**们**[tʃər^{214}mən^{51}]（旧）我，主要用于少年儿童。

三、谓词（动词、形容词）

A

啊[A^{42}] 表示答应、应诺，意为“行、可以、知道了”等。

唉[ai^{51}] ①应答别人对自己的招呼。②表示答应、应诺，意为“行、可以、知道了”等。

挨[ȵiɛ^{42}] 靠近；轻轻碰触；招惹。

□[ɲaur^{42}] “挨着”的合音词。

　　□□[ɲaur^{42}ɲaur] 轻轻动一动、碰一碰、挨一挨等，多用于对婴幼儿。

　　着儿着儿[tʃaur^{42}tʃaur] 轻轻动一动、碰一碰、挨一挨等：那儿有电，千万覅～。

挨磨[ŋai^{42} mɤ] 承受：疼哩～不住。

挨雨裰[ŋai^{42}y^{55}tuo^{42}]**挨雨**[ŋai^{42}y^{55}]（西）淋雨。

碍妨[ŋai^{42}faŋ] 妨碍。

安山药秧儿[ŋai^{42}ʂai^{42}iau^{312}iarŋ^{42}]（旧）栽种山药秧；种红薯秧。

安生[ŋai^{42}ʂəŋ] ①安宁，安静，平静。②安分。③生活安定。

熬[ŋau^{51}] 耗：～功夫儿|～可哩慌（耗费精力、浪费时间而使人心力疲惫）。

熬煎[ŋau^{42}tsiæn] ①生活拮据困难。②生活琐事多，压力大，内心烦恼。

B

八里三千远[pA^{214} li^{55} sai^{42} tsiɛ yai^{55}] 很远。依说话者心理而定，近在咫只、百里、千里均可说～。

扒啦哩[pA^{214}lA^{55}li]\不啦哩[pu^{214}lA^{55}li]（西）人或物体所在位置碍事。

扒子哦窗户瞧[pA^{51}tsɤ tʂ^{h}uɑŋ^{42}xu ts^{h}iɑu^{51}] ①偷看。②因好奇而看。

拔凉[pA^{51} liɑŋ]\拔凉拔凉哩[pA^{51}liɑŋ pA^{51}liɑŋ li] 温度太低或水太凉。【同】凉哩拔牙。

扒住[pA^{214}tʂu^{312}] 用铁丝、扒子哦等固定住。

扒住嘴[pA^{214}tʂu^{312}tsuei^{55}]（西）①闭住嘴。②指不许乱说。

抿住嘴[min^{51}tʂu^{312}tsuei^{55}]\眯住嘴[mi^{51}tʂu^{312}tsuei^{55}]（西）①闭住嘴。②闭嘴不哭。

拔[pA^{51}] ①吸出；使…变干：大灰能～干。②大量吸收土地养分，使地力不足：草可～地哩。

把不住[pA^{51}pu^{214} tʂu^{312}] 说不准；没准儿；也可能。

把不住门儿[pA^{51}pu^{214} tʂu^{312} mər^{51}]\没把门儿哩[mɤ^{51}pA^{51}mər^{51} li] ①嘴不严。②说话没谱儿。

把叫[pA^{55}tɕiɑu^{312}] 给婴幼儿把尿。

把教[pA^{55}tɕiɑu^{312}] 管教；控制；教育：这孩子哦没～好。

把业[pA^{55}iɛ^{312}] 控制；管教：这孩子哦可难～哩。

把撒[pA^{55}s^{h}A^{42}] 留心看；仔细看：你好好儿哩～～。【近】老撒。

把长轴儿[pA^{51}tʂ^{h}ɑŋ^{51}tʃəur^{51}] 时时处处自以为了不起、想高人一等的人。

掰摆[pai^{214}pai^{55}] 炫耀；铺张浪费。

掰嗓子哦苦[pai^{214}sɑŋ^{55}tsɤ k^{h}u^{55}] 比喻味道非常苦。

白不咋[pai^{51}pu^{214}tsA^{55}] ①不出钱物；不表达心意。②没关系；关系不密切。

冰凉白不咋[piŋ^{42}liɑŋ^{51}pai^{51}pu^{214}tsA^{55}] 形容一个人态度冷淡、漠不关心。

白常不短儿哩[pai^{51}tʂ^{h}ɑŋ^{51}pu^{214}tuɛr^{55}li] 无缘无故地；没有任何原因地。

白搭白[pai^{51}tA^{214}pai^{51}] 不付任何代价；不需任何报酬。

白搭余[pai^{51}tA^{214}y^{51}] 多余：你说也是～。

白瞪[pai^{51}təŋ] 因心中不满意而翻起眼皮露出白眼珠斜视人。

白而疙蔫哩[pai^{51}ɭ kɤ^{214}ȵiɛ^{55}li] 白得不正常。

摆斜[pai^{55}siɛ^{51}] 闹脾气；耍小性。

摆[pai^{55}] 陈述；摆事实、讲道理：～理儿。

摆业[pai^{55}iɛ^{312}] 乱放东西。

摆治[pai^{55}tʂʅ^{312}] ①修理。②整理；收拾。③恶意使唤人；故意刁难、整治人。

搬腾[pai^{42}t^{h}əŋ] 吃零食。

半半语语[pan^{312}pan y^{53}y^{55}] ①口吃。②对事件的来龙去脉讲不清。

半大老腰儿[pan^{312}tA^{312}lɑu^{55}iɑur^{42}] ①树或山等较高物体的中部。②一块地的中间；中途。

半块[pan^{312}k^{h}uai^{312}] \半连（而）半块哩[pan^{312}liæn^{51}（ʅ^{55}）pan^{312}k^{h}uai^{312}li]蛮横不讲理；任意所为。

半米子哦哩[pan^{312}mi^{214}tsɤ li]\一米子哦哩[i^{31}mi^{214}tsɤ li] 一边去；走开；走远点。

半片子哦[pan^{312}p^{h}iæn^{312}tsɤ] 事情未做完：你扔啊这～件儿去干什么哎？

半生不熟[pan^{312}ʂəŋ^{42}pu^{214}ʂou^{51}] 夹生。

拌烦[pan^{312} fan^{55}]\拌嘴[pan^{312} tsuei^{55}]\圪烦[kɤ^{214}fan^{55}]（西）为小事争吵。

梆[pɑŋ^{42}] ①用棍子轻轻敲打。②植物枝条、木棍等因弹力或偶然因素碰到。

棒[pɑŋ^{312}] 用棍棒用力打。

帮补[pɑŋ^{42}pu] 经济上帮助、接济。

包[pɑu^{42}] 赔人财物。

包[pɑu^{42}]\包园儿[pɑu^{312}yɛr^{51}] 全部买下；全部处理掉；全部负责。

褒贬[pɑu^{42}piɛ]/[pɑu^{42}piɛ] 评论优劣、好坏；评论是非、曲直。

饱样子哦实在哩[pɑu^{55}iɑŋ^{312} tsɤ ʂʅ^{51}tsai^{31}li] 吃得很饱；无忧无虑。

饱娘子哦实在哩[pɑu^{55} ȵiɑŋ^{51} tsɤ ʂʅ^{51}tsai^{31}li]（西）

保不准[pɑu^{55}pu^{214}tʂuən^{55}]\说不准[ʂuo^{31}pu^{214}tʂuən^{55}] 说不定；可能；难免。【同】背不准\背不住。

保眼儿[pɑu^{53}iɛr^{55}] 代人鉴别货物真假优劣。

背[pei^{312}] ①地方偏僻。②运气不好。

背风[pei^{312}fəŋ^{42}] 避风。

背弓[pei^{312}kuŋ] ①吃亏；绕远：～走道儿。②运气不好：他这两年可～哩。

背伤[pei^{312}ʂɑŋ^{42}] 吃亏；身体受伤。

背兴[pei^{312}ɕiŋ^{312}] 倒霉；丢人；丢脸面：闹～（故意使人难堪）。

背行[pei^{312}xɑŋ^{51}] 利益受损坏；吃亏。

背屈[pei^{312}tɕ^{h}y^{55}] ①承担委屈；受委屈。②受屈

喯[pən^{42}] 啄：小鸡～菜叶哩。

崩[pəŋ^{42}] 物体表面风化脱落，出现裂纹或裂缝：桌子哦面儿～兰。

崩[pəŋ^{42}] ①用手指弹。②用器具将子弹弹射出去：枪～（枪毙）。

甭[pəŋ^{312}]\[piŋ^{312}] 不用。

甭得[pəŋ^{312}tei^{214}]\甭得儿[pəŋ^{312}tər^{214}]\甭□[pəŋ^{312}k^{h}ər^{51}] 正好；正合适。

蹦个脚尖儿[pəŋ^{312}kɤ^{312}tɕiɑu^{214}tsiɛr^{42}] 偶尔出现。

蹦棒子哦花儿[pəŋ^{312}pɑŋ^{312}tsɤ xuɛr^{42}] 爆玉米花。

鼻子哦连天哩[pi^{51}tsɤ liæn^{51}tiɛ^{42}li] 形容鼻涕多。

秕[pi^{55}] 弱小；能力不如别人：不能落～。

秕[pi^{55}]\扁[piɛ^{55}] 瘪，不饱满：～谷。

滗[pi^{214}] 挡住渣滓或液体浸泡着的东西，把液体倒出来。

编排[piɛ^{42}p^{h}ai] 杜撰；故意编造：～人。

搧[piɛ^{55}] 打：臭～唠一顿。

扁皮[piɛ^{55}p^{h}i] 扁。

变子哦法儿[piæn^{312}tsɤ fɛr^{214}] 想尽各种办法：～哄人高兴。

熛*[piɑu^{214}]\煳熛[xu^{51}piɑu] 熛锅。

嫑[piɑu^{312}]\□[pɑu^{312}]\别[piɛ^{312}] 不要：～瞎闹兰|嫑阳兰（不要发神经了）。

摽[piɑu^{312}] ①把物体紧紧地捆在器物上。②陪人耗时间等候。③亲近；依附；几个人拧成一股劲。④心里较劲，比着。

憋嘟[piɛ^{214}tu] 指人长的赘肉多。

憋气[piɛ^{214}tɕ^{h}i^{312}] 心中有怨气。

憋卡[piɛ^{214}tɕ^{h}ia^{55}] 空间小，人活动不方便。【近】挤卡（地方狭小，狭窄；拥挤）。

憋子哦哩[piɛ^{214}tsɤ li] 欠揍。

别劲儿[piɛ^{214} tɕiər] ①两个或多个物体之间相互阻碍。②一种或多种因素影响进程。③人与人之间意见相左，有未解决的矛盾。

别扭[piɛ^{312}ȵiou] ①肢体不舒展。②行动不自由。③心中有隔阂；想不开；不高兴。

冰房冷屋[piŋ^{42}fɑŋ^{51}ləŋ^{55}u^{214}] 极寒冷之屋。【同】冷冰房屋子哦[ləŋ^{55}piŋ^{42}fɑŋ^{51}u^{214} tsɤ]（西）

薄待[piɑu^{51}tai]（旧）轻视；亏待。【反】厚待。

拨弯儿[pɤ^{51}vɛr^{42}] 拐弯；转弯。

卜拉[pu^{214}lA^{55}]\拨拉[pu^{214}lA^{55}] 扒。①拨；来回拨动：～算盘珠子哦。②处理协调事。

扑拉[p^{h}u^{214}lA^{55}] 扒；拨；来回拨动：～咾一碗饭。

卜来[pu^{214}lai^{55}] 摆。①摆动。②跟着；带着。【近】卜闪[pu^{214}ʂai^{55}]

卜啷[pu^{214}lɑŋ^{55}] "躺、膀、棒"的分音词。

卜挤[pu^{214}tsi^{55}] 手指捏紧、手掌攥紧将所持物逼出。

卜挤卜挤哩[pu^{42}tsi pu^{42} tsi li] 【拟声】走在泥泞路上发出的声音；形容道路泥泞。

卜愣[pu^{214}ləŋ^{312}] "蹦"的分音词。①猛然跃起、惊醒等。②身体突然打颤、打激灵。③面条、粉条等比较生硬或筋道。④形容人非常倔强：这人儿犟哩～～哩。

卜捻[pu^{214}ȵiɛ^{55}] 捻；拈；用手指搓。

卜挺[pu^{214}t^{h}iŋ^{312}]\卜撂[pu^{214}liɑu^{312}] 人或动物的挣扎扭动。

卜咂[pu^{214}tsA^{55}]【拟声】咂嘴；仔细品味。

不吃闹[pu^{31}tʂ^{h}ʅ^{214}nɑu^{312}]\不认耍[pu^{214}ʐən^{312}ʂuɑ^{55}]（西）不随和；不能正确对待别人给自己开玩笑。

不大离儿[pu^{214}tA^{312}liər^{51}] 差不多；相当。

不动儿不摇儿哩[pu^{214}tuŋ^{312}pu^{214}iɑur^{51}li] 不用劳神费力；可轻易获得。

不对卯鞘[pu^{214}tei^{312}mɑu^{55}tɕ^{h}iɑu^{312}] “卯鞘”即卯榫与刀鞘，“不对卯鞘”比喻人性格不合、见面就吵。

不对眼[pu^{214}tei^{312}iɛ^{55}] 有矛盾。【近】说不着。

不够称儿[pu^{214}kou^{31}tʃ^{h}ərŋ^{312}]\不够数儿[pu^{214}kou^{31}ʃuər^{312}] ①分量或数量不足。②形容脑筋痴呆；缺心眼。③说话、做事不讲分寸。

不过火儿[pu^{214}kuo^{312}xuɛr^{55}] 有矛盾；合不来。

不见将儿[pu^{214}tɕiæn^{312}tsiɑrŋ^{312}] 故意躲开不见面。

不见其[pu^{214}tɕiæn^{312}tɕ^{h}i^{51}]\不见得[pu^{214}tɕiæn^{312}ti] 不一定。也～（也许；也可能）。

不拉点儿[pu^{214}lA^{31}tiɛr^{55}]\宁宁点儿[ȵiŋ^{42}ȵiŋ^{42}tiɛr^{55}] ①很少；很小。②年纪很小。

不露脸[pu^{214}lou^{312}liɛ^{55}] 事情没办好有失体面。

不拿你当锅子哦烟[pu^{214}nA^{51}ȵi tɑŋ^{42}kuo^{42}tsɤ iɛ^{42}] 对人不重视；看不起人。

不能过[pu^{214}nəŋ^{51}kuo^{312}]\没法儿过[mɤ^{51}fɛr^{214}kuo^{312}] ①不能生活。②不能生存，无法立足。

不尿[pu^{214}ȵiɑu^{312}] 不理；不重视；看不起；蔑视。

不识个瞎字儿[pu^{214}ʂʅ^{312}kɤ ɕia^{214}tsər^{312}] 不识字；文盲。

不顺半眼哩[pu^{214}ʂuən^{312}pan^{312}iɛ^{55}li] 不顺眼；不好看。

不说话[pu^{31}ʂuo^{214}xuɑ^{312}] 两人有矛盾，互不搭理。

不喜欢[pu^{214}ɕi^{55}xuan^{42}] 分量不足；秤杆稍低。

不行[pu^{214}ɕiŋ^{51}] ①打骂或批评：俺娘～俺来。②作形容词后缀，意思是“太”：难吃哩～。

不一好[pu^{31}i^{214}xɑu^{55}] 不听话；不老实的话；不乖乖地。

不兆[pu^{214}tʂɑu^{312}]\不兆头[pu^{214}tʂɑu^{312}t^{h}ou^{51}] 情况不妙；情况不好。

不正拧[pu^{214}tʂəŋ^{312}ȵiŋ^{55}]\不正经[pu^{214}tʂəŋ^{312}tɕiŋ^{55}] 心眼坏；人品不好。

不正干[pu^{214}tʂəŋ^{312}kan^{312}] 不务正业。

不中用[pu^{214}tʂuŋ^{42}yŋ^{312}] 靠不住。

不着[pu^{214}tʂɑu^{51}] 不能触及；达不到目的；无结果：该～（轮不到）|够达～（经验不足以处理某事）|摸～脉（不得要领）|摸捞～人（用人时缺人手）|抓挠～人（急需用人时缺人手）。

不着[pu^{214}tʂuo^{51}]（西）不许；不准；不叫；不让。

不着三不着四哩[pu^{214}tʂɑu^{42}sai^{42} pu^{214}tʂɑu^{42}sʅ^{312}li] 不靠谱。

C

财迷[tsʰai^{51}mi^{51}]**财迷转向哩**[tsʰai^{51}mi^{51}tʂuan^{312} tɕiɑŋ^{312}li] 爱占小便宜。

餐[tsʰai^{42}] 蚊蝇等飞虫落在食物上吃食：这个馍馍蚊子哦～过了，覅吃兰。

操蛋[tsʰɑu^{312}tan^{312}] ①奸诈；人品不好，爱算计人。②顽皮；发坏；爱玩恶作剧。

操践[tsʰɑu^{51}tsʰiæn] 打架；撕扯。

草而鼓团哩[tsʰɑu^{55}ɭ ku^{214}tuai^{55}li] 做事毛糙。

侧[tʂai^{55}]**侧棱**[tʂai^{55}ləŋ^{312}] 侧；斜；偏：日头～啊西沿儿兰。

馇[tʂʰA^{214}] ①熬东西时边煮边搅。②熬粥：～粥|～糊嘟。

踏 ①[tʂA^{42}]脚踩在某物上；踩：～啊板凳。②[tʂʰA^{55}]踩水、雪、泥。

踏踩[tʂA^{42} tʂʰai] 踏踩：嗯那头户～着掩那地兰。

霎利[ʂA^{312}li]**利霎**[li^{312}ʂA] 利索，利落。

拆讲[tʂʰai^{214}tɕiɑŋ^{55}] 开导；摆事实，讲道理；详细解释：你给他～～。

掺乎[tʂʰai^{42}xu]**掺和**[tʂʰai^{42}xuo]**掺搅**[tʂʰai^{42}tɕiɑu] 参与；搅和。

缠小脚儿[tʂʰan^{51}siɑu^{55}tɕiɑur^{214}] 指旧时女子裹脚。

缠缴[tʂʰan^{51}tɕiɑu] 花费；费用。

长[tʂʰɑŋ^{51}] 赚：～个钱儿。

常愿[tʂʰɑŋ^{51}yæn] 无论如何；千万：俺～得找个件儿干。

抄理[tʂʰɑu^{214}li^{55}] 理睬；搭理。

超近道儿[tʂʰɑu^{51}tɕin^{312}tɑur^{312}] 走捷径；行方便之路。

超近儿[tʂʰɑu^{51}tɕiər^{312}] 行方便；省力；省时间。

吵包子哦[tʂʰɑu^{55}pɑu^{42}tsɤ] 吵架。

扯[tʂʰɤ^{55}]**裂***[liɛ^{55}] ①撕破。②买布：～咾一块料子哦。【近】拉。

扯角[tʂʰɤ^{55} tɕiɑu] 布料等长短宽不协调、不方正。

扯锯[tʂʰɤ^{55} tɕy^{312}] 扯皮；闹分裂。

抻[tʂʰən^{42}]**拽**[tʂuai^{312}] 拉。

抻[tʂʰən^{42}] 谈判过程中故意拖延时间不做决定，以给对方造成压力：～～他，看他着急啊呗。

嗔子哦[tʂʰən^{42}tsɤ] ①嗔怪；责怪；抱怨。【近】怨怅。②因为：他～那件儿不挣钱儿就不去兰。

沉[tʂʰən^{51}] ①重：前～（前重后轻）|后～（后重前轻）。②下沉；没入水中：船给～兰。

沉丢丢哩[tʂʰən^{51}tiou^{42}tiou^{42}li]**沉呼呼哩**[tʂʰən^{51}xu^{42}xu^{42} li] 比较重。

趁[tʂʰən^{312}] 积聚；拥有财富：掩～好几百万哩。

趁会儿下雨[tʂʰən312 xuər51 ɕia312 y55] 忙中填乱。

撑[tʂʰəŋ42] ①支撑；支持：～门面。②吃得饱胀：吃哩～着兰。

成想[tʂʰəŋ51 siɑŋ55] 预料；提前想到：谁～他能来哎。【反】不成想（不料）。

成心[tʂʰəŋ51 sin42] 存心，故意：嗯这不是～害掩咾？

逞能[tʂʰəŋ51 nəŋ51]**充能**[tʂʰuŋ42 nəŋ51] ①勉强做自己办不到的事。②炫耀、显示自己的才能。【同】露能儿哩[lou312 nərŋ51 li]（西）

逞强[tʂʰəŋ51 tɕʰiɑŋ51]**充强**[tʂʰuŋ42 tɕʰiɑŋ51]**夸强**[kʰuɑ42 tɕʰiɑŋ51] ①勉强做自己办不到的事。②在节骨眼上憋劲、要强或炫耀自己的能力。

称儿不够[tʃʰərŋ312 pu214 kou312] \ **称儿不高**[tʃʰərŋ312 pu214 kɑu42]**称儿茶**[tʃʰəŋ312 ȵiɛ51] 分量不足。

称高儿高儿哩[tʂʰəŋ312 kɑur42 kɑur42 li]**打不住称兰**[tA55 pu214 tʂu312 tʂʰəŋ312 lan42] 分量足。

持[tʂʰʅ55] ①承受；忍受：～住（承受得了）|～不住（承受不了）。②坚持。我～不住兰。

持劲[tʂʰʅ55 tɕin312] ①用力。②紧要；重要。③有价值。【反】不持劲|不持个憋劲哩。

持劲儿[tʂʰʅ55 tɕiər312] ①使劲儿；用力。②用心；费心；支持。

吃[tʂʰʅ214]（西）被小偷偷了东西：他夜儿在集啊叫笑捋*～兰。

吃饱咾撑哩[tʂʰʅ214 pɑu55 lɑu tʂʰəŋ42 li] 无中生有，没事找事。

吃不开[tʂʰʅ31 pu214 kʰai42] 不被人接受；不受欢迎。

吃不消[tʂʰʅ31 pu214 siɑu42] ①身体承受不了。②经济上承受不了。

搁不住[kɤ51 pu214 tʂu312]**呛不住**[tsʰiɑŋ312 pu214 tʂu312]

吃不准[tʂʰʅ31 pu214 tʂuən55] 掌握不准；无法确定。

吃底儿[tʂʰʅ214 tiər55] 了解底细、内幕。

吃顶兰[tʂʰʅ214 tiŋ55 lan]**吃伤兰**[tʂʰʅ214 ʂɑŋ42 lan] 因长期或过量食用某食品而导致对这种食品的厌食。

吃香[tʂʰʅ214 ɕiɑŋ42] 受人重视、喜欢、欢迎或宠爱。

吃炫[tʂʰʅ214 ɕyæn312] 容易受人鼓噪或欺诈。

吃嘴[tʂʰʅ214 tsuei55] 贪吃别人家的东西。

充樱儿[tʂʰuŋ42 irŋ42] ①滥竽充数。②耍花架子、做样子给人看。

充二八甲[tʂʰuŋ42 ʅ312 pA31 tɕia214] 冒充有能力而不听人劝说。

冲[tʂʰuŋ312] ①对着：正～门口。②说话尖刻，不留情面：说话～。

搊[tʂou55] ①扶：～起来。②将低处物体向上举起或搬倒：把板凳儿～起来。

抽[tʂʰou42]**绌**[tʂʰu214]**缩**[ʂuɑŋ55] 缩短；收缩变小：这衣裳～兰。

丑[tʂʰou55]**吓骂**[ɕia51 mA] 欺负。

瞅哩清[tʂʰou^{55}li tsʰiŋ^{42}] ①看得清；分得清。②比喻人感情淡漠或自私自利。

臭摆[tʂʰou^{312}pai] 讥讽人的缺点或错误。【近】笑话（西）

臭摆[tʂʰou^{312}pai^{55}]\[tʂʰou^{312}pai] 炫耀。

绌堵[tʂʰu^{214}tu^{55}] 性格内向，怕出门；怕见人；胆小不泼辣。

出丑儿百怪哩[tʂʰu^{214}tʂʰəur^{55}pai^{214} kuai^{312} li] 耍小丑；扮鬼脸；故意做怪样惹人注意。

出故动儿[tʂʰu^{214}ku^{312}turŋ] 使坏心眼；故意设置障碍；下绊脚。

出故事儿[tʂʰu^{214}ku^{312}ʃɭ] ①暗地里使坏而发生意想不到的事。②小孩想办法。

出哩[tʂʰu^{214}li] 出门；出去。

出溜[tʂʰu^{214}liou^{55}] 滑动；下滑。

除捻[tʂʰu^{51}ȵiæn] 因厌恶或憎恨而打发掉；处理掉；消灭掉。

杵[tʂʰu^{55}] ①头朝下落地。②用拳头平行伸出去打。

除[tʂʰu^{312}] 收获葱、白菜、花生等。

怵怯[tʂʰu^{312} tɕʰiɛ] 害怕；胆怯。

搐[tʂʰu^{214}] ①捆绑；束口。②抽筋。

搐[tʂʰu^{312}]/[tʂʰu^{214}] 加热使粥变粘稠：～面糊。

□[tʂʰuɑ^{214}] 趁人不注意从手中猛然抢走东西。

穿哩行行伍伍哩[tʂʰuai^{42}li xɑŋ^{51}xɑŋ u^{31}u^{55}li] 取笑人穿戴整齐。

搋[tʂʰuai^{55}] ①把东西藏到怀里。②碾去谷皮。③掺入干面。

　　搋手儿[tʂʰuai^{42}ʃəur^{55}] 抄手；两只手伸入相对的袄袖里取暖。

　　搋面[tʂʰuai^{55}miæn^{312}] 在面团里掺入干面并和匀。

串[tʂʰuan^{312}] 虫子爬行。

串亲戚儿[tʂʰuan^{312}tsʰin^{42}tsʰiər] 走亲戚。

闯[tʂʰuɑŋ^{55}] 卸掉犁的刀口犁地。

闯莽[tʂʰuɑŋ^{312}mɑŋ^{55}] 勇敢而鲁莽；敢说敢做；不怯生。【近】泼扯。

吹[tʂʰuei^{42}] ①说大话：～牛。②吹嘘。③恋爱的人分手。④事情宣告失败。

吹灯[tʂʰuei^{42}təŋ^{42}] ①熄灯。②人死。③恋爱的人分手。④事情宣告失败。

戳[tʂʰuo^{214}] 竖立：去把棒子哦秸儿～啊墙根儿哩|～秫秸杆儿（傻站着）。

刺[tsʰɿ^{42}] ①用强、猛水流集中冲，并发出“呲呲”之声。②强光照射到眼睛，使眼睛受伤。

□[tsʰɿ^{312}] 挤；堵；塞：～牙缝儿。|车瓦叫～住兰。

□[tsʰɿ^{42}] 将菜叶、榆钱等掺揉入和好的面快中：～饼子哦。

雌兰[tsʰɿ^{51}lan] 胆怯了；害怕了；认输了。

呲儿人[tsʰər^{312} ʐən^{51}] 斥责人。

呲毛儿[ts^{h}ɿ^{51} mɑur^{51}] 对抗；叫板；较量。

雌毛儿兰[ts^{h}ɿ^{51}mɑur^{51}lan] 服软；自觉势力弱，甘败下风。

磁实[ts^{h}ɿ^{51}ʂʅ] 扎实；密实；紧密；结实；踏实。

跐[ts^{h}ɿ^{55}] 和面时掺入干面粉、其他类面粉或菜叶、树叶等。

跐[ts^{h}ɿ^{55}]\碾[ȵiɛ^{55}] 用脚在地上用力搓踏。

跐啦[ts^{h}ɿ^{214}lA^{55}] 走路时脚底接触摩擦地面。

跐溜[ts^{h}ɿ^{214}liou^{55}] 脚下滑动。

跐捏[ts^{h}ɿ^{51}ȵiɛ] 处处为难人、欺负人、压制人。

伺等[ts^{h}ɿ^{51}təŋ] 专门等待。

伺护[ts^{h}ɿ^{214}xu^{55}] 伺候；照顾。

粗拉[ts^{h}u^{42} lA] ①工作不细致。②不过分讲究礼节。

搋[ts^{h}uai^{42}] 抛、扔：把笤帚～啊房啊。

搋掇[tʂ^{h}uai^{42} tuo] ①劝导或怂恿他人做某事。②无偿帮人做事，多指农村帮人盖房、过红白事等。

蹿[ts^{h}uai^{42}] ①长得快。②液体向外喷射。

蹿[ts^{h}uan^{312}] ①跳跃；走路或跑得快。②长得快。

皴[ts^{h}uən^{42}]\[ts^{h}uei^{42}] 皮肤因冻或风干而开裂：手～兰。|脸～兰。

撮[ts^{h}uo^{214}] ①用簸箕把东西聚集起来：把垃圾～出哩。②包办：这事儿我～兰。③将东西全部买下：这些菜我～兰。

矬[ts^{h}uo^{51}] 个子矮。

错磨扇儿[ts^{h}uo^{312}mɤ^{312}ʃər^{312}] ①石碾的两扇磨盘错位。②两人本想说同一件事，但所说内容并无关联：嗯俩说哩～兰。③两条道路或建筑物不在同一条直线上：那两条道儿错磨子哦扇儿哩。"

D

褡[tA^{214}] 把衣服披在身上：给他身啊再～件儿衣裳吧。

搭盱[tA^{214}sy^{55}]\捋盱[ly^{55}sy]\盱顾[sy^{51}ku] 留心；注意。

打[tA^{55}] ①购买:～豆腐。②制作：～毛衣。

打油[tA^{55}iou^{51}] ①榨油。②买油。

打场[tA^{55}tʂ^{h}ɑŋ^{51}]\攘场[ʐɑŋ^{51}tʂ^{h}ɑŋ^{51}] 扬场；收获后在场上扬谷物，以清除谷物中的杂物。

打饱嗝儿[tA^{53}pɑu^{55} kər^{42}] 打嗝。

打杈儿[tA^{55}tʃ^{h}ər^{312}] 给棉花棵去掉多余枝杈。

打对[tA^{55}tei^{312}]\搭对[tA^{214}tei^{312}] ①调换物品。②合理安排时间使几件事都能得到妥善处理。

打发[tA^{55}fA] ①嫁女儿：～闺女。②处理掉物品。③勉强满足他人要求。④千方百计将人撵走。

打房子哦[tA^{55}faŋ^{51}tsɤ]（旧）处理房顶。捶打铺在房顶上的石灰碳渣混合物，使房顶坚固。

打嗝得儿[tA^{55}kɤ^{214}tər^{55}]/[tA^{55}kɤ^{214}tər^{312}] 冷嗝；上下牙发抖。

打个得儿[tA^{55}kɤ^{312}tər^{312}] 停一下；等一会。

打锅[tA^{55}kuo^{42}] 说错话；办错事。【反】不打锅\不砸锅（西）说话办事令人满意。

打哈哈儿[tA^{55}xA^{51}xɛr]/[tA^{55}xA^{214}xɛr^{55}] 取笑；看笑话。

打鼾睡[tA^{55}xan^{51}ʂuei] 打呼噜。

打花忽梢儿[tA^{55}xuɑ^{42}xu^{42}ʃɑur^{312}] 在人前献殷勤做表面文章，以博取人的好感。

打火底儿[tA^{53}xuo^{53}tiər^{55}] 用锅台烧煤做饭时，在灶坑里用干柴生火将煤引燃。

打狼啊似哩[tA^{55}lɑŋ^{51} A ʂʅ^{312}li] 形容许多人积聚而行。

打冷圪瘮儿[tA^{53}ləŋ^{55}kɤ^{214} ʂən^{312}] 打冷颤。

打乱伙儿[tA^{55}luan^{51}xuɛr] 与他人正常交往并融洽相处。

打马虎眼儿[tA^{53}mA^{55}xu iɛr^{55}] 遮掩事实，替人开脱。

打卯[tA^{53}mɑu^{55}] 点卯；打个照面；来一下。

打煤球儿[tA^{55}mei^{51} tɕ^{h}iəur^{51}] 制作煤球。

打能能[tA^{55}nəŋ^{42} nəŋ] 幼儿学站立。

能能[nəŋ^{42}nəŋ]\能能脚儿[nəŋ^{42} nəŋ^{42} tɕiɑur^{214}] 踮脚尖以触及或看到高处之物。

打掐[tA^{55}tɕ^{h}ia] ①精打细算：～子哦过日子哦。②限制：花钱～子哦些。

打水[tA^{53}ʂuei^{55}] 用水桶从井里往外汲水。

打药[tA^{55}iɑu^{312}] 给农作物喷撒农药。

打游游儿[tA^{55}iou^{42}iəur] 荡秋千。

打圆裹儿[tA^{55}yæn^{51}kuɛr^{214}] 打圆场。

打帐儿[tA^{55}tʃɑrŋ^{312}] ①计算；核算。②打算；准备：不～使这点钱儿兰。

打整[tA^{55}tʂəŋ^{42}] ①梳妆；打扮。②整理物品。

打住心慌儿兰[tA^{55}tʂu^{312}sin^{42}xuɑrŋ^{42}lan] ①吃了东西不再饥饿心慌。②事情有了眉目、获得进展、或基本解决，不再着急。

打籽儿[tA^{53}tsər^{55}] 蔬菜、花菜等结籽。

大辣[tA^{312}lA^{312}]\大样[tA^{312}iɑŋ^{312}] 豪爽；慷慨，不吝啬。

带劲[tai^{312} tɕin^{312}]\带劲儿[tai^{312} tɕiər^{312}]（西）爽、好。

带门儿[tai^{312}mər^{51}]（西）关门。【近义词】碰门儿。

待[tai^{312}] 喜欢。

不待吃[pu^{214}tai^{312}tʂ^{h}ʅ^{214}] 食欲不振。

不待搭理[pu^{214}tai^{312}tA^{214}li^{55}] 懒得搭理；厌恶搭理；不屑于顾。

不待动[pu^{214}tai^{312}tuŋ^{312}] 懒得动；慵懒。

不待干[pu^{214}tai^{312} kan^{312}] 不爱工作；慵懒。

待见[tai^{31}tɕiæn^{312}] 内心喜欢。

待见[tai^{31}tɕiæn^{312}]（西）①心里喜欢。②愿意。

待理不理哩[tai^{312}li^{55}pu^{214}li^{55}li]待人冷淡；态度傲慢；对人不尊重。

单蹦儿[tai^{42}pərŋ^{312}]/[tai^{42}pərŋ^{42}] 独自；单个。

单挑儿[tai^{42}t^{h}iaur^{55}] 单打独斗 。

单一哩[tai^{42}i^{214}li]\竟犟儿哩[tɕiŋ^{312}tɕiarŋ^{312}li] 专门；故意。【同】成心。

单为儿哩[tan^{42}vər^{214}li]（西）

担面[tan^{312} miæn^{312}] 用箩筛面。

担待[tai^{42}tai^{312}] 迁就；宽容；尽让。

当[taŋ^{312}] 以为：我～是谁哩。

当差儿[taŋ^{42}tʃ^{h}ər^{42}] 支应、应付被派遣去做的事：他干个件儿就跟～啊似哩。

挡不住[taŋ^{312}pu^{214}tʂu^{312}] 免不了；难免。

挡手儿不拉脚儿哩[tʂaŋ^{312}ʃour^{55}pu^{214}lAtɕiaur^{214}li] 碍手碍脚。

叨叨[tau^{31}tau^{55}] 絮叨、唠叨。

捯[tau^{42}] 一般指用手挖东西；翻找东西。

倒[tau^{312}] 铸造锅、壶等：这西子哦易拉罐能～一个锅。

倒[ʂau^{214}] ①牲口或车辆向后退。②人向后退。

倒退[ʂau^{312} tuən] ①人或车辆向后退。②学习退步。

倒调[tau^{55}tiau^{312}] \倒座儿[tau^{55}tsuɛr^{312}]（西）动物反刍。

倒跟头[tau^{55}kən^{42}t^{h}ou] 跌倒。

倒青儿[tau^{55}ts^{h}irŋ^{42}] 作物黄熟时因多雨而返青迟熟：谷熟不要雨，久雨要～。

倒上桥[tau^{312}ʂaŋ^{312}tɕ^{h}iau^{51}] 乙请甲做某事甲不同意，随后甲反过来又主动找乙表示愿意去做某事，并请求乙同意，甲的行为就叫～。

倒相[tau^{312}siaŋ^{312}] 性格古怪，处事方法与常人有异。

捣业[tau^{55}iɛ^{312}] 儿童淘气、捣乱、干坏事。

道道漓漓哩[tau^{312}tau li^{51}li li] 人身上或物体表面有许多划痕。

嘚儿[tər^{51}] 赶牲口向前走的吆喝声

嘚儿喽[tər^{42}lou] “嗖”的分音词，风声：风～～哩。

嘚儿喽[tər^{214}lou^{55}] 非恶意使唤人，让人跑来跑去。【近】递摆人得[tei^{214}]\妥儿[t^{h}uɛr^{55}] ①好；舒服；合适。②有意思。

得劲[tei^{214} tɕin^{312}] ①财力雄厚。②权重势大。③人或物所起作用大，效果明显。

得劲儿[tei^{214} tɕiər^{312}] ①舒服；②合适。

　　不得劲儿①难受；伤心。心里～（心里难过；伤心；过意不去）。②别扭，用不上力。

得服[tei^{51}fu^{214}] 正好；合适；舒服。

澄[təŋ^{312}]\镇[tʂəŋ^{312}] 使液体中的杂质沉淀分离；清澈：～汤懈水。

澄汤儿懈水哩[təŋ^{312}t^{h}ɑŋ^{42}ɕiɛ^{312}ʂuei^{55}li] 玉米粥、米粥等稀薄。

扽[təŋ^{312}] ①猛地用力拉。②拉紧：把绳子～紧。

瞪眼[təŋ^{312} iɛ^{55}] 怒目圆睁。巴～（用力张眼）|呲～（怒目圆睁；争吵。）

　　干瞪眼[kai^{42}təŋ^{312}iɛ^{55}] 有话说不出，目睹事情发生而无力阻止；无可奈何。

灯泡儿摧兰[təŋ^{42}p^{h}ɑur^{42} ts^{h}uei^{42} lan] 灯丝断了。

递摆[ti^{214}pai^{55}] ①乱放东西。②来回挪放东西。

递摆人[ti^{214}pai^{55}ʐən^{51}]\递倒[ti^{214}tɑu^{55}] 有意或无意、但非恶意使人不停工作。【近】嘚儿喽。

递倒[ti^{214}tɑu^{55}] ①收拾；一点点搬运。②干活不利索、磨蹭。③说话翻来覆去。

　　递连子哦递倒哩[ti^{51}liæn^{42}tsɤ ti^{214}tɑu^{55}li^{42}] 翻来覆去；磨磨蹭蹭。

嘀叨[ti^{214}tɑu^{55}] 争吵；辩论。

嘀嘀叨叨哩[ti^{42}ti tɑu^{31} tɑu^{55} li] 说个没完。

嘀嘀咕咕哩[ti^{42}ti ku^{31}ku^{55} li] 窃窃私语；做事不光明正大。

嘀嗖[ti^{214}sou^{55}]\激灵[tɕi^{214}liŋ^{55}] 哆嗦。

嘀嗖[ti^{214}sou^{55}] 抖搂布料、衣服等，将附在上面的东西抖下来。【同】抖搂。

滴连嘟噜哩[ti^{42}liæn tu^{51}lu li]/ [ti^{42}liæn tu^{31}lu^{55} li] ①果实累累。②废话连篇。

滴灵[ti^{214}liŋ^{55}] \积灵[tsi^{214}liŋ^{55}]（西）动作快；反应快；机灵。【反】肉；不机灵。

滴流筛乖哩[ti^{42}liou ʂai^{55}kuai^{42}li] ①液体不断滴落。②液体因溢出而洒落。

　　沥流儿沥拉哩[li^{51}liəur li^{31}lA^{55}li] 因流体盛得太满，边走边洒。

滴筛[ti^{214}ʂai^{55}]\不筛[pu^{214}ʂai^{55}] 抖搂；因抖搂而向外溅。

抵[ti^{55}] ①动物用角顶、触。②顶替；代替；抵偿；与…相当：这能～住你那损失呗？

敌[ti^{312}]/[ti^{55}] 如；比；抵抗；相当：俺学习可不～掩。【反】不敌（不如）。

底细[ti^{55}si^{312}] ①【名】一个人的详细情况。②【形】做事认真细致。

提溜[ti^{42} liou]\[ti^{214} liou^{55}]\[t^{h}i^{51} liou] 垂手拿有环、柄或绳套的东西。

提溜[ti^{42}liou]\[ti^{214}liou^{55}] 从上垂下；物或人悬空挂起：黄瓜～下来啦。

　　打提溜儿[tA^{55}ti^{42}liəur] 手抓高杆，身体悬空或前后摇动。

地啊[tiou^{31}ti^{312}A]\地奔儿[ti^{312}pərŋ^{42}] 步行。

地当[ti^{312}tɑŋ^{312}] 办事稳妥、稳当。

地宽[ti^{312}k^{h}uai^{42}] 村庄稀疏，人均耕地面积多。

递说[ti^{312}ʂuo^{214}]**对说**[tei^{312} ʂuo^{214}] 告诉：不～你（不告诉你）。

点炮儿就响[tiɛ^{55}p^{h}ɑur^{312}tsiou^{312}ɕiɑŋ^{55}] 形容人急性子，说干就干，毫不犹豫。

垫补[tiæn^{312}pu^{55}] ①吃少量食物以解饿。②缺钱时暂时借钱或挪用别的款项。

刁[tiɑu^{42}] 多指小女孩或女人厉害。

吊歪歪[tiɑu^{312}vai^{42}vai] 唱反调；捣乱，故意不按要求做。

跌打马趴哩[tiɛ^{214}tA^{53}mA^{55}p^{h}A^{51}li] ①喝醉酒、站不稳的样子。②道路泥泞，走路摔跤的样子。

盯[tiŋ^{42}]**瞄**[mɑu^{55}] 目测后，把手里的东西掷向目标。

顶门立户[tiŋ^{55}mən^{51}li^{312}xu^{312}] 独立生活，支撑门户。

顶子哦是[tiŋ^{55}tsɤ ʂʅ^{312}]**扛子哦是**[k^{h}ɑŋ^{55} tsɤ ʂʅ^{312}] 算作；就算是。

叮对[tiŋ^{42}tei] 再次叮嘱、协商、确定。

订对[tiŋ^{42}tei] 核对。

丢啊[tiou^{42}A] 留下；剩下。

　　丢子哦[tiou^{42} tsɤ] 保留着；留着；放着。

丢嗒[tiou^{42}tA] ①浪费时间、金钱、物品、人才等。②初生婴儿或未成年人早夭。

丢东儿拉西[tiou^{42}turŋ^{42}lA^{312}si^{312}]**丢东儿野西**[tiou^{42}turŋ^{42}iɛ^{55}si^{42}] 丢三拉四；做事马虎粗心。

东家长西家短哩[tuŋ^{42}tɕia^{42}tʂ^{h}ɑŋ^{51}si^{42}tɕia^{42}tuai^{55}li] 形容人说闲话。

东凉儿哩倒啊西凉儿哩[tuŋ^{42}liɑrŋ^{51}li tɑu^{55}A si^{42}lɑrŋ^{51}li] 形容人无所事事，整天晃来晃去。

丢嘴儿[tiou^{42}tsuər^{55}] **丢盹儿**[tiou^{42}tuər^{55}]（西）打盹；打瞌睡。

懂眼儿[tuŋ^{53}iɛr^{55}] 能识别物品真假优劣。

动[tuŋ^{312}] 民间红白事“惊动、动用、知事”某人：～不着|没～|～着咾。

动弹[tuŋ^{312}t^{h}iæn] ①活动：他能～呗？②挪动：把这车～～吧。

抖搂[tou^{312}luo^{55}]**嘚儿喽**[tər^{214}lou^{55}] ①摆弄，抖动，使附着的东西落下来。【同】嘀嗖。②全部道出；揭露；亮出来。

嘟噜[tu^{51}lu] 自然下垂：你肚子哦啊那肉都～下来兰。

嘟囔[tu^{214}nɑŋ^{55}] ①数落别人。②小声地自言自语。【近】嘟嘟囔囔哩|嘟连嘟囔哩。

嘟念[tu^{214}ȵiæn^{312}] ①念叨。②嘟囔；小声地自言自语。

毒[tu^{51}] 太阳光线强烈：日头儿太～。

毒死[tu^{51}sʅ]**信死**[sin^{312}sʅ] 下毒药害死他人。

渎点[tu^{214}tiɛ^{55}] 指；轻慢、不敬地用手指“指点”人。

肚点[tu^{214}tiɛ^{55}] 指；用手指指着物、文字等：他～子哦报纸叫我看。

读点[tu^{214}tiɛ^{55}] 出声点数：数儿对呗？你把那鸭子哦再～～吧。

肚住[tu^{214} tʂu^{312}]\摁住[ŋən^{214} tʂu^{312}] 用手指肚用力按住：你把那口子哦先～点儿子哦。

踱跳[tu^{214}t^{h}iɑu^{312}] 焦急地走来走去、来回踱步。

对[dei^{312}] 遇上：～啊你咾哩。|～啊这事儿兰。

对事兰[dei^{31}ʃʅ^{312}lan] 正好；正合适。

对诺[tei^{312}ȵuo] ①调换：把这俩～一下儿。②通过合理分配而留出、余出：我想法儿给你～一个。③对付；应对；找理由答对。

蹲[tuən^{42}] 人或物体落地而受伤。

蹲班儿[tuən^{42}pɛr^{42}]\降班[tɕiɑŋ^{312}pai^{42}] 留级。

蹲持子哦[tuən^{42}tʂ^{h}ʅ tsɤ] 闲着不干活。

蹲底[tuən^{42}ti^{55}] 招待但准备不足、或承诺无法实现而有失颜面。

敦实[tuən^{42}ʂʅ] 个子不高但结实、粗壮。

裰[tuo^{42}] ①用泥堵洞。②往地上或墙壁上抹泥。

垛[tuo^{312}] 物体整齐地叠放在一起：把棒子哦布袋～起来。

E

恶[ŋɤ^{214}] 食物或气味使人恶心。

讹[ŋɤ^{51}] 讹诈；赖：～啊你兰（赖上你了）|～人（故意耍赖，敲人竹杠）。

恶刹[ŋɤ^{214} tʂ^{h}A^{55}] ①说脏话。②食相不好，吃东西狼吞虎咽、用手抓等。

饿哩慌[ŋɤ^{312}li xuɑŋ^{42}] 非常饿。【近】饿饥[ŋɤ^{312}tɕi^{42}]\饥[tɕi^{42}]（西）

摁[ŋən^{55}]\隐[in^{55}]\硌[kɤ^{51}] 身上、身下、脚下有硬物，感觉不舒服。

硌哩慌[kɤ^{51}li xuɑŋ^{42}]\隐哩慌[in^{55}li xuɑŋ^{42}]

硌脚[kɤ^{51}tɕiɑu^{214}]\隐脚[in^{55} tɕiɑu^{214}] 鞋内异物使脚不舒服。

摁轱辘子哦[ŋən^{214} ku^{31} lu^{55} tsɤ]\撂跟头[liɑu^{51} kən^{42}t^{h}ou] 摔跤。

儿楼[ʅ^{51}lou] 让小孩骑在大人的脖子上。

耳朵里塞啊驴毛咾[ʅ^{55}tuo li suei^{214}A ly^{51}mɑu^{51}lɑu] 形容人装聋作哑。

二愣子哦八侃哩[ʅ^{312}ləŋ^{312}tsɤ pA^{214}k^{h}ai^{55}li] 做事莽撞、手脚重，不计后果。

愣二吧唧哩[ləŋ^{312}ʅpA ts^{h}ɿ^{55} li]

二武松啊似哩[ʅ^{312}u^{55}suŋ^{42}A ʂʅ^{312} li] 穿戴臃肿。

F

发毛[fA^{214} mɑu^{51}] ①发火。②懵，发晕；不知所措。

发河[fA^{214} xuo^{51}]（西）发水；发水灾。

翻锤倒打[fai^{42}tʂ^{h}uei^{51}tɑu^{312}tA^{55}] 说话反复无常，让人无所适从。

翻身[fai^{42}ʂən^{42}] 指改变落后状态或不利处境。

翻腾[fai^{42}t^{h}əŋ] 翻箱倒柜找东西。

烦嗒[fai^{42}tA] 说话絮叨重复，令人厌烦。

烦气[fan^{51}tɕ^{h}i^{312}] 厌烦。

饭酸兰[fan^{312}suai^{42}lan] 饭馊了。

放话儿[fɑŋ^{312} xuɛr^{312}] 向外释放传递一个人的想法、本意。

飞毛儿翅膀儿[fei^{42}mɑur^{51}tʂ^{h}ʅ^{312}pɑrŋ] 馒头等干粮经多次蒸馏，皮向外翻翘。

费[fei^{312}] ①浪费；损耗大：这衣裳～布儿。②儿童玩弄物品：发～（小孩带破坏性的玩耍）

费劲[fei^{312}tɕin^{312}]**费劲儿**[fei^{312} tɕiər^{312}] ①活重；费力。②事情难办。③与人交流有困难。

费手[fei^{312}ʂou^{55}] ①比喻孩子难管教，费心费力。②孩子体弱多病，难养活。

费障[fei^{312}tʂɑŋ^{312}] 顽皮。

缝穿[fəŋ^{51} tʂ^{h}uai^{42}] ①包揽一个人的针线活。②养育。

怫嗤[fər^{312} tʂ^{h}ʅ^{55}]【拟声】儿童抽泣。

缚[fu^{51}]**缯**[tsəŋ^{312}]**搐**[tʂ^{h}u^{214}]（主西）绑扎笤帚、扫帚等。

G

嘎古[kA^{55}ku] ①人邪淫、心术不正：～心眼儿。②男孩淘气、调皮。③恶劣：～疮（指梅毒）。

该[kai^{42}] 到…的时间了：～上课兰|～下班兰|～干什么干什么哩（把人支走）。

干响雷不下雨[kai^{42}ɕiɑŋ^{55}lei^{51}pu^{214}ɕia^{312}y^{55}] 只有哭声没有眼泪，装哭，假哭。

赶介[kai^{55}tɕiɛ]**赶介哩慌**[kai^{55}tɕiɛ^{42}li xuɑŋ^{42}] ①不断靠近人或物，让人心烦：看这鸡儿～哩慌呗，一个劲儿哩往锅头台儿啊上。②让人紧张：十二点下班，一点半就上班，忒～哩慌。【近】张介。

赶圈[kai^{55}tɕuai^{312}] 牲畜交配、配种。

赶集[kai^{55}tsi^{51}] 到集市上摆摊做买卖；到集市上买东西或闲逛。

赶劲[kai^{55}tɕin^{312}] 厉害；效果好；作用大；管用；顶事：药儿～|钱～。

赶上趟儿[kai^{55}ʂɑŋ^{312}t^{h}ɑrŋ^{312}] 赶得上；来得及；轮得着。【反】赶不上趟儿。

刚够掖牙缝儿[kɑŋ^{42}kou^{312}iɛ^{214}ia^{51}fərŋ^{312}] 比喻食物很少。

刚够塞牙缝儿[kaŋ^{42}kou^{312}suei^{214}ia^{51}fərŋ^{312}]（西）

杠[kaŋ^{312}] 在文字上划删除线：把那一句儿～咾吧。

杠[kaŋ^{312}] 在铁杠上磨刀；用刀在布、皮或石头等上磨擦使刀刃锋利。

釭*红[kaŋ^{312}xuŋ^{51}]**釭*红釭*红哩**[kaŋ^{312}xuŋ^{51}kaŋ^{312}xuŋ^{51} li] 非常红。

高高骚骚哩[kau^{42}kau^{42}sau^{53}sau^{55}li] 身材高挑。【反】不拉矬矬点儿（很矮）。

告假[kau^{312} tɕia^{312}] 请假。

戈气[kɤ^{214}tɕ^{h}i^{312}] 儿童闹矛盾、吵架、打架。

圪把[kɤ^{42}pA^{42}] 沾到…上：使咾碗不刷就～啊上兰。

圪拌[kɤ^{214}pan^{312}] 羁绊；拘束；束缚。

圪蹭[kɤ^{214}ts^{h}əŋ^{312}] ①身体和物体相互摩擦以去痒。②慢慢靠拢。③磨蹭；央求。

圪叉[kɤ^{214}tʂ^{h}A^{55}]/[k^{h}ɤ^{214}tʂ^{h}A^{55}] 两腿分开站立。

圪吵[kɤ^{214}tʂ^{h}au^{55}] 不停地小声争吵。

圪扯[kɤ^{214}tʂ^{h}ɤ^{55}]/[k^{h}ɤ^{214}tʂ^{h}ɤ^{55}] 指意见不一致、事件久拖不决。

圪叨[kɤ^{214}tau^{55}] ①商量；议论。②争吵。

圪叨圪叨[kɤ^{214}tau^{55}kɤ^{214}tau]**磨叨磨叨**[mɤ^{214}tau^{55}mɤ^{214}tau] ①唠嗑儿（西）。②商量商量。

圪扽[kɤ^{214}tən^{312}]**圪噔**[kɤ^{214}təŋ^{55}]**圪顿**[kɤ^{214}tuən^{312}]**圪颠**[kɤ^{214} tiɛ^{55}] 颠簸。

圪噔圪噔哩[kɤ^{42}təŋ kɤ^{42}təŋ li] 【拟声】车辆颠簸声。

圪蹬[kɤ^{214}təŋ^{55}]**个蹬**[kɤ^{51}təŋ] 单腿走路。

圪翻[kɤ^{214} fai^{55}] 胃里不舒服，想呕吐的感觉。

圪烦[kɤ^{214} fai^{55}] ①重复叙述往事。②争论：他俩在那儿～哩。

圪拱[kɤ^{214} kuŋ^{55}] ①一点一点往前挪。②私下里鼓动。③（西）猪用嘴头拱食物。

圪拐[kɤ^{214} kuai^{55}] ①闲暇无事串门。②拐腿走路。

圪挤[kɤ^{214} tsi^{55}] ①吃力眨眼。②睁着一只眼闭着一只眼。

圪夹[kɤ^{214} tɕia^{55}] 腋下夹住。

圪江圪江哩[kɤ^{51}tɕiaŋ^{42}kɤ^{51}tɕiaŋ^{42} li] ①人头攒动、人声鼎沸；比喻人多。②密度大，拥挤。

圪讲[kɤ^{214} tɕiaŋ^{55}] 嚷嚷；到处议论。

圪绞[kɤ^{214} tɕiau^{55}] ①缠绕。②大针脚缝东西。

圪狡[kɤ^{214} tɕiau^{55}] 狡辩。

圪雷圪雷哩[kɤ^{42}lei kɤ^{42}lei li] 【拟声】雷声。

圪料[kɤ^{214} liau^{312}] 翘。①物体不直、弯曲变形：这扇门有点～。②走路时身体扭晃：你穷～什么来！

圪凌儿[kɤ^{214} liṛŋ^{312}] 打激灵；哆嗦。

圪囔[kɤ^{214} nɑŋ^{55}] ①批评。②（西）身上不清爽、不舒服。【同】渍挠。

圪蔫[kɤ^{214}ȵiɛ^{55}] ①食物受潮变软。②因失去水分而萎缩。③脾气怪，说话做事不干脆。

圪念[kɤ^{214} ȵiæn^{312}] 一件一件地叙说；计算。

圪拧[kɤ^{214}ȵiŋ^{55}]\疙拧八万哩[kɤ^{214}ȵiŋ^{55}pA^{214}van^{312}li] 性格乖癖、倔强、任性、不听劝告。

圪连子哦圪拧哩[kɤ^{312}liæn^{31} tsɤ kɤ^{214}ȵiŋ^{55}li] ①别扭、弯曲。②脾气古怪、固执。

圪缱[kɤ^{214}tɕ^{h}iɛ^{55}]/[k^{h}ɤ^{214}tɕ^{h}iɛ^{55}]\缱缱[tɕ^{h}iɛ^{55}tɕ^{h}iɛ] 将就着过；勉强维持现状。

圪歉圪歉哩[kɤ^{42}tɕ^{h}iæn^{31}kɤ^{42}tɕ^{h}iæn^{31}li] ①内疚而不能释怀。②遗憾不能得到所想。③若有所失。

圪糗[kɤ^{214}tɕ^{h}iou^{55}]/[k^{h}ɤ^{214}tɕ^{h}iou^{55}] 糗：长时间熬米粥；比喻不停央求，百般央求。

圪趋[kɤ^{214}ts^{h}i^{55}]/[k^{h}ɤ^{312}ts^{h}i^{55}] 挤；蹭；靠拢。

圪嚷[kɤ^{214} ʐɑŋ^{55}] 不断絮叨要求。

圪掏[kɤ^{214}tɑu^{55}]/[k^{h}ɤ^{214}tɑu^{55}] 在口袋里翻来翻去寻找。

圪崴[kɤ^{214}vai^{55}] 扭伤：～着脚兰。

圪喳[kɤ^{214}tʂA^{55}] ①拿它人事情作议论主题说来说去。②批评；讥讽。

圪眨眼儿[kɤ^{214}tʂA^{53}iɛr^{55}]\疙挤眼儿[kɤ^{214}tsi^{53}iɛr^{55}] 不停地眨眼、用力看。

圪侧[kɤ^{214}tʂai^{55}]（西）个别；与常人不同。

圪吱儿[kɤ^{214} tʃʅ^{55}]\湿儿湿儿[ʃʅ^{214}ʃʅ^{55}] 不情愿；受屈。

疙连疙瘩[kɤ^{51}liæn kɤ^{214} tA^{55}] 路不平整。

疙连疙瘩哩[kɤ^{51}liæn kɤ^{214}tA^{55}li]\别连别扭哩[piɛ^{51}liæn piɛ^{312}ȵiou li] ①有隔阂。②交往或相处不自然、不随便。

割肉[kɤ^{214}ʐou^{312}] 买肉。

搁啊 ①[kɑu^{214}A] 放下。【同】摆啊。②[kɤ^{214}A] 处在某人地位：这事儿搁啊谁头儿啊，谁也受不了。

隔把[kɤ^{51}pA] ①拉住，尾随着。②刚够得着：他哩分数刚～啊重点儿线。③巴结。

隔二骗三哩[tɕiɛ^{214}ʅ^{312}p^{h}iæn^{312}sai^{42}li] 间隔着；不按顺序做某事；做事有遗漏。

隔群儿[kɤ^{214}tɕ^{h}yər^{51}] 习惯与人交往；善于交往；与人关系融洽。

嗝儿屁[kɛr^{55}p^{h}i^{312}] 死了；完蛋了。

膈应[kɤ^{214}iŋ^{55}] ①心理厌恶；厌烦；讨厌。②疑神疑鬼；害怕；忌讳。③心中腻烦。

圪腻[kɤ^{51}ni^{312}]（西）心中腻烦。

硌绷[kɤ^{51}pəŋ] 卖东西讨价还价时不肯让步、不灵活；吝啬；小气。

硌揉儿[kɤ^{51} ɭəur] 胳肢；挠痒痒。

咯嘣嘣儿[kɤ^{51}pəŋ^{31} pərŋ^{55}] ①东西不结实，脆弱易损。②人身体虚弱，极易生病。

咯劲儿[kɤ^{214}tɕiər^{55}]\咯劲硌劲哩[kɤ^{51}tɕin^{312}kɤ^{51}tɕin^{312}li] 指食物韧性好、有咬劲。

咯铮儿[kɤ^{214}tʂərŋ^{55}] 食物半生不熟。

跟头马趴哩[kən^{42}t^{h}ou mA^{55}p^{h}A^{51}li] 走路趔趄。

跟头子哦骨碌哩[kən^{42}t^{h}ou^{42}tsɤ ku^{214}lu^{55} li] ①家里多事，生活不安稳。②东西到处乱放。③人多杂乱。

拱火儿[kuŋ^{55} xuɛr^{55}] 用言行促使人发火或使火气更大。

共[kuŋ^{312}] 肉汤等遇冷凝结、禁固：肉汤～住兰。

狗办哩[kou^{55}pan^{312}li] 小孩的骂人话。

够戗[kou^{312} ts^{h}iɑŋ^{312}] ①身体吃不消，难以支撑。②可能不行，愿望难以实现。

估摸[ku^{55}mɤ]\约摸[iɑu^{42}mɤ] 估计；大致推断。

咕嘟[ku^{214}tu^{55}] 【拟声】水烧开后的声音。加热；小火炖。

咕糗[ku^{214}tɕ^{h}iou^{55}]\[k^{h}u^{42}tɕ^{h}iou^{55}] 【拟声】小火慢炖。

咕呿\骨呿[ku^{214}ts^{h}y^{55}]/[k^{h}u^{214}ts^{h}y^{55}]\呿呿[ts^{h}y^{214}ts^{h}y^{55}]本指见几人一起张嘴；转意为几人在一起窃窃私语、说闲话。

跍低[ku^{42}ti]\骨底[ku^{214}ti^{55}]\骨丢[ku^{214}tiou^{55}] 蹲。

骨绌[ku^{214}tʂ^{h}u^{55}]/[k^{h}u^{42}tʂ^{h}u^{55}] ①衣服缩水而萎缩。②物体表面有褶皱、不平整。

骨串[ku^{214}ts^{h}uan^{312}]/[k^{h}u^{214}ts^{h}uan^{312}] 串东家走西家、到处走动。

骨连酿绌哩[ku^{51}liæn ȵiɑŋ^{31}tʂ^{h}u^{55} li] ①胃里不舒服。②衣服、被褥等不平整。

骨连子哦酿绌哩[ku^{51}liæn tsɤ ȵiɑŋ^{31}tʂ^{h}u^{55}li]

骨搓[ku^{214}ts^{h}uo^{55}]/[k^{h}u^{42}ts^{h}uo^{55}] 反复揉搓。

骨达[ku^{214}tA^{55}]\突踏[t^{h}u^{214} t^{h}A^{55}] 【拟声】踢踏；溜达。

骨卷[ku^{214}tɕyai^{55}] 卷；卷起来。

骨撅[ku^{214}tɕyɛ^{55}] 人蹲下时把屁股撅起来。

骨撅[ku^{214}tɕyɛ^{55}]\骨撅骨撅哩[ku^{51}tɕyɛ^{42} ku^{51}tɕyɛ^{42}li] 形容腿短，但走路很快。

骨碌[ku^{214}lu^{55}]\骨磊[ku^{214}lei^{55}] ①爬；翻滚：～起来。②旋转；滚动：～石头。

骨弄[ku^{51}nuŋ]/骨弄儿[ku^{51}ɲurŋ] 将就；暂时凑合。

骨扭骨扭哩[ku^{51}ȵiou^{42} ku^{51}ȵiou^{42}li] 形容人长得胖或穿着臃肿而走路摇晃。

骨糗[ku^{214}tɕ^{h}iou^{55}]/[k^{h}u^{214}tɕ^{h}iou^{55}] ①蜷缩着蹲在地上。②临时住某地。③凑合着过日子。④百般央求。

骨趋[ku^{214}ts^{h}y^{55}] 几个人向一处聚；几个人聚在一起。

骨蜷[ku^{214}tɕ^{h}yai^{55}] 蜷缩。

骨容儿[ku^{214}ɭurŋ^{55}]\骨隆[ku^{214}luŋ^{55}] 全身蜷伏着进行细微小活动。

骨容儿[ku^{214}ɭurŋ^{55}]\骨容儿骨容儿哩[ku^{51}ɭurŋ^{42} ku^{51}ɭurŋ^{42}li] 心里有想法；心神不安定。

骨团[ku^{214}t^{h}uai^{55}]\[k^{h}u^{214}t^{h}uai^{55}] 双手把东西揉成团。

骨抓 ①[ku^{214}tʂuɑ^{55}]/[ku^{51}tʂuɑ] 一物粘附、缠绕、干结到另一物上：墙啊那草～哩挺紧。

②[ku^{214}tʂuɑ^{55}]\[k^{h}u^{42}tʂ^{h}uɑ^{55}] 小孩不肯离开大人或往大人身上爬。

骨抓[ku^{214} tʂ^{h}uɑ^{55}]/[k^{h}u^{42}tʂ^{h}uɑ^{55}] ①刷。②搜刮、争取到利益或救济。

骨嘬[ku^{214}tsuo^{55}]/[k^{h}u^{42}ts^{h}uo^{55}] ①塌陷封口。②婴儿吃奶的动作或样子。

骨纵[ku^{214}tsuŋ^{312}] ①皱眉头。②伸缩；反复屈伸。

鼓[ku^{55}] 凸：嗯家那后墙～出来兰，赶紧拾掇吧。

鼓捣[ku^{214}tɑu^{55}] 修理；收拾；摆弄；研究；折腾。

鼓堆[ku^{42}tsuei^{42}]/[ku^{214}tsuei^{55}] 将摊开的东西收成堆。

古董[ku^{312}tuŋ] 不实在；不结实：他买哩那套家具是～货。

顾不住摊儿[ku^{312}pu^{214}tʂu^{312}t^{h}ɛr^{42}] 多因身体疾患而无力支撑自己。

呱话溜丢哩[kuɑ^{42}xuɑ^{312}liou^{42}tiou^{42} li] 指废话多、说个不停。

呱啦呱啦说[kuɑ^{42}lA kuɑ^{42} lA ʂuo^{214}]（西）形容说得热闹。

寡[kuɑ^{55}] 饭菜淡；食物没味。

寡妇事业哩[kuɑ^{55}fu^{312}ʂʅ^{312}iɛ^{312}li] 指孤儿寡母生活困难、受人欺负。

挂把儿[kuɑ^{312}pɛr^{312}]\带把儿[tai^{312}pɛr^{312}] 说粗话、脏话、下流话、骂人话：说话儿～。

乖狗啊似哩[kuai^{42}kou A ʂʅ^{312}li] 见谁也不顺眼，跟谁也不好好说话。

拐孤[kuai^{55}ku] 歪；形容人心眼多、不诚实、心术不正：～心眼儿。【同】拐弯儿心眼儿。

怪道[kuai^{312}tɑu^{312}] 奇怪；稀罕；个别。

关起来兰[kuai^{42} tɕ^{h}i^{42}lai^{42}lan] 送到监狱或看守所被看押起来了。

管…慨嗷[kuai^{42}…k^{h}ai^{55}ɑu] 因管教不起作用，故不必管某人，任其所为。

管教[kuai^{55}tɕiɑu^{312}] 教导；约束；控制。

惯[kuan^{312}] 纵容、娇惯、溺爱孩子。

光[kuɑŋ^{42}] ①地上滑：刚下咾雪，地啊～。②干净：掩媳妇儿把院子哦扫哩多～哎。

光光[kuɑŋ^{42} kuɑŋ] 婴幼儿拍手的动作。

光捻[kuɑŋ^{42} ȵiæn] 光滑；顺。

光怕[kuɑŋ^{42} p^{h}A^{312}] 恐怕；只怕：～你赶不上火车兰。

光凭子哦嘴上哩[kuɑŋ^{42} p^{h}iŋ^{51}tsɤ tsuei^{55} ʂɑŋ^{312} li] 只说不干，不实在。

咣当[kuɑŋ^{312}tɑŋ^{55}] 【拟声】①液体在容器中晃动。②液体晃动声；门窗碰撞声。

滚[kuən^{55}] 水沸；水开：～水（开水）。

棍儿捅啊似哩[kuər^{312}t^{h}uŋ^{42}A ʂʅ^{312}li] 一点就通；形容人聪明、伶俐、机灵。

聒哩慌[kuo^{214}li xuɑŋ^{42}]**吵哩慌**[tʂ^{h}ɑu^{55}li xuɑŋ^{42}] 声音很大使人烦恼。

掴[kuai^{214}]**掴剪**[kuai^{214}tsiɛ^{55}]**搧**[ʂai^{42}] 用巴掌打，多是打脸。

鬼头蛤蟆眼儿哩[kuei^{55}t^{h}ou^{51} xɤ^{51}mA iɛr^{55}li] ①形容一个人的长相鬼头鬼脑、眼珠儿突出。②眼珠乱转，各处偷看，刺探事情。

H

孩子哦狼藉哩[xai^{51}tsɤ lɑŋ^{51}tsi^{31} li] 指小孩多；小孩吵闹。

寒碜[xan^{51}tʂ^{h}ən] ①人长得瘦小、难看、形象差。【近】磕碜（单薄瘦小；小气）。②财物很少。③丢人，有失体面。④【动】讥讽、嘲笑、愚弄；揭人短处使人丢脸。

喊叫[xai^{55}tɕiɑu^{312}] ①大声喊；呼唤；叫：你去～他一下儿哩。②大声训斥：嫑～掩兰嗷。

薅[xɑu^{42}] 用手拔：～草。

好歹[xɑu^{53}tai^{55}]**好赖**[xɑu^{55}lai^{312}] 无论好坏；不管怎么样；无论如何。

好好儿哩[xɑu^{53}xɑu^{55}li] 要听话；要安于本分；不要出事端。

好么儿…咾[xɑu^{55}mɛr^{42}…lɑu] 怎么会…呢；无论如何不会：他好么儿就听你哩咾。

好么儿咾[xɑu^{55}mɛr^{42}lɑu]**好么儿哩咾**[xɑu^{55}mɛr^{42}li lɑu] 怎么会这样；不会这样；不可能这样。

好容易[xɑu^{55}ʐuŋ^{51} i^{312}] 很不容易。

好说歹说[xɑu^{55}ʂuo^{214}tai^{55}ʂuo^{214}] 用各种理由或方式劝说、请求、恳求。

呵舍[xɤ^{214}ʂɤ^{55}] "扯"的分音词。指对儿童大声训斥，并带有拉扯胳膊的动作。

喝*啦[xɤ^{42}lA]【拟声】哗。水声。

喝*捞[xɤ^{214}lɑu^{55}] "搅"的分音词。指手伸到液体中搅动：坐月子的人不能～凉水。

喝*捞[xɤ^{214}lɑu^{55}]**喝*捞喝*捞**[xɤ^{214} lɑu^{55} xɤ^{214} lɑu^{55}] 到处翻找。

喝*咧[xɤ^{214} liɛ^{55}] "喊"的分音词。扯着嗓子哭。

喝*咧[xɤ^{214} liɛ^{55}] "扁"的分音词。指饿着肚子：喝咧子哦肚子哦。

喝*撇[xɤ^{214}p^{h}iɛ^{55}]**舍撇**[ʂɤ^{214}p^{h}iɛ^{55}] 丢弃；糟蹋；浪费。

喝*晃[xɤ^{214}xuɑŋ^{312}]**忽晃**[xu^{214}xuɑŋ^{312}] 在人眼前走来走去；晃来晃去。

喝*躺[xɤ^{214}t^{h}ɑŋ^{55}] "晃"的分音词。指猛地摇晃小拉车等，将所载物品震动下来。

喝药[xɤ^{214} iɑu^{312}] ①喝熬制的中药。②喝毒药自杀。

合出来兰[xɤ^{312}tʂ^{h}u^{214}lai^{51}lan] 豁出去了。

合摸[xɤ^{51}mɤ] ①估计。②考虑。

合摇[xɤ^{51}iɑu] 晃动；摇动。①【形】物体不稳。②【动】树木等摇晃；用手摇晃树木等。

合适儿[xɤ^{51}ʃʅ^{214}] 合算。

合子哦哩[xɤ^{51}tsɤ li] 准备着；打算着。

合着[xɤ^{51}tʂɑu] 轮到；应该：这事儿～你去说哩咾。

合着咾[xɤ^{51}tʂɑu^{42} lɑu] 合算；某事可做；经核算，做某事代价少收益大，或最少代价与收益相当。

荷叶大片哩[xɤ^{51}iɛ^{312}tA^{312}pʰiæn^{312}li^{42}] 面积较大。①形容婴幼儿在炕褥上尿了一大片。②形容做棉被时占用面积较大。

黑[xei^{214}] 通过不正当渠道将他人财物据为己有。

黑打呼哧哩[xei^{214}tA^{55}xu^{31}tʂʅ^{55}li] 脸比较脏黑。【同】黑塌呼脸哩[xei^{214}tʰA^{55}xu^{31}tʂʰʅ^{55}li]（西）

黑子哦脸[xei^{214}tsɤliɛ^{55}] 比喻很生气、很恼怒。

嘿儿喽[xər^{214}lou^{55}] “吼”的分音词。①指哭声如“吼”。②哮喘病人的齁声。

哼啊哈哩[xəŋ^{42}A xA^{42}li] 形容一个人应付他人要求或请求，心不在焉、敷衍了事，说话没诚意。

哼哼[xəŋ^{214}xəŋ^{55}] ①小声哭，有哭声不掉眼泪。②一种对人啼哭不耐烦的说法。

哼哼[xəŋ^{42}xəŋ^{42}]（西）①随便唱；哼唱。②一种对人唱歌不耐烦的说法：穷～。

哼是[xəŋ^{55}ʂʅ^{312}] ①肯定是。②可能是。③因为满意所以会；因为不满意所以不会。

烘[xuŋ^{42}] 火旺：看那火欢哩～啊～哩。

哄[xuŋ^{55}] ①逗引；使人高兴：～孩子哦。②骗人：～人。

哄人哩[xuŋ^{55}ʐən^{51}li]\糊弄人哩[xu^{51}luŋ ʐən^{51}li] 骗人呢。

哄搅哄搅哩[xuŋ^{42}tɕiɑu^{42}xuŋ^{42}tɕiɑu^{42}li] 摩肩接踵、人声嘈杂；比喻人多。

红脖子哦缸*脸哩[xuŋ^{51}pɤ^{51}tsɤ kɑŋ^{312}liɛ^{55}li] 形容人喝醉酒、很热、生气、吵架、急羞的样子。

红咾毛兰[xuŋ^{51}lɑu mɑu^{51}lan] 因有权势或钱财而思想膨胀、骄横跋扈。

红咾眼兰[xuŋ^{51}lɑu iɛ^{55}lan] 眼睛充血要拼命的样子；豁出去了；不要命了。

厚道[xou^{31}tɑu^{312}] 为人实在、善良、宽容、不刻薄。

后梢[xou^{31}ʂɑu^{312}] ①【名】后期。②后期的；末尾的；最后的。

呼啦\忽拉\忽啦\忽剌[xu^{42}lA] 【拟声】“哗”的分音词。指风声、风吹树叶声、流水声等。

呼噜[xu^{214}lu^{55}] ①小孩淘气、爱哭闹。②刁蛮；不说理：～不说理（蛮不讲理）。

呼噜八万哩[xu^{214}lu^{55}pA^{214}van^{312}li]\呼噜子哦八万哩[xu^{214}lu^{55}tsɤ pA^{214}van^{312}li]

呼隆 ①[xu^{51}luŋ^{42}]【拟声】打雷、物体崩塌等声音。②[xu^{214}luŋ^{55}]比喻时间过得快：一～就过哩兰。

呼歇子哦喘气哩[xu^{31}ɕiɛ^{214}tsɤ tʂʰuai^{55}tɕʰi^{312} li] 大口喘气；上气不接下气。

呼腾呼腾哩[xu^{51}tʰəŋ xu^{51}tʰəŋ li] 日子红火；人丁兴旺：日子哦过哩～。

忽拉[xu^{214}lA^{55}] ①来回拨弄物体。②轻微划或刮蹭。③扫地。

忽雷子哦闪电哩[xu^{51}lei^{51}tsɤ ʂai^{55}tiæn^{312}li] ①电闪雷鸣。②非常紧急；来得快，去得快。

忽飘忽飘哩[xu^{51}pʰiɑu xu^{51}pʰiɑu li] 液体表层飘起来的东西多：锅里那肉～。

忽扇[xu^{214}ʂai^{55}] 不停地扇动。

忽潲[xu^{214}ʂɑu^{312}] ①用巴掌在人脸前晃动。②在人跟前走动。

忽塌[xu^{214}tʰA^{55}] ①物品滑、坏、散架。②形容时间过得快。

忽悠[xu^{214}iou^{55}] ①晃动；摇晃。②胡说；吹牛；谣传。③设圈套；欺骗；煽动。

忽子哦[xu^{214}tsɤ] ①专心急着做某事。②小孩紧跟着大人。③一心一意地跟着。

忽忽子哦[xu^{214}xu^{55}tsɤ] 心里放不下：人家早结婚兰，你老～人家干么哎？

囫囵[xu^{51}luən] 整个；完整：～馍馍|～子哦衣儿睡（和衣而睡）。

胡成儿[xu^{51}tʃʰərŋ] 不懂事。

胡吹子哦六拉[xu^{51}tʂʰuei^{42} tsɤ liou^{312}lA^{51}]\胡吹八搭[xu^{51}tʂʰuei^{42}pA^{214}tA^{55}]（西）东拉西扯吹大话。

胡答胡应[xu^{51}tA^{214}xu^{51}iŋ^{42}] 形容人说话时心不在焉。

胡搅胡憨搅憨[xu^{51}tɕiɑu^{55}xu^{51}xan^{51}tɕiɑu^{55}xan^{51}] 不同性质的两件或多件事情搅合在一起；糊里糊涂。

胡连捣腾[xu^{51}liæn tɑu^{55}tʰəŋ li]\胡连子哦倒腾[xu^{51}liæn tsɤ tɑu^{55}tʰəŋ]事情多，顾不上休息。

胡连浪荡[xu^{51}liæn lɑŋ^{312}tɑŋ]\胡连子哦浪荡[xu^{51}liæn tsɤ lɑŋ^{312}tɑŋ] 干活不稳当。

胡闹八搭经[xu^{51}nɑu^{312}pA^{214} tA^{55}tɕiŋ^{42}]\胡闹八经[xu^{51}nɑu^{312}pA^{214} tɕiŋ^{42}]（西）不务正业。

胡七马八[xu^{51}tsʰi^{214}mA^{55}pA^{214}] 不三不四；乱七八糟。

胡说嗒[xu^{51}ʂuo^{214}tA^{42}] 不负责任地随便说。

胡诌[xu^{51}tʂou^{42}] 信口瞎编，随意乱说。

糊[xu^{312}] 油腻；比喻油多的像浆糊或粥一样：油大哩～嘴。

糊涂会儿[xu^{51}tu xuər]\迷糊会儿[mi^{51}xu xuər] 小睡。

糊模[xu^{51}mA] 模糊。不清楚。

唬弄\糊弄[xu^{31}luŋ^{214}]\促弄[tsʰu^{31}luŋ^{214}]\捉唬[tʂuo^{214}xu^{55}] 欺骗；蒙混；捉弄；戏弄。

护[xu^{312}] 堵；淤泥、油腻子将密集的小孔堵上：窟窿眼儿给～住兰。

护道道哩[xu^{312}tɑu^{312}tɑu^{42} li] 衣服保温、暖和，身体不能散热。

护短[xu^{312}tuai^{55}] 为一个人的缺点、过失辩护。

花手大[xuɑ^{42}ʂou tA^{312}] 花钱无节制。

滑[xuɑ^{51}] 为人油滑；狡猾：这人可～哩。

滑麻调嘴[xuɑ^{51}mA tiɑu^{312}tsuei^{55}] 油嘴滑舌。

滑头鬼脸[xuɑ^{51}tʰou kuei^{53}liɛ^{55}] 内心狡猾，但表面嘻嘻哈哈。

划算[xuɑ^{51}suan^{312}]\上算[ʂɑŋ^{312}suan^{312}] 合适；合算；值得。

话稠[xuɑ^{312}tʂʰou^{51}] 话多。

怀[xuai^{51}] 怀孕。

坏醋兰[xuai^{312}tsʰu^{312}lan] 结果不理想；出现了意外状况。

欢[xuai^{42}] 火旺。

欢实[xuai^{42}ʂʅ] 活泼；活跃；体力精力旺盛。

慌天啊似哩[xuɑŋ^{51}tʰiɛ^{42}A ʂʅ^{312}li] 形容帮助别人跑前跑后非常热情。

黄捻儿兰[xuɑŋ^{51}ȵiɛr lan] 事情办不成了。

晃[xuɑŋ^{312}] 蒙；骗：张三在外头混了没几天就～回来一个媳妇儿。

回[xuei^{51}] ①赎回。②出钱或物取回，多用于“闹”婚礼。

回哩[xuei^{51}li]\走[tsou^{55}] 回家；下班：该～兰。

毁[xuei^{55}] ①打：我～你哩！。②把旧衣服改成其他东西：把旧裤子哦～个裤衩儿。

混势[xuən^{51}ʂʅ^{214}] 指男孩身体长得魁梧、健壮：～小伙儿。

豁亮[xɤ^{214} liɑŋ^{312}] 宽敞明亮。

活动[xuo^{51}tuŋ^{312}]\活泛[xuo^{51}fɑn^{312}] 处事灵活。【反】死巴；直棒。

火龙[xuo^{55}luŋ^{51}] 红蜘蛛成灾。

火烧火燎[xuo^{55}ʂɑu^{42} xuo^{53}liɑu^{55}] ①形容人体温高，发烧得厉害。②气温高。③内心焦急。

J

鸡巴啊长鸡巴啊短哩[tɕi^{42}pʌ^{42}A tʂʰɑŋ^{51}tɕi^{42}pʌ^{42}A tuai^{55}li] 形容人说脏话。

敧[tɕi^{214}] 持箸取物；用筷子夹：～点儿咸菜。

唧抓[tsi^{214}tʂuɑ^{55}] ①比喻说话声高。②争吵。

吱儿抓[tʃʅ^{214}tʂuɑ^{55}]\ 吱抓[tʂʅ^{214}tʂuɑ^{55}]（西）【拟声】相互追逐打闹、喊、叫的声音。

激[tɕi^{214}] 刺激：水凉哩～哩骨头疼。

急促子哦连忙哩[tɕi^{51}tsʰu^{214}tsɤ liæn^{51}mɑŋ^{51} li] 匆匆忙忙地；着急的样子。

急哩慌[tɕi^{51}li xuɑŋ^{42}] 淘气；让人着急；让人费心。

急连步噔哩[tɕi^{51}liæn pu^{312}təŋ^{55}li] 做事慌里慌张的样子。

急头子哦怪脑哩[tɕi^{51}t^{h}ou^{51}tsɤ kuai^{312}nɑu^{55}li] 着急上火的样子。

织毛衣[tɕi^{55}mɑu^{51}i^{42}] 手工织毛衣；打毛衣。

记视人[tɕi^{312}ʂʅ^{214} ʐən^{51}] 记仇。

加楔儿[tɕia^{42}siɛr^{214}] 加塞；插队。

夹脚[tɕia^{31}tɕiɑu^{214}] 卡脚，指鞋瘦小。

夹尾巴狗啊似哩[tɕia^{214} i^{55}pA kou^{55}A ʂʅ^{312} li] 非常胆怯，不敢出声。

甲[tɕia^{214}]\甲得[tɕia^{214} tei^{312}]\甲愣[tɕia^{214}tʂəŋ^{312}] 体格壮；厉害；能干；势力强；手段高明等。

驾[tɕia^{51}] 赶牲口快步走或跑。

驾[tɕia^{312}] 搀；扶：出门～住嗯奶奶。

驾辕[tɕia^{312}yæn^{51}] 牲口或人在两根车辕中间拉车。

架鼓[tɕia^{312}ku^{55}] 向辈分高、有势力的人添油加醋地说他人坏话；尤指小孩向大人告其他小孩的状。

间苗儿[tɕiæn^{312}miɑur^{51}]\定苗儿[tiŋ^{312} miɑur^{51}] 按一定间距将弱小禾苗拔除，留下壮苗。

奸馋[tɕiɛ^{42}tʂ^{h}an]\洋厌[iɑŋ^{51}iæn] 挑食。【反】马恰。

尖吧[tsiɛ^{42}pA] 厉害；刁钻。【反】绵善。

减价[tɕiɛ^{55}tɕia^{312}] 降价。

碱脚[tɕiɛ^{55}tɕiɑu] 房屋地基被水蚀、风化。

贱[tsiæn^{312}] ①物品便宜。②行为或语言轻浮、卑鄙、下流。③贬低自己身份和人格以迎合他人：犯～。④摇尾乞怜、卑躬屈膝：～骨头。⑤故意炫耀自己的身体、财富、势力等，恬不知耻。

主贱[tʂu^{55}tsiæn^{312}] ①不知好歹；娇惯任性。②不识抬举。③自以为是，故意刁难人。

江湖儿[tɕiɑŋ^{42}xuər] 新鲜；新潮：看你闹那～哩，俺都没见过。

将[tsiɑŋ^{42}] 撞；碰：～车|～头。

将儿将儿[tɕiɑrŋ^{42} tɕiɑrŋ^{42}] 刚好。

犟[tɕiɑŋ^{312}] 固执；倔强：～嘴（与长辈顶嘴）。【同】倔[tɕyɛ^{312}]\拧[ȵiŋ^{312}]。

犟哩卜愣卜愣哩[tɕiɑŋ^{312}li pu^{51}ləŋ pu^{51}ləŋ li] 孩子不停、不示弱地与大人顶嘴。

浇地[tɕiɑu^{42}ti^{312}] 灌溉农田。

绞头发[tɕiɑu^{55} t^{h}ou^{51} fA] 剪头发；理发。

搅家[tɕiɑu^{55} tɕia] 不允许别人动自己的东西，多指小孩。

脚踪[tɕiɑu^{214} tsurŋ] 踪迹。

叫[tɕiɑu^{312}] ①喊，呼唤：出哩～啊他吧。②【介】让，允许。

叫唤[tɕiɑu^{312}xuan] ①喊叫。②哭。

较劲[tɕiɑu^{312}tɕin^{312}]\较劲儿[tɕiɑu^{312}tɕiər^{312}] ①使出最大力气。②工作量大、难度大、强度高；条件太艰苦、环境太恶劣等：今儿那天真～，能把人晒死。③互不相让，互不服气：俩人正较子哦劲哩。

较真儿[tɕiɑu^{51}tʂər^{42}] 过分认真；过分计较。

接嘴事儿严哩[tsiɛ^{214}tsuei^{55}ʂʅ^{312}iæn^{51} li] 大人说话时小孩子抢着答话或接别人的话腔抢着说话。

节饿[tsiɛ^{214} ŋɤ^{312}] 长期挨饿：每常么儿啊受咾～兰。

节在[tsiɛ^{55}tsai^{312}] ①使用时爱护、珍惜物品。②注意保养身体：掩活哩可～哩。

结记[tɕiɛ^{214}tɕi^{312}] 挂念；惦记；担心。

结实[tɕiɛ^{214}ʂʅ^{55}] ①坚固；牢固；耐用：房子哦～|绑哩～。②健壮：身体～。

解气[tɕiɛ^{55}tɕ^{h}i^{312}] ①欲望得到满足。②心中气愤得到消除。

斤地[tɕin^{42}ti]\持住[tʂ^{h}ʅ^{55}tʂu^{312}] 承受：那根绳能～你咾呗。【反】斤不地。

斤张[tɕin^{42}tʂɑŋ] “让”的分音词。①指使，指派：要老～掩干件儿兰。②提醒；请：结记子哦～掩吃饭。

筋抖[tɕin^{42}tou] 食品有弹性、有韧性：这面真～。

紧[tɕin^{55}] ①事情紧急。【反】不急；不要紧。②约束严格。【反】松；不紧。③捆扎结实。【反】松；不紧。④可用时间过短。【反】宽超；工夫大。⑤速度快；急：雨下哩～。【反】慢。⑥人体自然生理反应需要，要大小便：俺～尿兰。【反】不紧。⑦空间上、时间上挨得太近。

紧[tɕin^{55}]\紧吧[tɕin^{55} pA]\紧卡[tɕin^{53} tɕ^{h}ia] 生活窘迫、拮据；经济不宽松。

紧挨家儿[tɕin^{55}ȵiɛ^{42}tɕiɛr^{42}] 连着；前后时间间隔很短：她～生咾俩孩子哦。

尽[tsin^{55}] 迁让，尽让，让…先：先～子哦他吃。

尽让[tsin^{55}ʐɑŋ^{312}] ①推让，让别人占先。②迁就。

浸[tsin^{312}] 向外渗水。

禁[tɕin^{312}] 油类遇冷凝结。【同】共。

精[tsiŋ^{42}] ①长得精神。②机灵；伶俐；聪明。

精俏灵哩[tsiŋ^{42}ts^{h}iɑu^{312}liŋ^{51} li] 形容女子精明、能干、懂礼仪。

惊子哦点儿心[tɕiŋ^{42}tsɤ tɛr^{55}sin^{42}] 警醒；留心；提高警惕。

竟犟儿哩[tɕiŋ^{312}tɕiɑrŋ^{312}li]\竟竟儿哩[tɕiŋ^{312}tɕirŋ^{312}li] 专门；故意。

单竟儿哩[tai^{42}tɕirŋ^{312}li]\单一儿哩[tai^{42}iər^{214} li]\意竟儿哩[i^{312} tɕiŋ^{214} li]

久*[tɕiou^{55}] 小孩舍不得与人分享、吝啬、不大方。

就[tsiou^{312}] ①靠近；趋近：你在哪儿来？我去～你哩吧。②与其他食品搭配吃或喝：馍馍～肉，饺子～酒。③依现有情况或趁当前便利“到一起；占用、使用”等：咱们～～你那地当儿沾呗？

就伴儿[tsiou^{312}pɛr^{312}] 作伴。

就不[tou^{31}pu^{214}] ＜孩子跟家长犟嘴的话＞就是不。

就近[tsiou^{312}tɕin^{312}] 在附近。

掬[tɕy^{42}] 因天气寒冷手脚活动不灵活：手～。

菊罯儿[tɕy^{214} lyɛr^{55}] 卷曲：～头发。

惧[tɕy^{312}] 怕而守规矩：他可～他爹哩。

撅[tɕ^{h}yɛ^{55}] 折断树枝、木棍等。

撧[tsyɛ^{214}] ①撧面，从一块面上揪下一块。②撕断；折断。

觉么子哦[tɕiɑu^{214} mɤ^{55}tsɤ] 觉着。

噘\诀[tɕyɛ^{51}] 骂人。

嚼灾[tsiɑu^{51}tsai^{42}] 为人庆祝生日。

倔[tɕyɛ^{312}] ①倔强。②口音生硬，多用来形容山里人说话。

俊[tsuən^{312}] 女子长的标致、漂亮。

K

开刀[k^{h}ai^{42}tɑu^{42}] 做手术。

开脸[k^{h}ai^{42}liɛ^{55}]**绞脸**[tɕiɑu^{53}liɛ^{55}]（旧）旧时妇女出嫁时去掉脸上的茸毛。

开眼[k^{h}ai^{42}iɛ^{55}] 主持公道；明辨是非。【反】不开眼。

开辙[k^{h}ai^{42}tʂɤ^{51}] 车辆通过狭窄道路：这道儿窄哩开不过辙。

　　错辙[ts^{h}uo^{312}tʂɤ^{51}] 会车时在某一处交错通过：这道儿窄哩错不过辙。

慨嗷[k^{h}ai^{55}ɑu] 干什么，做什么：捉唬你～。

看[k^{h}an^{312}] ①观看；围观；旁观：～娶媳妇儿。②选择：～晌儿。③当心；小心；提防：～车。

看扁[k^{h}an^{312}piɛ^{55}] 小看；低估：覅把人～咾。

看起[k^{h}an^{312}tɕ^{h}i^{55}] 敬佩；认为某人有能力。【反】看不起。

看地[k^{h}an^{312}ti^{312}] 看守庄稼、果园、菜园等。

看你那脏样儿[k^{h}an^{312}ȵi ^{55}ɲɤ^{312}tsɑŋ^{42} iɑrŋ^{312}] 蔑视人的话。

看水[k^{h}an^{42}ʂuei^{55}] 浇地。

看戏嗨儿[k^{h}an^{312}ɕi^{312}xɛr^{55}] 看热闹；隔岸观火；幸灾乐祸；看某人笑话。

糠[k^{h}ɑŋ^{42}] 萝卜内心失水成蜂窝状：～萝卜。

扛[k^{h}ɑŋ^{55}] 顶替：你再不铆劲儿掩都把你～兰。

扛子哦算[k^{h}ɑŋ^{55}tsɤ suan^{312}]**扛子哦是**[k^{h}ɑŋ^{55}tsɤ ʂʅ^{312}] 就当是。

靠[k^{h}ɑu^{312}] 指女人与丈夫之外的男人有长期稳定的不正当关系。【同】骨碌啊一团儿哩兰（西）。

科流[k^{h}ɤ^{42}liou] 弯曲；不直：～拐弯儿（路弯弯曲曲）。【反】直捻。

磕打[k^{h}ɤ^{214} tA^{55}] ①敲打：～烟袋锅儿。②磕碰：桌子哦叫～着兰。

磕头[k^{h}ɤ^{214} t^{h}ou^{51}]\拜年[pai^{214}ȵiæn^{51}] 跪拜长辈。

磕头儿[k^{h}ɤ^{214} t^{h}əur^{51}] 跪拜神仙、菩萨等信仰的偶像。

磕巧[k^{h}ɤ^{214}tɕ^{h}iɑu^{55}] 后跟"子哦嘴儿"，意为"巧言，狡"：耍光一天哩～子哦嘴儿说话儿兰。

壳拉[k^{h}ɤ^{51}lA]/壳[k^{h}ɤ^{214}] 不得不、必须去做：这事儿就是～住你兰。

壳搂[k^{h}ɤ^{51}lou] 估算；匡算。

壳子哦[k^{h}ɤ^{312} tʂɤ] ①比照：～他那件儿衣裳买。②限制在一定范围：～那点儿钱儿花。

可不呗[k^{h}ɤ^{312} pu^{214} pai] 就是这样。

可撇[k^{h}ɤ^{214}p^{h}iɛ^{55}] 胡花、混吃，随意丢弃、变卖家产。

可恰可卯儿哩[k^{h}ɤ^{55}tɕ^{h}ia k^{h}ɤ^{214}mɑur^{55} li] \可地可卯儿哩[k^{h}ɤ^{55}ti^{31}k^{h}ɤ^{214}mɑur^{55}li]（西） 正合适。

可适[k^{h}ɤ^{214}ʂʅ^{55}]/[k^{h}ɤ^{55}ʂʅ^{312}]\可适儿[k^{h}ɤ^{55} ʃʅ^{312}] ①正好；正是时候。②合适。

渴喜[k^{h}ɤ^{214}ɕi^{55}] 【贬】喜欢；需要：谁～你哎！【近】喜痴。

克制[k^{h}ɤ^{55}tʂʅ^{312}] 处理；对付；解决：这人儿急哩慌哩没法～。

捆[k^{h}uən^{55}] 衣服很瘦，紧紧包裹着身体：看他穿那裤子哦瘦哩～子哦腿。

吭气儿[k^{h}əŋ^{42}tɕ^{h}iər^{312}] 出声；说话，告诉：怎儿你不～哎？

控[k^{h}uŋ^{312}] ①把容器倒悬使水自然流干。②将蔬菜等从水中捞出，使水自然流干。

抠儿[k^{h}əur^{42}]小气；吝啬：老～（吝啬的人）。【同】抠门儿\抠抠缩缩哩。

抠掐[k^{h}ou^{42}tɕ^{h}ia] ①从棉花壳篓中摘取残余棉花。②挑剔。③研究；琢磨；计算。③干活慢、细致。

口儿轻[k^{h}əur^{55}tɕ^{h}iŋ^{42}] 口味淡；吃得淡。【反】口儿重。

扣[k^{h}ou^{312}] ①液体洒出容器。②器物口朝下放置或覆盖。

苦业[k^{h}u^{55}iɛ^{312}] 生活艰辛：这人一辈子哦可～哩。

哭穷[k^{h}u^{55}tɕ^{h}yŋ^{51}] 向他人讲述自己如何贫穷，以博得他人同情。

哭丧子哦脸[k^{h}u^{55} sɑŋ^{312} tsɤ liɛ^{55}] 心情不悦，面带愁容或怒容。

苦丁子哦烂咸哩[k^{h}u^{55}tiŋ^{42}tsɤ lan^{312}ɕiæn^{51}li] 菜或食物过分咸；极咸。

苦苦儿哩[k^{h}u^{55}k^{h}uər^{42}li] 非常苦。

擓[k^{h}uai^{55}] 在胳膊肘上挎篮子。

宽超[k^{h}uɑn^{42}tʂ^{h}ɑu] ①空间宽阔。②时间财物上宽绰；充足；宽裕。

框外[k^{h}uɑŋ^{312} vai^{312}] 出格；不合情理；过分；个别。

亏咾[k^{h}uei^{42} lɑu] 多亏；幸亏。

□[k^{h}ɛr^{214}] 小孩子做捉迷藏游戏时所说，意思是预备好了。

□[k^{h}ər^{51}] 【俚】很好；很舒服。

L

拉[lA^{42}]/[liɛ^{55}]**扯**[tʂ^{h}ɤ^{55}] 买布：俺去～几尺洋布哩。

拉扯[lA^{42} tʂ^{h}ɤ] ①拉拽，肢体上的轻微冲突。②艰难地把孩子养大。

拉倒[lA^{31}tɑu^{55}]**算拉倒**[suan^{312}lA^{31}tɑu^{55}]**算兰**[suan^{312}lan] 作罢；不可惜；无所谓。

拉倒兰[lA^{31}tɑu^{55}lan] ①事情办不成了。②彻底完了。③离婚了；情人分手了。

拉架[lA^{42}tɕiɑ^{312}] 劝架。

拉脚儿[lA^{42}tɕiɑur^{214}] 跑运输；以运输为职业。

拉拽[liɛ^{55} tʂuai^{312}] ①用小拉车拉东西。【同】拉拉拽拽哩。②拉扯，肢体上的轻微冲突。

剌[lA^{51}] 割；划：手给～着兰。

剌巴[lA^{51}pA] 不光滑。【近】光；光溜。

邋挂[lA^{55}kuɑ] 邋遢；不讲卫生；衣着不整洁。

痢[lA^{214}]**痢巴巴**[lA^{214}pA^{55}pA] 大便。

唻[lai^{55}] ①用牙叼住捋：羊～树叶儿哩。②用手握住人或物用力摔：他把我给～倒兰。

赖[lai^{312}] ①差：不～（好）|不～歹（好）。②人品差：不～（人品好）|不～哩（关系好的人）

赖[lai^{312}]**欺赖**[tɕ^{h}iɛ^{51}lai^{312}] 欺诈，诬赖。

欺赖[tɕ^{h}iɛ^{51}lai^{312}] 硬性依赖；要赖依靠某人：这孩子哦真会～人。

揽[lai^{55}] 哺乳：～孩子哦（把孩子抱在怀里；给孩子喂奶）。

揽活[lai^{55}xuo^{51}] （旧）做长工或打短工。【近】揽活儿（新）承揽或承接一项工作。

稂糠[lɑŋ^{51}k^{h}ɑŋ] 粮食中含有较多杂质和土。

浪[lɑŋ^{312}] ①在外四处游荡。②多指女性行为放荡。③无用的；破烂的。

浪白白哩[lɑŋ^{312}pai^{51}pai^{51}li] 平白无故地。

浪叫[lɑŋ^{31}tɕiɑu^{312}] 大声说话或小孩大声哭，一般用于薰人：要～兰。

浪哩慌[lɑŋ^{312}li xuɑŋ^{42}] ①闲着没事干；自找事干。②自愿；心甘情愿。

捞摸[lɑu^{51} mɤ] 偷；偷拿。

牢靠[lɑu^{51}k^{h}ɑu^{312}] ①坚固；稳固；稳当。②确定无疑，准确无误。【同】准当。③稳妥可靠。

老鼻子哦疙苍眼哩[lɑu^{55}pi^{51}tsɤkɤ^{214}ts^{h}iɑŋ^{55}iɛ^{55}li]/ [lɑu^{55}pi^{51}tsɤk^{h}ɤ^{214}ts^{h}iɑŋ^{55}iɛ^{55}li] 贬低人苍老。

老棒[lɑu^{55}pɑŋ] 不再变化：伤口～住兰。

老气[lɑu^{55} tɕ^{h}i^{312}] 服装颜色深暗、样式陈旧。

老撒[lɑu^{55}sA] 瞥；瞟；留心看：我～咾他一眼。【近】把撒。

老西子哦[lɑu^{55}si^{42}tsɤ]\好西子哦[xɑu^{55}si^{42}tsɤ] 很多。

　　内些子哦[nei^{312}siɛ^{42}tsɤ]（西）

冷不丁哩[ləŋ^{55}pu^{214}tiŋ^{51} li] 冷。

冷不防儿[ləŋ^{55}pu^{214}fɑŋ^{51}] 趁人不注意。

愣[tʂəŋ^{312}]/[ləŋ^{312}] ①呆；失神：眼发～。②无言以对，不知所措：一下子哦～住兰。

愣势[ləŋ^{312}ʂʅ^{214}] ①愣头愣脑：长哩～。②鲁莽；冒失：～小子哦。

楞是[ləŋ^{312}ʂʅ^{312}] 硬是。①无论如何；就是。②坚决：他～要去。③勉强：他～丢地啊走啊家兰。

利口[li^{312}k^{h}ou^{55}] 爽口：苹果可～哩。

离孤儿[li^{51}kuər] 分离开：肉给骨头～兰。

里长风[li^{55}tʂ^{h}ɑŋ^{42}fəŋ^{42}] 比喻一个人对于财物只进不出。

里三外二五[li^{55}sai^{42}vai^{312}ɭ^{312}u^{55}] 身上穿着多层衣服，但不太合适。

理哧[li^{55}tʂ^{h}ʅ] 理睬；搭理。

力量[li^{31}liɑŋ^{312}] 精明能干。多用来指女人。

立陡[li^{312}tou^{55}] ①陡峭：～齐沿哩（非常陡峭）。②说话尖刻，不近人情；做事果断，不留余地。

沥拉[li^{51} lA]/[li^{214}lA^{55}]\沥流儿沥拉[li^{51} liəur li^{214} lA^{55}]洒；液体不断滴落。

　　漓漓拉拉\沥沥拉拉[li^{51} li lA^{31}lA^{55}]

沥拉\哩啦[li^{214}lA^{55}] ①间隔着撒种子。②使人或物拉开距离：把队～开。③同一件事分时段做：把件儿～开。④时间上拖延：秋收～哩功夫儿长。

乱黑[luæn^{312}xei^{214}] 天黑之前；天色稍晚；傍晚。

乱晌[luæn^{312} ʂɑŋ^{55}] 中午前下不了工。

两说[liɑŋ^{55} ʂuo^{214}] 两可；说不准。

连啊[liæn^{51} A]\连子哦[liæn^{51} tsɤ] 加上；计算着；计算上。

撻[liɛ^{55}] ①将地面平摊物铲起堆到一起：把土～起来。②挖淋沟。③铲平：把道儿～～。

量[liɑŋ^{51}] 买粮食：～米。

燎生[liɑu^{51}ʂəŋ^{42}] 半生不熟。

撩猫儿**逗狗哩**[liɑu^{51} mɑur^{51}tou^{312}kou^{55}li] 撩拨；挑逗；招惹是非。

尥蹶子哦[liɑu^{312}tɕyɛ^{214}tsɤ] ①牲口发怒向后踢蹄子。②人发怒，不再与他人合作。

撂[liɑu^{312}]（西）放；搁。

咧那嘴给血瓢啊似哩[liε^{55}ɲɤ tsuei^{55}kei^{312}ɕiε^{214}p^{h}iɑu^{51}Aʂ^{h}ʅ^{312}li] 形容小孩咧着嘴哭。

裂*[liε^{55}] ①撕：～报纸|～书。②拉扯；拉；拽：～住他。

赁[lin^{312}] 租用；租借。

灵[liŋ^{51}] ①说话推测准确无误。②说话起作用。③水果、蔬菜清脆可口：这菜吃子哦可～哩。

灵臊[liŋ^{51}sɑu] 动作灵巧。

灵性[liŋ^{51}siŋ] 穿着轻巧、利索。【反】污邋。

零蹦[liŋ^{51}pəŋ] 零散。

零三八五哩[liŋ^{51} sai^{42}pA^{214}u^{55}li] 零碎，不完整。

领[liŋ^{55}] 生孩子：～咾个闺女。

领头儿伙蛆哩[liŋ^{55} t^{h}əur^{51}xuo^{53}ts^{h}y^{55} li] 带头。

椆[liou^{214}] 投掷：～石头。

馏二话[liou^{31}ʅ^{312}xuɑ^{312}] 恰当地重复别人的话，为自己辩护或对付他人。

六成儿[liou^{312} tʂ^{h}ərŋ^{312}] 形容人不懂事理。

六透[liou^{312}t^{h}ou^{312}] 彻底：打咾个～（痛打一顿）。

搂扒[lou^{51} pA] 努力将财物据为已有。

漏[lou^{312}] ①过滤：～豆腐。②制作：～粉条儿。

露一手儿[lou^{312} i^{214} ʂəur^{55}] 显示才能。

捋[ly^{214}]**拇捋**[mu^{214}ly^{55}] 顺着条状物方向抚摸、抚摩：～胡菜。

捋[ly^{55}] 顺着；沿着；以…为顺序：～子哦墙根儿走。|咱～住个头儿开始干吧。

捋[luo^{55}] ①挨；蹭；动：你那车～着掩兰。②招惹：你嫑～他，他是个半块。

摞活[luo^{51} xuo] 物体摆放得不稳当、危险。

落[lɑu^{312}] ①得到：说闲话，～闲话。②让人以为：我管咾他，还得～啊不懂事。

　　不能落秕[pu^{214}nəŋ^{51}lɑu^{312}pi^{55}] 不能甘拜下风。

　　落子哦[lɑu^{312} tsɤ] 名义上…实际…：他～管我哩，我一个月见不着他个脚踪儿。

落地儿[lɑu^{312} tiər^{312}] 孩子出生：你来时候儿，孩子哦刚～。

落利①[luo^{312} li] 【形】利落。②[luo^{55}li]\\[luo^{51}li]【副】快点；马上。

落意[lɑu^{312}i^{312}] 心安理得。【反】不落意。

落园[lɑu^{312}yæn^{51}] 将菜园里生长末期的瓜果蔬菜拔除掉：～菜（生长末期的蔬菜）。

M

麻烦透兰[mA^{51}fæn^{42}t^{h}ou^{312}lan]**麻烦死兰**[mA^{51} fæn sɿ lan] 非常麻烦。

麻利[mA^{51}li] 动作干脆、利索。

马恰[mA^{55}tɕ^{h}ia] 不挑食。

卖拍[mai^{51} p^{h}ai] 议论他人短处吹嘘自己；笑话人。

馒馒[mæn^{31}mæn^{55}] 小孩吃奶；哺乳。

墁[mæn^{312}] 用砖铺地：～屋里地。

漫地里起骨堆[mæn^{312}ti^{312}li tɕ^{h}iɛ^{55}ku^{42}tsuei^{42}] 白手起家。

慢哒消清儿哩[mæn^{312}tA siɑu^{42}tsirŋ^{42}li] 慢条斯理；不慌不忙。【近】慢哒扯尾儿哩。

忙活[mɑŋ^{51}xuo] ①【形】很忙。②【动】忙着或赶着做某事：这几天你～什么来？

毛[mɑu^{51}] ①用烧红烙铁烧掉肉皮上的毛。②用开水泡洗肉。

毛[mɑu^{51}] 货币贬值：仗啊那钱儿可～哩。

毛糙[mɑu^{51}ts^{h}ɑu] ①物品不细致、不光滑。②形容工作马虎、不认真。

猫走狮子哦[mɑur^{51}tʂou^{55}ʂʅ^{42}tsɤ] 猫发情交配。

猫腰[mA^{51}iɑur^{42}]\猫腰[mA^{312}yɛr^{42}]（西）弯腰。

瞄[mɑu^{55}]\盯[tiŋ^{42}]\榴[liou^{214}] 投掷。

铆劲儿[mɑu^{55}tɕiər^{312}] ①憋足力气，一下子使出来。②使出最大力气；尽最大努力。

没[mɤ^{51}] ①没有。②找不到；看不到。③丢：我那么儿给～兰。

　　没啊价[mɤ^{214}A tɕia^{312}]/[mɤ^{51}A tɕia^{312}] 没有。

没罢儿[mɤ^{51}pɛr^{55}] ①无休止；无法控制：他要钱儿输开咾～。②多得数不清：钱儿多哩～。

没鼻子哦没脸哩[mɤ^{51}pi^{51}tsɤ mɤ^{51}liɛ^{55}li] ①没羞没臊：他真是～。②不留情面地：你要～说掩兰。

没的[mɤ^{51}ti]/[mɤ^{312}ti^{214}]\没哩[mɤ^{51}li]/[mɤ^{312}li^{214}] ①或许；难道，莫非：～掩不愿意嗽？②不如：我还～不去来哩。③这样不是：家里什么也不用你管，～你省心嗽。

没法儿可置[mɤ^{51}fɛr^{214}kɤ^{55}tʂʅ^{312}] 无法处理；无法控制。

没风没火儿哩[mɤ^{51}fəŋ^{42}mɤ^{51}xuɛr^{55}li] 风和日丽。

没好气[mɤ^{51}ʌɑu^{55}tɕ^{h}i^{312}] 不高兴：孩子哦正～哩。

没际儿[mɤ^{51}tsiər^{214}] 没有底数；无法确定：家里来多少人～。

没家没业哩[mɤ^{51}tɕia^{42}mɤ^{51}iɛ^{312}li] 无家庭和事业，形容人漂泊在外，无依无靠。

没尽[mɤ^{51}tsin^{312}] ①没完。②不知足。

　　没足[mɤ^{51}tsy^{214}] ①没饱。②不知足。

没尽没休哩[mɤ^{51}tsin^{312}mɤ^{51}ɕiou^{42}li]\无尽无休哩[u^{55}tsin^{312}u^{55}ɕiou^{42}li] 贪得无厌。

没精打采哩[mɤ^{51}tsiŋ^{42}tA^{53}ts^{h}ai^{55}li] 无精打采，没精神。

没脸失皮哩[mɤ^{51}liɛ^{55}ʂʅ^{214}p^{h}i^{51}li]\没脸没皮哩[mɤ^{51}liɛ^{55}mɤ^{51}p^{h}i^{51}li] 不要脸；不知羞耻。

没门儿[mɤ^{51}mər^{51}] 不可能。

没痞没病儿哩[mɤ^{51}pʰi^{55}mɤ^{51}piŋ^{312}li] 没有疾病，身体健康。

没清大了哩[mɤ^{51}tsʰiŋ^{42}tA^{312} liɑu^{55}li] 没完没了；不清净。

没情架儿[mɤ^{51}tsʰiŋ^{51}tɕiɛr] ①（在主语前或后）没准；说不准：～他也愿意。②（在句尾）肯定；没商量：他喝醉咾开车，说出事～。

没腰没胯哩[mɤ^{51}iɑu^{42} mɤ^{51} kʰuɑ^{55}li] 夸张、夸大其词：说哩～（所说内容与实际相差太大）。

没咋[mɤ^{51}tʂA^{55}] 差不多；没有多大出入

没正性儿[mɤ^{51}tʂəŋ^{312}siŋ^{312}]不务正业、不顾家；像孩子一样贪玩。

没治兰[mɤ^{51}tʂʅ^{312}lan] 绝了；好极了。

陌识识哩[mɤ^{312}ʂʅ^{312}ʂʅ^{51}li] 因陌生而拘束。

默蔫默蔫哩[mɤ^{51}ȵiæn mɤ^{51}ȵiæn li]**默蔫儿默蔫儿哩**[mɤ^{51}ȵiɛr mɤ^{51}ȵiɛr li] 不爱说话；慢性子。

昧兰[mei^{312}lan] 私藏；私吞。

昧良心[mei^{312}liɑŋ^{51}sin^{42}] 违背良心。

门儿[mər^{51}] 指人精明、在行、精通某项技术：这人修车可～哩。

懵\\懜[məŋ^{42}] ①一时心乱糊涂、不清醒。②使…迷惑，欺骗：耍～人兰嗷。

　　瞎懵[ɕia^{214}məŋ^{42}] 随便说；瞎撞运气：我是～哩，可不海准。

　　懵劲儿[məŋ^{42} tɕiər] 【名】运气；撞运气；偶然性：他这回说哩准有点儿～。

懵人[məŋ^{42}ʐən^{51}] 使人懵；善意地欺骗、捉弄。

懵台兰[məŋ^{42}tʰai^{51}lan]**晕菜兰**[yn^{42}tsʰai^{312}lan]（西）晕了；糊涂了。

猛不防儿哩[məŋ^{42}pu^{214} fɑrŋ^{51}li] 没有防备；意料之外。

猛架[məŋ^{55}tɕia^{312}]**猛猛架架哩**[məŋ^{55} məŋ tɕia^{312} tɕia^{312}li] ①急急忙忙、冒冒失失的样子。②形容很活跃，有气势、有劲头的样子。【近】风风火火。

迷糊[mi^{51}xu] ①失去判断力；迟钝；痴呆。【近】迷瞪[mi^{51}təŋ]。②小睡。

绵[miæn^{51}]**绵善**[miæn^{51}ʂan] 性情温和、心地善良。

乜斜[miɛ^{51}siɛ]**茶斜**[ȵiɛ^{51}siɛ]**腻斜**[ȵi^{312}siɛ] 恍惚；慢性；不机灵。

明么儿[miŋ^{51}mɛr^{312}]**明么儿哩**[miŋ^{51}mɛr^{312}li] 明明；明摆着；很清楚；分明。

摸不准[mɑu^{31}pu^{214}tʂuən^{55}] 说不准；说不清。

摸丢[mɤ^{214}tiou^{55}]**摸扭**[mɤ^{214}ȵiou^{55}] ①慢条斯理地做一样工作。②干活不利索，磨磨蹭蹭。

摸摸胸口[mɤ^{214}mɤ^{55}ɕyŋ^{42}kʰou^{55}] 扪心自问；问问自己的良心。

磨叨[mɤ^{214}tɑu^{55}] 嘟囔；翻来覆去地说。

磨牙[mɤ^{51}ia^{51}] 纠缠；说话多而且絮叨。

磨洋工[mɤ^{51}iɑŋ^{51}kuŋ^{42}] 消极怠工；懒散拖沓；故意拖延耗费时间。

抹不开脸[mɤ^{31}pu^{214}k^{h}ai^{42}liɛ^{55}] 不好意思；情面上过意不去。

抹牌[mA^{214}pai^{51}]玩纸麻将牌，多指老年人。

谋算[mu^{51} suan^{312}] ①打算；准备。②算计；阴谋损害他人。

拇拉[mu^{214}lA^{55}] ①抹；擦。②用手掌从上往下抚摩。③快速洗把脸。④免职；撤职：他哩官叫给～兰。⑤浏览；理顺。

母[mu^{55}] 施肥：～棒子哦。

木圪胀哩[mu^{312}kɤ^{31}tʂɑŋ^{312}li] 麻木；憋胀。

N

拿[nA^{51}] 拿掉；撤掉某人的职务。

拿捏[nA^{51}ȵiɛ] 把握；掌握：～分寸。

拿捏[nA^{51}ȵiɛ]\拿卡[nA^{51}tɕ^{h}ia] 以权势横加约束别人；刁难；要挟。

拿捏[nA^{51}ȵiɛ]\扭捏[ȵiou^{55}ȵiɛ] 装模作样，想做某事又不愿意表现出来。

拿子哦[nA^{51}tsɤ] 掌握着他人的弱点、把柄或污点。

难过[nan^{51}kuo^{312}] ①经济拮据，生活艰难。②伤心；心里难受。

难看[nan^{51}k^{h}an^{312}] ①长相丑。②面子上过不去；尴尬。

孬包[nɑu^{42}pɑu^{42}] ①小孩爱哭。②没有本事。

挠刨[nɑu^{51}p^{h}ɑu] ①指拼命干活挣钱。【近】抓挠。②打架。

闹[nɑu^{312}] 做；干；弄；搞到：你去给俺～点吃哩吧。

嫩扇扇哩[ȵuən^{312}ʂan^{312}ʂan^{51}li] 蔬菜等鲜嫩。

能[nəŋ^{51}] ①心灵手巧。②聪明；有智慧。③工于心计。

能高儿上底哩[nəŋ^{51}kɑur^{42}ʂɑŋ^{312}ti^{42}li] 爬上爬下：你嫑～兰，摔着你咾哩。

腻连骨绌哩[ȵi ^{312}liæn ku^{214} tʂ^{h}u^{55} li] 做事不痛快。

腻歪[ȵi^{312}vai] ①反感；腻烦；厌烦。②不顺心意；行事不顺。

捻儿集[ȵiɛr^{55}tsi^{51}] 炮捻短，燃烧得快。

撵[ȵiɛ^{55}] ①驱逐。②追赶。

年幼[ȵiæn^{51}iou^{312}] 年龄小；年轻：～哩（年轻人）

念哩[ȵiæn^{51} li] 说话；告诉。

念书[ȵiæn^{312}ʂu^{42}] ①读书。②上学。

娘娘调调哩[ȵiɑŋ^{51}ȵiɑŋ tiɑu^{31}tiɑu^{55}li] 说话办事不痛快、磨磨蹭蹭、优柔寡断。

袅[ȵiɑur^{42}] ①挑；只爱吃好东西。②心高眼高，看不起人。

鸟儿出咾窝儿兰[ȵiɑur^{55}tʂ^{h}u^{214} lɑu uɛr^{42}lan] 孩子长大了，不愿受大人约束。

翅膀硬兰[tʂ^{h}ʅ^{312}paŋ iŋ^{312}lan] 孩子长大后能自立了，要自作主张。

尿炕[ȵiau^{312}k^{h}aŋ^{312}] 尿床；遗尿。

尿尿[ȵiau^{312} ȵiau^{312}]\尿尿[ȵyε^{312} ȵyε^{312}]（西）小便。

蔫蠹[ȵiε^{42}tu] ①植物失水后萎缩、不新鲜。【反】植棱。②萎靡不振。

捏[ȵiε^{214}] 推拿；按摩。

捏大胆儿[ȵiε^{214}tA^{312}tεr^{55}] 胆大妄为。

捏鼓[ȵiε^{214}ku^{55}] 密谋；制造假话、假象。

捏饺子哦[ȵiε^{31}tɕiau^{214} tsɤ] 包饺子。

苶[ȵiε^{51}] ①东西份量不足；秤杆下垂。②无精打采；精神不振。

拧[ȵiŋ^{312}]\牛[ȵiou^{51}]（西）固执；不顺从；脾气拗。

拧①[ȵiŋ^{51}] 两手握住物体两端分别向反方向用力：～绳。②[ȵiŋ^{51}] 旋转较大物体：～辘轳。③[ȵiŋ^{55}] 旋转小的物体：～螺丝。

牛[ȵiou^{51}]\牛屄[ȵiou^{51}pi^{42}] 形容人张狂、狂妄、傲慢。

浓[nuŋ^{312}]\粘儿骨绌哩[ȵiæn^{51}ɭ ku^{214}tʂ^{h}u^{55}li] 道路、土地等泥泞。

脓包[nuŋ^{51}pau^{42}] 爱哭鼻子，性格怯懦。【近】脓儿脓儿[ɲurŋ^{42}ɲurŋ]（特爱哭鼻子，极为懦弱）。

脓兰[nuŋ^{51} lan] 水果软了、发酵了。

弄供[luŋ^{51}kuŋ^{312}] 在非常贫困的状况下想尽一切办法抚养、供养。

弄怂人[nəŋ^{312}suŋ ʐən^{51}] 捉弄人。

努[nu^{55}]/[ɲu^{55}] 用力过度或过猛，以致使身体内部受伤：你覅～着咾。

暖[nuai^{55}]/[ɲuai^{55}] 孵：母鸡～小鸡。

暖房[nuai^{55}faŋ] 用来孵小鸡的屋子。

暖房儿[nuai^{55}farŋ^{51}] 邀请亲朋好友喝酒在新房吃饭以祝贺乔迁之喜。

挪挪[k^{h}ən^{31}k^{h}ən^{312}] 稍微挪动一下。

O

怄[ŋou^{55}]\呼噜[xu^{214} lu^{55}] 小孩爱哭闹。

沤[ŋou^{312}] 长时间浸泡，使起变化：～粪（农村积肥）。

沤[ŋou^{312}] 金属和木质的东西朽坏、腐烂：木头～兰。

P

怕呼[p^{h}A^{312} xu] ①害怕；让人害怕。②情况紧急。③危险。

拍[pʰai^{214}] 因事情没有办好而让人取笑，有失体面。

拍拍[pʰai^{214}pʰai^{55}] 闲聊；聊天：瞎～（随便聊天）。

派气[pʰai^{51}tɕʰi] 指人的长相气派福气。

攀扯[pʰæn^{51}tʂʰɤ] 攀比。

攀高枝儿[pʰæn^{51}kɑu^{42}tʃʅ^{42}] 与地位比自己高的人交友或结亲。

判卷儿[pʰæn^{312}tɕyɛr^{312}] 阅考试卷。

庞[pʰɑŋ^{42}]\肿[tʂuŋ^{55}] ①浮肿；臃肿。②做事笨拙。【反】能。③说话或做事不恰当。【反】俏。

嗙[pʰɑŋ^{55}] 吹牛；信口开河；瞎蒙。

耪[pʰɑŋ^{55}] 用锄翻松土地：～地。

耪草[pʰɑŋ^{53}tsʰɑu^{55}] 割草。

胖嘟嘟儿哩[pʰɑŋ^{312}tu^{55}tuər^{42}li] 胖得可爱，表示喜欢。

胖咕轮墩哩[pʰɑŋ^{312}ku^{55}luən^{42}tuən^{42}li] 很胖，表示不喜欢。

抛[pʰɑu^{51}] 从原有事物或数量中除去、减去：～咾本儿，还能赚多钱儿来？

跑[pʰɑu^{55}] 私奔：甲跟啊乙～兰。

炮*[pʰɑu^{312}] 脚底向外踢；踹。

炮烟子哦咕咚哩[pʰɑu^{312}iɛ^{42}tsɤ ku^{42}tuŋ^{55}li] 形容烟雾浓。

碰见[pʰəŋ^{312}tɕiæn^{312}]\碰着[pʰəŋ^{312}tʂɑu^{51}] 碰到；遇见；偶遇。

碰门儿[pʰəŋ^{312}mər^{51}] 关门。

破命啊似哩[pʰɤ^{312}miŋ^{51}A ʂʅ li]\泼命啊似哩[pʰɤ^{214}miŋ^{51}A ʂʅ li] 拼命地、不要命、不计后果地。

碰巧[pʰəŋ^{312}tɕʰiɑu^{55}] 凑巧；恰好。

披[pʰi^{42}] 裂开：指甲～兰。

皮儿啊片儿哩[pʰiər^{55}A pʰiɛr^{312}li] ①衣衫破旧。②指家徒四壁、很破败的样子。

皮厚儿脸憨哩[pʰi^{51}xəu^{51} liɛ^{55}xan^{42} li] 嬉皮笑脸，不知羞臊，拿说什么都不当事。

皮拉[pʰi^{51} lA] 食物受潮疲软不脆。

皮脸[pʰi^{51} liæn] 小孩捣乱，故意招惹大人。

皮实[pʰi^{51} ʂʅ] 耐用而不宜损害。

匹嘴子哦汗流哩[pʰi^{214}tsuei^{55}tsɤ xan^{312}liou^{51}li] 形容满脸是汗。【同】湿皮子哦汗流哩（西）。

疲塌[pʰi^{51}tʰA] 松懈拖拉。

偏对哩[pʰiɛ^{42}tei^{312}li] 恰巧；正巧：我想今儿出门，～下开雨兰。

谝[pʰiɛ^{55}]\显摆[ɕiɛ^{55}pai] 本意为花言巧语，引申意为炫耀、夸耀、骄傲地显示。

谝哧拉嘴哩[p^{h}iɛ^{55}tʂ^{h}ʅ^{42}lA^{312}tsuei^{55}li] 指炫耀自己。

骗帐儿[p^{h}iæn^{312}tʃɑrŋ^{312}] 赊账。

劈[p^{h}iæn^{312}] 用刀斧或强力破开：～木头。

撇[p^{h}iɛ^{214}] ①捞水面上浮物。②说话南腔北调；用土腔说普通话。③丢开；抛弃。

撇[p^{h}iɛ^{55}] 掰开；叉开；分开：～棒子哦（掰玉米）。

撇哧拉嘴哩[p^{h}iɛ^{55}tʂ^{h}ʅ^{42}lA^{312}tsuei^{55}li] 指小孩咧着嘴哭；受委屈的样子。

嫳斜儿[p^{h}iɛ^{55}siər^{51}] 因对某人或某事儿不满意而生气。【同】挑斜儿兰。

呯踩[p^{h}ia^{312}ts^{h}ai^{55}]\呯踩[p^{h}iŋ^{312}ts^{h}ai^{55}]/[p^{h}iŋ^{312}tʂ^{h}ai^{55}]（西）随意踏踩、乱蹦乱跳。

凭算[p^{h}iŋ^{51}suan]\凭算[p^{h}in^{51}suan]（西）①打算；考虑；琢磨。②想办法；努力；尽力。

坡 ①[p^{h}ɤ^{55}]路面不陡、坡度平缓。②坡儿[p^{h}ɛr^{42}] 坡，地势倾斜的地方。

泼茶[p^{h}ɤ^{214}tʂ^{h}A^{51}] 用开水冲泼茶叶；泡茶。

泼扯[p^{h}ɤ^{214} tʂ^{h}ɤ^{55}] ①体格壮，耐摔打。②敢于出面，不怯生。【近】闯莽。

泼命[p^{h}ɤ^{214}miŋ^{312}] 舍命；拼命：～啊似哩（拼命、不计后果地）。

扑拉[p^{h}u^{214}lA^{55}] ①用手掌打扫；抹。②一手搂碗，一手快速将碗里的饭扒到嘴里。

扑棱[p^{h}u^{214}ləŋ^{55}]【拟声】磨面；机械粉碎：～点棒子哦面儿。

扑落[p^{h}u^{51} lɑu] ①抚摸；轻轻拂；轻轻拍打灰尘等。②轻轻打。

铺踩[p^{h}u^{312}tʂ^{h}ai^{55}] ①穿着带泥土的鞋在屋里来回走动。②小孩在床上乱蹦。

铺排[p^{h}u^{312}p^{h}ai^{55}] ①东西乱放不收拾。②讲面子；讲排场；乱花钱。

Q

齐切[ts^{h}i^{51}ts^{h}iɛ]\齐截[ts^{h}i^{51}tsiɛ]（主西）齐整；整齐。

骑拉[tɕ^{h}i^{51}lA] 跨；两腿叉开坐在上面。

起[tɕ^{h}i^{55}] ①面团发酵膨大。②完了；结束了：吃～兰。③表示失望：真算～兰。

起来[tɕ^{h}i^{55}lai] ①起床。②离开；不要在…：～这儿来。

起圈[tɕ^{h}i^{55}tɕyæn^{312}]\起粪[tɕ^{h}i^{55}fən^{312}] 清理猪圈；将积肥从猪圈里清理出来。

起土[tɕ^{h}i^{53}t^{h}u^{55}] 挖土，拉土。

落土[lɑu^{312}t^{h}u^{55}] 挖去一个地方的土，使其高度降低。

起五更[tɕ^{h}i^{53}u^{55}tɕiŋ^{42}] ①一大早五更起床；起大早。②农历大年初一五更起床去拜年。

气迷[tɕ^{h}i^{312}mi^{51}] 大多因生气而迷失自我；神经不正常。

气侍[tɕ^{h}i^{312}ʂʅ] 把自己当主人，理直气壮，任意而为。

气袭[tɕ^{h}i^{312}si^{214}] 气味刺鼻，使人难受。

气袭人[tɕ^{h}i^{312}si^{214}ʐən^{51}] ①针对别人所短，炫耀自己所长，故意让人难受。②故意说些对方不愿做或做不到的事。

□（日字旁濕）[tɕ^{h}i^{214}] ①用干物吸收水分：你往水坑儿里垫点儿炉灰～～那水吧。②自然渗透或蒸发：刚下咾雨，地啊还浓哩，等道儿～～再走吧。

拤[tɕ^{h}ia^{42}] 用双手掐住；用两只胳膊抱住：你去～点儿麦秸哩。

卡[tɕ^{h}ia^{55}] ①截留。②免职。

欠[ts^{h}iæn^{312}] 行为上有欠缺，有过失。

手欠[ʂou^{55}ts^{h}iæn^{312}] 故意用手去触摸别人身体，招人厌烦。

嘴欠[tsuei^{55}ts^{h}iæn^{312}] 故意说别人不喜欢或让人讨厌的话。

脚欠[tɕiɑu^{214}ts^{h}iæn^{312}] 故意用脚去碰触别人的身体，而招人厌烦。

欠揍[tɕ^{h}iæn^{312} tsou^{312}] 欠打；缺乏管教。

抢[ts^{h}iɑŋ^{55}] 捶；刮；擦；去掉表面一层：磨快剪子哦，～菜刀！

戗风儿[ts^{h}iɑŋ^{55} fərŋ^{42}] 迎着风；逆着风；顶着风。

戗茬儿[ts^{h}iɑŋ^{55}tʃər^{51}] 语言对立；意见不一致。

强[tɕ^{h}iɑŋ^{51}] 优越；好，可形容身体、成绩、经济条件、质量、人品、感觉等；条件有利。

呛[ts^{h}iɑŋ^{312}] ①刺激性气味使人难受。②难受；忍受：热哩够～。③抢白人；说难听话：你耍光～俺兰熬。

劁[t^{h}iɑu^{42}] 阉割，一般用于割去猪、羊的睾丸或卵巢。

骟[ʂan^{312}] 阉割，一般用于阉割牲口：～马|～驴。

巧蛋摆[tɕ^{h}iɑu^{55}tan^{312}pai^{55}] 巧说；诡辩。

巧式[tɕ^{h}iɑu^{55}ʂʅ] 心灵手巧：这人可～哩，什么也会干。

巧说[tɕ^{h}iɑu^{55}ʂuo^{214}] ①说好听话。②说谎话。

俏*[ts^{h}iɑu^{312}]\俏*见[ts^{h}iɑu^{31}tɕiæn^{312}] 机灵；说话做事合乎礼节；不得罪人。

亲姊儿热妹哩[ts^{h}in^{42}tsər^{55}ʐɤ^{312}mei^{312}li] 兄弟姊妹之间非常亲密。

擒[tɕ^{h}in^{51}] 降服；约束；控制住：能～住他|～不住他|一物～一物。

勤谨[tɕ^{h}in^{51}tɕin] 勤劳；勤快。

吣[ts^{h}in^{312}] ①猫、狗呕吐。②人胡说、说脏话。

轻料料哩[tɕ^{h}iŋ^{42}liɑu^{312}liɑu^{312}li] 很轻。

轻闲[tɕ^{h}iŋ^{42} tɕ^{h}iæn] 干活轻松。

卿侍[tɕ^{h}iŋ^{42}ʂʅ] 撒娇。【同】圪点*[kɤ^{214}tiɛ^{55}]（西）

睛处[ts^{h}iŋ^{51}tʂ^{h}u] 继承遗产。【同】睛受[ts^{h}iŋ^{51}ʂou^{312}]（西）

睛等[ts^{h}iŋ^{51}təŋ^{55}] 等现成的。

清理[ts^{h}iŋ^{51}li] 明事理；懂道理。【反】不清理。

清气[tsʰiŋ42tɕʰi312] ①空气清新。②思想上清净、无负担。③工作不忙，人少安静。

清汤儿圪拉水哩[tsʰiŋ42tʰɑrŋ42 kɤ214lA55 ʂuei55li] 饭稀，寡而无味。

穷个啦啦哩[tɕʰyŋ51kɤ lA42lA42li] 很穷的样子。

穷毛子哦鬼胎哩[tɕʰyŋ51mɑu51tsɤ kuei55tʰai42li] 吝啬；不大方。

求门子哦扒窗户哩[tɕʰiou51mən51tsɤ pA51tʂʰuɑŋ42xu li] 四处求人；想尽办法；某事很难办成；某事费尽周折才办成。【近】求人马爬哩\求爷爷告奶奶哩。

糗[tɕʰiou55]**磕糗**[kʰɤ214tɕʰiou55]**圪糗**[kɤ214tɕʰiou55] ①熬时间；浪费时间。②百般央求。

焌[tsʰy214] ①火烧了头发或眉毛。【同】燎[lyɛ55]（主西）②用水把火浇灭。

黢黑[tsʰy312xei214] 非常黑：～哩头发儿。

趋乎[tsʰi214xu55] 向人跟前逼近；靠近。

趋近乎[tsʰi214 tɕin312xu] 与人套近乎；巴结人。

趣皮[tsʰy312pʰi51] 指顽皮得让人讨厌，含贬义。【近】捅啊缩哩；突掐。

雀气[tsʰyɛ55 tɕʰi312] 小家子气。

R

让[ʐɑŋ312] 迁就；放弃自己利益，不争；把好处给别人；为……而受委屈：掩～子哦我哩。

绕达[ʐɑu51tA] 绕远；费力而无功；你光干那～子哦件儿。

惹人嫌[ʐɤ55ʐən51ɕiæn51] 使人厌烦。

人头儿吃啊人尾儿啊[ʐən51tʰəur51tʂʰʅ214A ʐən51 iər55A] 最早吃饭，最晚吃完，形容吃得多或吃饭慢。

认生[ʐən312ʂəŋ42] 小孩害怕生人。

认实[ʐən312ʂʅ51] ①把客气话、玩笑话当真话；老实、实在。②不擅辨别真相，只简单听信宣传或说教。

纫针[ʐən312 tʂən42]**纫线**[ʐən312siæn312] 穿针引线，把线头儿穿进针眼儿里。

日鬼[ʐʅ312kuei55] 【贬】做；收拾；鼓捣。

绒[ʐuŋ51]/[ʐuŋ55] 韭菜、麦苗等丝绒般细软：这点韭菜可～哩，不好择。

揉磨[ʐou51mɤ] 磨练。

肉[ʐou312]**肉性**[ʐou312siŋ312] 性情过于柔和；反应迟缓、做事缓慢；不机灵。

肉蔫圪蠹哩[ʐou51ȵiæn kɤ214tu55li]（西）慢性；不机灵；形容人眼里无活儿，指望不上。

擩[ʐu55] ①伸；伸拳头杵；伸木棍戳：～咾他一拳头。②塞：硬～给他点儿钱儿。

擩前[ʐu55tsʰiæn] 【贬】①把东西拿给别人。②将自己摆到前面。

挼[ʐuɑ51] 织物非常薄，不结实，快要破了。

挼磨[ʐuɑ51 mɤ] 一点点消磨人的体力和意志；逐渐、持久地耗损：这孩子哦老是不睡，真～哩慌。

软陷[ʐuai55ɕiæn312] 说话办事不理直气壮。

软浆[ʐai55tsiɑŋ42] 软；器具、工具等物品不坚硬。

S

撒癔症[sA214i312tʂəŋ] ①夜游；夜间到处乱逛。②一个人临时糊涂做了不合常理的事。

撒阴[sA214in42] 出丑；装糊涂。

搡[sɑŋ55] 推搡；猛推。

丧[sɑŋ312] 跺脚、摔门；撅嘴、瞪眼、甩脸；使性子、发脾气：你～谁来？

骚[sɑu42] 卖弄风情：～货。

臊[sɑu312] 难为情；害羞：没羞没～哩（不知羞耻）。

塞潜[suei214tshiæn55] 隐藏；存放：弄那么儿光瞎～什么来！

杀[ʂA214] ①蔬菜放盐使其水分出来。②拌凉菜。

傻不叽叽哩[ʂA55pu214tsi42tsi42li] 傻；比较傻。

沙[ʂA312] ①用葫芦瓢淘米时摇晃，将沙子等沉淀到瓢底。②经摇晃将杂质集中。

霎利[ʂA312li]\利霎[li312ʂA] 干活迅速、干净利落。

利霎[li312ʂA] 穿着整洁、利落。

闪[ʂai55] ①躲闪；躲避。②舍弃；丢下：要～啊我。③扭伤：～着腰兰（把腰扭伤了）。

闪晃[ʂai55xuɑŋ312] 危险；不确定：我看你说那事儿挺～。

苫大场儿[ʂan312tA312 tʃhɑrŋ55]\苫大面儿[ʂan312tA312 miɛr312] 在处理纠纷或对外关系中，为顾全各方利益，即使不情愿或没有义务做某事也勉强为之。

殇*[ʂɑŋ42]\折[ʂɤ51] 断裂；断开：他把腿摔～兰。

殇[ʂɑŋ42] 折；未成年而死；早亡；意外死亡：今年～咾好几吔年幼哩兰。

上[ʂɑŋ312] ①去：你～哪儿坏儿哎？②安装：今儿～梁啊。③增加；添加：该～人兰。④运；向上运：～料。⑤用；利用：该～家伙兰。⑥关门；锁门：该～锁兰。

上粪[ʂɑŋ312fən312] 在农田里施撒草圈肥或化肥。

上赶子哦[ʂɑŋ312kai55tsɤ] 主动做某事；巴结。

上工[ʂɑŋ312kuŋ42]（旧）指接受生产队长派的件儿到农田里干活儿。

上供儿[ʂɑŋ312kurŋ312] ①过年过节在祖宗或神仙牌位前摆放供品。②给领导、上级，或有权势、能"拿卡"自己的人送礼。

上脸[ʂɑŋ312liɛ55] ①喝酒后脸色发红。②儿童或晚辈逞能，目无尊长，越劝阻越严重：你这孩子哦老是登鼻子哦～哩。③受人抬举，自以为得意而更加放肆。

　　蹬鼻子哦上脸哩[təŋ^{42}pi^{51}tsɤʂaŋ^{312}liɛ^{55}li] 得寸进尺；变本加厉。

上台[ʂaŋ^{312}tʰai^{51}] ①献媚抬高别人；奉承人。②【贬】掌权；就要职。【反】下台。

上心[ʂaŋ^{312}sin^{42}] 用心；费心；认真关注某事。

上性[ʂaŋ^{312}siŋ^{312}] 耍脾气。

　　使牛儿[ʂʅ^{55}ȵiəur^{42}]**使性儿**[ʂʅ^{55}siŋ^{312}] 儿童耍脾气。

捎[ʂau^{42}] ①顺便带上。②顺便带到：你把这封信给俺～啊城里吧。【近】捎带（顺便带上）。

捎搭[ʂau^{42}tA] ①顺便搭给；俺买咾一斤茴香，掩给～咾一绺儿芫荽。②牵连：那件儿案子哦不成想把他也给～进兰。

捎脚儿[ʂau^{42}tɕiaur^{214}] 顺便运载人或运输物品。

捎信[ʂau^{42}sin^{312}] 寄信；邮信。【近】捎信儿（传递口信儿）。

烧包儿[ʂau^{42}paur]**虚诈**[ɕy^{42}tʂA]（西）骄傲自满、洋洋得意、得意忘形。

烧不熟馏不软哩[ʂau^{42}pu^{214}ʂou^{51}liou^{312}pu^{214}ʐuai^{55}li] 语言轻浮；行为轻狂、不稳重。

烧火[ʂau^{42}xuo^{55}] 用“锅头”做饭时一系列动作的总称，包括点火、打火底、拉风箱鼓风、添加燃料等动作：～做饭。

　　救火[tɕiou^{312}xuo^{55}] 农村用锅头做饭时生火。

　　泼火[pʰɤ^{214}xuo^{55}] 泼水以救火，灭火。

　　生火[ʂən^{42}xuo^{55}] 农村专指冬季在屋里生炉子：天这冷，该～兰。

烧哩慌[ʂau^{42} li xuaŋ] ①胃部不适，胃里泛酸。②形容一个人因为有钱或有权势就狂妄自大、为所欲为、无所顾忌。

　　钱儿烧哩[tsʰiɛr^{51}ʂau^{42}li]**有钱儿烧哩**[iou^{55}tsʰiɛr^{51}ʂau^{42}li]

烧心[ʂau^{42}sin^{42}] 蔬菜菜心因病害而萎黄：～白菜。

潲[ʂau^{312}] ①雨斜着下打墙、飘进屋子。②往地上或物品上洒水。

潲色[ʂʰau^{312}ʂʰai^{214}] 褪色。

瘆哩慌[ʂən^{312}li xuaŋ^{42}]**瘆人**[ʂən^{312}ʐən^{51}] 阴森可怖。

生处[ʂəŋ^{42} tʂʰu] ①铁质物品生锈。②年轻不懂事、不成熟；做事鲁莽。一般用于形容半大小子：～小子哦。

生分[ʂəŋ^{42} fən^{312}] 陌生，不亲热，感情冷淡疏远。

省[ʂəŋ^{55}]**省缱**[ʂəŋ^{51} tɕʰiæn] 节约；节俭；精打细算。

时兴[ʂʅ^{51}ɕiŋ^{42}]**行**[ɕiŋ^{51}] 一时流行：今年～红色。

湿吧[ʂʅ^{214}pA^{55}] ①物体表面粗糙不光滑。【反】光溜。②水果、蔬菜、食品涩。③形容做事不大方、不干脆痛快：喝酒～。

湿皮子哦汗流哩[ʂʅ^{214}pʰi^{51}tsɤ xan^{312}liou^{51}li]（西）浑身是汗。【同】匹嘴子哦汗流哩。

湿*儿湿*儿[ʃʅ^{214}ʃʅ^{55}]【拟声】①因忍受寒冷发出的声音。②不情愿。

实砍硬砸哩[ʂʅ^{51}kʰai^{55}iŋ^{312}tsA^{51}li] 为人实实在在，没有一点虚假。

死砍硬砸哩[sɿ^{51}kʰai^{55}iŋ^{312}tsA^{51}li]\实打实哩[ʂʅ^{51}tA^{55}ʂʅ^{51}li]

实牢[ʂʅ^{51}lɑu]\实诚[ʂʅ^{51}tʂʰəŋ] ①指物结实、足量或物超所值。②指人诚实、实在。

实填[ʂʅ^{51}tʰiæn]\瓷实[tsʰɿ^{51}ʂʅ] 结实；扎实；紧密；牢固。

拾掇[ʂʅ^{51}tuo] ①元氏县大部分地方的通用动词，可代替“收拾、加工、做、整理、修理、打扫、修剪”等。②惩治、教训人。

收拾[ʂou^{42}ʂʅ^{42}] ①整理；打扫。②教训人等。

使[ʂʅ^{55}] ①利用；使用：俺会～电脑兰。②过度使用：～着兰|～哩慌|～哩落套兰（太累）。

使出来咾[ʂʅ^{55}tʂʰu^{214} lai^{51} lɑu] 形容一个人脸皮厚、自私、只顾自己。

使唤[ʂʅ^{55}xuan^{312}] ①使用牲口。②支派、呼唤人做事。

世摆[ʂʅ^{312} pai^{55}] 东西乱放不收拾。

事儿[ʃʅ^{312}] ①事情；事务：当～（重视）| 捎带脚儿哩～（顺便）|有～。②婚事；丧事：红～|白～。③做事；做事花费的时间、气力等：挡～（妨碍做事）|费～。

对事儿[tei^{31}ʃʅ^{312}]\对事儿时候儿[tei^{31}ʃʅ^{312}ʃəur] 合适、方便的时候。

费事儿[fei^{312}ʂʅ^{312}]\费事 [fei^{312}ʃʅ^{312}] 手续、工序多、费时费力：捏饺子哦忒～。

拱事儿[kuŋ^{55}ʃʅ^{312}] 挑拨离间，制造矛盾

管闲事儿[kuai^{55}tɕiɑu^{312}ʃʅ^{312}] 干预他人事务；调解矛盾纠纷。

骂事儿[mA^{312}ʃʅ^{312}] 以骂人话做赌注：咱～啊来，谁说瞎话谁是王八蛋。

闹事儿[nɑu^{312} ʃʅ^{312}] 制造事端。

没事儿没道儿哩[mɤ^{51}ʃʅ^{312} mɤ^{51}tɑur^{312}li] 无缘无故；没有缘由。

没一钱哩事儿[mɤ^{51}i^{214} tsiæn^{51} li ʃʅ^{312}] 没关系；不要紧；不重要。

心事儿[sin^{42}ʃʅ^{312}] ①心想之事。②理想、抱负：这人儿那～可高哩。

事儿多[ʃʅ^{312}tuo^{42}] ①多事。②多管闲事。

手*[ʂou^{55}]\手*手* [ʂou^{55}ʂou] 使……干燥；填干土使湿滑地面干燥；用干面粉使湿面盆干燥。

手拘[ʂou^{55} tɕy^{42}] 因天寒双手失去知觉、活动受限。

守持子哦[tɕʰiou^{55}tʂʅ tsɤ] 守候。

受不得[ʂou^{312}pu^{214}ti] （1）受不了。②容不下。③舍不得。

受屈[ʂou^{312}tɕʰy^{42}] ①生活困苦而无助；志向高远而不得志。②不情愿。

受用[ʂou^{312} yŋ^{312}] 感觉舒服。

瘦干柴啊似哩[ʂou^{312}kai^{42}tsʰai^{51} A ʂʅ^{312}li] 【贬】非常瘦。

瘦恰儿恰儿哩[ʂou^{312}tɕ^{h}iɛr^{214}tɕ^{h}iɛr^{51}li] 【褒】苗条；不胖。

舒心[ʂu^{42}xin^{42}] 心情舒畅，顺心如意。

熟快[ʂu^{51}k^{h}uai] 熟悉。

数念[ʂu^{55}ȵiæn^{312}] 一件一件地指出某人的错误；批评、教育。

耍[ʂuɑ^{55}] 玩。

耍挂[ʂuɑ^{55}kuɑ^{312}] ①干净利索：穿哩～。②物品整齐、漂亮、精致：你看掩做那物件儿多～哎。

耍滑[ʂuɑ^{55}xuɑ^{51}] ①干活不出力、偷懒。②故意免于某种责任或行为。

　　耍眼前滑[ʂuɑ^{53}iɛ^{55}ts^{h}iæn^{51}xuɑ^{51}] 在人跟前出力，背后耍滑。

耍搅儿[ʂuɑ^{53}tɕiɑur^{55}] 耍赖；狡辩；力图不按规则办事。

耍笑人[ʂuɑ^{55}siɑu^{312}ʐən^{51}] 取笑、捉弄人。

摔剪[ʂuai^{214} tsiɛ^{55}] 摔打东西以发泄对某人的怒气。

谁跟谁哎[ʂei^{51}kei^{42}ʂei^{51}ai] 表示两人关系特别好；两人不分彼此。

水硬[ʂuei^{55}iŋ^{312}] 水中所含钙镁盐类等矿物质较多，水垢多。

顺竿儿爬[ʂuən^{312}kɛr^{42} p^{h}A^{51}] ①受夸奖时继续自夸，不谦虚。②迎合他人，赞同他人意见。

顺子哦[ʂuən^{312}tsɤ] ①顺遂，遂……意。②沿着：～这条道儿往前走。

说不着[ʂuo^{31}pu^{214}tʂɑu^{51}] ①话不投机。②合不来，有矛盾。【近】不对眼。

说哒说哒[ʂuo^{214}tA^{55}ʂuo^{214}tA] ①说清楚。②商量商量。

说道说道[ʂuo^{214}tɑu^{312}ʂuo^{214}tɑu] 说说是非；辨别是非；讲讲道理。

说哩有鼻子哦有眼儿哩[ʂuo^{214}li iou^{55}pi^{51}tsɤ iou^{53}iɛr^{55}li] 说得很具体形象；说得有根有据。

说合说合[ʂuo^{214}xɤ^{51}ʂuo^{214} xɤ^{51}] 中介；斡旋；调停。

说和说和[ʂuo^{214}xɤ^{51}ʂuo^{214} xɤ^{51}] 斡旋调解。

说话儿找* [ʂuo^{214}xuɛr^{312}tʂɑu^{55}] 说话非本地口音；说话怪腔怪调。

说哩一流儿光[ʂuo^{214}li i^{214}liəur^{312}kuɑŋ^{42}] 全力为自己辩解、辩护，推脱一切责任。

说是[ʂuo^{214}ʂʅ^{312}]\说…是[ʂuo^{214}…ʂʅ^{312}] 认可、称赞他人行为或工作；对…表示满意或感谢：你干咾，也没人说你个是。

说丝*儿[ʂuo^{214}sər^{42}] ①道理；缘由；究竟；结论；结果：这事儿他总得给咱个～。②根据；要求；规矩；风俗习惯方面的说道、讲究：什么时候儿搬家有～呗？

丝气[sɿ^{42}tɕ^{h}i] \死气[sɿ^{55}tɕ^{h}i]（西）食物变馊。

丝丝粘粘哩[sɿ^{42}sɿ^{42}ȵiæn^{31}ȵiæn^{55}li]/[sɿ^{42}sɿ^{42}ȵiæn^{51}ȵiæn^{51}li] 犹豫不决；思想左右摇摆。

撕扯[sɿ^{42}tɕ^{h}ɤ^{55}] ①撕开；扯裂。②解决感情问题：俩人一直～不清（两人藕断丝连）。

死把[sɿ^{55}pA]\犟[tɕiɑŋ^{312}]\厥[tɕyɛ^{312}]\拧[ȵiŋ^{312}] 死板；固执；不知变通。【反】活动。

死个呛哩[sɿ^{55}kɤ ts^{h}iɑŋ^{42}li]\死个呛呛哩[sɿ^{55}kɤ ts^{h}iɑŋ^{42}ts^{h}iɑŋ^{42}li] 发酵不完全造成的发酵

面食实心。

死气白脸哩[sɿ^{55}tɕʰi^{312}pai^{51}liɛ^{55}li]**死皮**[sɿ^{55}pʰi^{51}] 死皮赖脸，不害羞。

死相[sɿ^{55}siɑŋ^{312}] 保守、古板：老～（古板的人）。【同】板筋（西）：老～（死板的人）。

四方派脸哩[sɿ^{51}fɑŋ^{42}pʰai^{51}liɛ^{55}li] 指男人长得英俊、漂亮、有福气等。

四尺[sɿ^{312}tʂʰʅ^{214}] 身材匀称、协调；合适。【反】不四尺。

算计[suan^{312}tɕi^{312}] 暗中谋划损害他人。

随实[suei^{51}ʂʅ] ①合适。②衣物合身。③东西大小、颜色等与周围物品协调一致。

损[suən^{55}] 用尖刻话语讥讽他人的缺点或不足。

缩[ʂuɑŋ^{55}]/[tʂʰu^{214}] ①向后退。②布匹衣服缩水。③遇事胆怯，不敢操办。

唆[suo^{214}] 用嘴吮吸：～手指头儿|～筷子哦。

T

溻[tʰA^{214}] 汗湿透衣服或被褥：看你那褂褂儿都～透兰。

塌呼[tʰA^{214}xu] ①闭上眼休息；小睡。【同】迷糊；糊涂。②舒舒服服混日子。

趿儿拉[tʰər^{214}lA] 脚前掌穿在鞋里、脚后跟露在鞋外走路。

抬[tʰai^{51}] ①两人合力举起：～水。②把东西藏起来：他把那么儿给～兰。

抬举[tʰai^{51}tɕy^{55}] 看重而扶持。

抬杠[tʰai^{51}kɑŋ^{312}] 辩论；各执一理，相互争论：好～（喜欢与人争论）

抬死扛[tʰai^{51}sɿ^{55}kɑŋ^{312}] 争论双方固执己见，互不相让。

坦[tʰai^{55}] 性情柔和、不爱发火。【反】暴躁。

趟哒[tʰɑŋ^{51}tA]**趟土狼烟哩**[tʰɑŋ^{51}tu lɑŋ^{51}iɛ^{42}li] 灰尘多；灰尘四散。

淘[tʰou^{51}] 用水淘洗米、菜等。

淘劳[tʰɑu^{51}lɑu]**淘气**[tʰɑu^{51}tɕʰi^{312}] 儿童顽皮、不听话、爱哭闹。

套[tʰɑu^{312}] 用绳索或轭具将牲口拴住或与车辆等拴在一起以备使用：～车|～马。

熥[tʰəŋ^{42}] ①用火使潮湿物品干燥。②将熟食蒸热或烤热。

啼哭马糊哩[tʰiou^{51}xu mA^{53}xu^{55}li] 形容哭得很伤心。

提另[tʰi^{51}liŋ^{312}] ①分离出来；单独出来。②单独；另外：咱们～再说个事儿。

体情[tʰi^{55}tsʰiŋ^{42}] 体谅；为他人着想。

踢拉[tʰi^{214}lA] 【拟声】“踏”的分音词，走路时鞋后跟拖蹭地面。【近】踢拉踏踢拉踏哩。

舔[tʰiɛ^{55}]**舔屁股**[tʰiɛ^{55}pʰiou^{312}xu] 拍马屁；献媚；奉承。

觍着脸[tʰiɛ^{55}tsɤ liɛ^{55}] 厚着脸皮。

劁*（兆刂）[tʰiɑu^{42}] 用针将异物剔出：～刺儿。

挑刺儿[tʰiau^{42}tsʰər^{312}] 挑礼；挑毛病；埋怨别人说话办事不合心意。

挑毛病儿[tʰiau^{42}mau^{51}pirŋ] ①挑剔人或物的缺点。②找茬儿。

挑斜儿兰[tʰiau^{42}siɛr^{51} lan] 因有不满而作出某种样子让人看。【同】嫳斜儿。

贴空[tʰiɛ^{214}kʰuŋ^{312}] 顺着别人的意思说话；奉承；献媚。

听话儿[tʰiŋ^{42}xuɛr^{312}] 孩子尊重长辈意见；顺从；让大人省心。

听说[tʰiŋ^{42}ʂuo^{214}] ①【动】教育或哄孩子听话。②【形】孩子听话。

停当[tʰiŋ^{51}taŋ] ①齐备：你把东西儿都拾掇～咾呗？②妥当：那件事闹～兰。③彻底：死～兰。

□[tʰiŋ^{312}] 用拳头砸。

□[tʰou^{51}]\□[tʂʰou^{51}] 漂洗衣服。

捅啊缩哩[tʰuŋ^{42}A ʂuaŋ^{55}li] 招惹。指儿童爱用手捅他人。【近】趣皮；突掐。

捅马蜂窝[tʰuŋ^{42}mA^{55}pʰəŋ^{42}uo^{42}] 招惹势力大的人或机构；招惹麻烦。

偷人[tʰou^{42}ʐən^{51}]**养汉**[iaŋ^{55}xan^{312}] 指女子与丈夫之外的人私通。

透蛋[tʰou^{312}tan^{312}] 母鸡下蛋。

透气[tʰou^{312}tɕʰi^{312}] 结果不妙；不可能了：这事儿～兰。

　　透气儿[tʰou^{312}tɕʰiər^{312}] ①使空气流通。②彻底：凉～兰。

　　凉透气儿兰[liaŋ^{51}tʰou^{312}tɕʰiər^{312}lan] ①浑身凉透了。②彻底死了，没有一点气息了。

图[tu^{51}] 意愿；为了；图谋；希望得到：你干这事你说你～什么来？

秃噜[tʰu^{214}lu^{55}] ①堆积物溃散、滑下。②腰带松开，裤子自然褪下。③下垂、阴沉着脸：～子哦脸。④不该说的话不注意说出口：说～兰（说漏嘴了）。

秃尾巴俏[tʰu^{214}i^{55}pA tsʰiau^{312}] 过于精明；为自我保护，常曲解他人善意、任何事都考虑再三。

突掐[tʰu^{214} tɕʰia^{55}] 指儿童爱用手捅、用棍子梆、唾、脚騊*他人，招惹他人。

推饸饹车儿[tʰei^{42}xɤ^{51}lau^{42}tʃʰər^{42}]**当差儿**[taŋ^{42}tʃʰər^{42}] 应付、支应差事。

推搡[tʰei^{42} saŋ] ①猛然、瞬间用力推。②推让。

推头子哦[tʰei^{42}tʰou^{51}tsɤ] 理发。

吞*[tʰuən^{42}] 修剪树木：～树|把树～～。

W

瓦*（舌斗）[vA^{55}] ①用手或瓢、勺、碗等舀。②【贬】占便宜：赚取；索取；贪污；乘人之危谋取；抢掠：你～兰昂！（你可沾光了）。

凹垮[vA^{312}kʰua^{55}] 木板凹凸不平。

歪三圪拧四哩[vai^{42}sai^{42}kɤ^{214}ȵiŋ^{55}sɿ^{312}li] ①不直。②脾气执拗、古怪。

挖*[vai^{214}] ①用工具将东西从容器或狭小空间里费力取出来。②拨；将食物等从一个容器拨到另一个容器里。③把人从一个组织、团体等内部排挤出去。

外庄[vai^{312}tʂuaŋ^{42}] 行为个别，违背常理。

弯儿弯儿绕[vɛr^{42}vɛr^{42}ʐɑu^{312}] 说话拐弯抹角、不直截了当。

绾扣儿[vai^{55}k^{h}əur^{312}]**绾疙瘩**[vai^{55}kɤ^{214}tɛr^{55}] 做中式衣襟扣子；打结。

万鬼儿滔天哩[van^{312}kuər^{55}t^{h}ɑu^{42}t^{h}iɛ^{42}li] 形容人诡计多端、狡诈阴险，用各种办法祸害他人。

微儿微儿哩[vər^{42}vər^{55}li] 轻轻地；慢慢地；温柔地。

喂[vei^{312}] ①把东西放入口中；给动物食物：～小孩儿|～猪。②施肥：～棒子哦。

卧[uo^{312}]**误**[u^{312}] ①机动车趴窝、熄火。②行车出故障、中途停驶。

窝工[uo^{42}kuŋ^{42}] 影响、妨碍工作进度：你歇子哦吧，俩人在这儿倒～。

弯[uo^{42}] 弯曲：～弹弓。

窝憋[uo^{42}piɛ]**窝蜷**[uo^{42}tɕ^{h}yɛ]**窝屈**[uo^{42}tɕ^{h}yɛ] ①住处低矮狭小。②埋没人才。③心中憋屈。

　　窝蜷[uo^{42}tɕ^{h}yɛ] 蜷缩着身子。

窝火儿[uo^{42}xuɛr^{55}] 憋气；生气。

婑*[uo^{214}] 赶牲口往右拐弯。

乌霉[u^{42}mei]**捂**[u^{55}] 因潮湿而发霉变质。

乌七八鬼哩[u^{42}ts^{h}ɿ^{214}pA^{214}kuei^{55}li]**五七杂八哩**[u^{42}ts^{h}ɿ^{214}tsA^{51} pA^{214}li] 比喻人员混杂。

乌呀乌呀哩[u^{42}ia u^{42}ia li] 黑压压一片，形容人多。

呜而大喊哩[u^{51}ɭ tA^{312}xai^{55}li] 大喊大叫。

呜拉[u^{42}lA] 【拟声】“哇”的分音词，形容人说话嗓门大且含混不清。

污邋[u^{214}lA] ①邋遢；不讲卫生。②穿着不整齐、不利索。【反】灵性。

唔囝[u^{214}nai^{55}]**唔暖**[u^{214}ȵuai^{55}] 没有牙齿，食物靠口腔蠕动磨碎食物。

唔哝[u^{214}ɲuŋ^{55}] ①言语不清。②动作迟缓，耽误时间。

五大三粗[u^{55}tA^{312}sai^{42}ts^{h}u^{42}li] 形容人长得高大粗壮、身材魁梧。

五短三粗[u^{53}tuai^{55}sai^{42}ts^{h}u^{42}li] 形容人身材矮小，但很粗壮。

五嘴六滑哩[u^{53}tsuei^{55}liou^{312}xuɑ^{51}li] 油嘴滑舌。

武兆[u^{55}tʂɑu^{312}] 勇猛、莽撞的样子。

务做[u^{312}tsuo^{214}] ①自己封闭起来做事；静心、踏实做事。②静心想事。③养育婴幼儿。④经营、管理。

务作[u^{312}tsuo^{214}]**作务**[tsuo^{214}u^{312}]**务弄**[u^{312}luŋ] 劳作；种植；养植：他～子哦两亩地。

X

吸溜儿[ɕi^{214}liəur^{55}] 带声地啜食、吮吸。

稀罕[ɕi^{214}xan^{55}] ①稀少罕见；奇怪；新鲜；稀奇：～事儿。②喜欢；需要；羡慕：这儿有你～哩么儿哩呗？【近】待见。③想要：掩才不～你那么儿哩。

稀连糊涂[ɕi^{42}liæn xu^{42}tu^{42}] 说话办事不太认真、马马虎虎。

稀流儿马哈[ɕi^{42}liəur mA^{55}xA^{42}] 说话办事嘻嘻哈哈、马马虎虎。

稀稀拉拉哩[ɕi^{42}ɕi^{42}lA^{312}lA^{55}li] 稀疏、零散，比较少。

喜痴[ɕi^{55}tʂ^{h}ʅ] 【贬、讽】喜欢。【反】不喜痴（不喜欢、讨厌、厌弃）。【近】渴喜。

喜恰[ɕi^{55} tɕ^{h}ia] 苗条。

细[si^{312}] ①细小。②少：食儿～（饭量小；挑食）。③节俭；精打细算：花钱～|过日子哦～。

细迷[si^{312}mi^{51}] 过分认真、细心。

细刷[si^{312}ʂuɑ^{214}] ①人的皮肤细腻。②东西表面细致光滑。

虾眯[ɕia^{51}mi] ①视力不好；眼神不好，认不清人，或分不清东西好坏。②事情未成功。

瞎[ɕia^{214}] ①眼睛看不见：～眼兰（未看清人或事物的本质）。②种子未发芽。

下[ɕia^{312}] 动物生育、繁殖：生下：这头猪一窝儿～咾十哦小猪儿。

下地[ɕia^{31}ti^{312}] 到田地里去干农活：他去～哩兰。

下套儿[ɕia^{312}t^{h}ɑur^{312}] 设圈套；存心诱导人犯错，并导致不良后果。

下校兰[ɕia^{312}ɕiɑu^{51}lan^{42}] 放学了。

下作[ɕia^{312}tsuo^{214}] ①吃东西贪多贪快。②人的品质不佳，喜欢多吃多占。

吓咾一跳[ɕia^{312}lɑu i^{214} t^{h}iɑu^{312}] 受到了惊吓。

吓骂[ɕia^{51}mA] 欺负；欺侮。

掀怀[ɕiɛ^{55}xuai^{51}] 敞开上衣。

嫌 ①[ɕiæn^{51}]嫌弃；厌恶。②[ɕiɛ^{55}] 嗔怪；埋怨；怨恨。③[ɕiɛ^{55}]因为…：你是～这儿远哩过嗷？

闲哩慌嗷[ɕiæn^{51}lixuɑŋ^{42}ɑu] 没事找事。

挦[siæn^{51}] 剥离；撕下；将好坏、可用和不可用部分分开：～棉花|～鸡毛|～韭菜。②拉扯：～扯。

挦扯[siæn^{51}tʂ^{h}ɤ] 撕扯、拉扯衣服或头发。

显[ɕiɛ^{55}]\显点儿[ɕiɛ^{55}tiɛr] 有点：～胖|～晚。

想腔儿设法儿[siɑŋ^{312} tɕ^{h}iɑrŋ^{42}ʂɤ^{312} fɛr^{214}] 想尽一切办法。

向[ɕiɑŋ^{312}] 偏向；偏爱；偏袒；袒护：他～他大小子哦。

斜[siε^{51}]【形】容易生气：这人儿可～哩。

斜[siε^{51}]\性[siŋ^{312}]\性儿[sirŋ^{312}]【动】生气；发脾气：这人儿又～兰。

摆斜[pai^{55}siε^{51}]\上性[ʂaŋ^{312}siŋ^{312}]/[ʂaŋ^{312}sirŋ^{312}] 耍脾气；发脾气。

消停[siau^{42}t^{h}iŋ]\消清[siau^{42}ts^{h}iŋ] 工作做完了；安静；轻松；清闲。

枵[ɕiε^{312}] 织物的丝缕稀疏而薄。

小小不严哩[siau^{55}siau pu^{214}iæn^{51}li] 小事；小东西；小矛盾。

笑话[siau^{312}xua]【动】讥讽；嘲笑。

笑话儿[siau^{312}xuεr]【名】让人听后开心或有幽默感的话或故事。

揳[siε^{214}] 打；痛打：～你一顿哩。

歇[ɕiε^{214}] \歇子哦[ɕiε^{214}tsɤ] 休息。

歇歇儿[ɕiε^{214}ɕiεr^{55}] 稍事休息；休息一会。

泄祸[ɕiε^{214}xuo^{55}]\[ɕiε^{214}xuo^{312}] 教训；训斥。多用于大人对孩子。【近】熏。

泄火[ɕiε^{214}xuo^{55}]\不行[pu^{214}ɕiŋ^{51}]

谐流[ɕiε^{55}liou] 性格随和畅快。

澥[ɕiε^{312}] ①加水稀释搅拌。②粥稀。

新鲜[sin^{42}siæn] 喜欢：他刚买咾个汽车，这两天正～哩。

心慌[sin^{42}xuaŋ^{42}] ①心悸。②心急紧张；心烦。③担心；惦记。

心眼子哦万攥[sin^{42}iε^{55}tsɤ van^{312}tsuan^{312}] 足智多谋；诡计多端；极富心计。

信[sin^{312}] 下毒：他那猪叫人下药儿给～死兰。

信子哦意儿[sin^{312}tsɤ iər^{312}] 由着性子，不加管教，任意胡为。

衅住兰[ɕin^{312}tʂu^{312}lan] 因在意料之外而退缩；镇住了；难住了：那点件儿把他～。

□[ɕin^{312}] 人长得高大、臃肿：大～个子哦。

饧[siŋ^{312}] 长时间放置，使面团、糖块自然变软：～～那面再擀。

兴[ɕiŋ^{312}]（西）高兴，兴奋，喜欢，喜爱：你看俺～哩那样儿。

行[ɕiŋ^{51}]\行咾[ɕiŋ^{51}lau] ①【动】准许；允许；可以；同意。②【形】对一个人的能力、人品、素质等条件的基本认可或赞许。③【形】物品的质量、价格等基本符合心意。

真行[tʂən^{42}ɕiŋ^{51}]\真行咾[tʂən^{42}ɕiŋ^{51}lau]【贬】沾。隐指一个人脸皮厚、自私自利。

行兰[ɕiŋ^{42}lan] 习惯了：说瞎话说～|费劲～。

行好[ɕiŋ^{51}xau^{55}] 烧香拜佛；发善心、做善事：俺去山啊～哩兰。

不行好[pu^{214}ɕiŋ^{51}xau^{55}] 做伤天害理的事；不孝敬老人。

行咾[ɕiŋ^{51}lau] ①不错：长哩～。②有办事能力：这人儿还是～。

修[siou^{42}]（西）西片通用动词，主要用于前仙乡西部牛家庄、北马、南马、西岭底等村，可

代替“搞、理、管、弄、做、干、收拾、制作”等动词，相当于东片通用动词“拾掇”：～地（整地）|～饭（做饭）|～干得儿（蒸馒头）|～头发（剪头发）|～点柴火（抱点柴火）。

修苗[siou^{42}miɑu] 身材苗条；体型好。

修妙[siou^{42}miɑu] 办事巧妙；做坏事不易被人察觉。

羞急[siou^{42}tɕi^{51}]**羞着急**[siou^{42}tʂɑu^{42}tɕi^{51}]**急羞**[tɕi^{51}siou^{42}]① 恼羞成怒。

秀[siou^{312}] ①庄稼扬花结穗：～穗儿。②美好；美丽：～气|～苗。

须须连连哩[sy^{51}sy liæn^{51}liæn li] 形容丝、絮状物品理不清、连绵不断。

絮烦[sy^{312}fan^{51}] 过于琐碎和重复而使人心烦；厌烦；腻烦。

絮气[sy^{51}tɕʰi] ①普通；无特色：这件儿衣裳忒～。②絮烦：这件儿衣裳俺穿～兰。

絮叨[sy^{51}tɑu]**絮絮叨叨**[sy^{51}sy tɑu^{53}tɑu^{55}] ①说话啰嗦。②对同一件事反复说个不停。

暄[ɕyai^{42}] 燃烧值低：这点儿煤可～哩。

暄[ɕyai^{42}]**暄腾**[ɕyai^{42}təŋ]**暄乎**[ɕyai^{42}xu] 馒头或被褥等柔软、蓬松。

玄虚[ɕyai^{42}ɕy] ①神秘莫测。②虚伪；不真诚；不实在；只说好话不办实事。

谖[ɕyæn^{312}] 鼓噪；吹嘘。

　　吃谖[tʂʰʅ^{214}ɕyæn^{312}] 容易受人鼓噪：这人儿吃～，别人儿夸两句就认实。

楦[ɕyæn^{312}] 塞满，将物体的中空部分填实或撑大。

学[ɕiɑu^{51}] 向人诉说、讲述；陈述原委：你有什么事儿给嗯家大人～～。

踅摸[syɛ^{51}mɤ] ①悄悄寻找。②悄悄拿走。③算计；考虑。

血流呼啦哩[ɕiɛ^{214}liou^{51}xu^{51}lAli] 指血流满面或流血很多。

熏[ɕyn^{312}] ①气味难闻；②难闻的气味使人难受。③人缘不好。

熏[ɕyn^{42}]**唬熏**[xu^{312}ɕyn^{55}] 批评、教育，主要指教育孩子、晚辈或下属：他挨老师～来。

寻[sin^{51}] 娶；嫁：男哩～媳妇儿，女哩～婆子哦啊。

Y

牙碴[ia^{51}tʂʰA] 说话粗鲁、无所顾忌：说话儿～。

牙碜[ia^{51}tʂʰən] ①食物中含有沙粒。②说话带脏字。③说话不中听、讨人厌；说话不顾他人感受、故意炫耀、抬高自己而讽刺、贬低他人。

淹死[iɛ^{42}sɿ] 溺水而死。

眼毒[iɛ^{55}tu^{51}] 独具慧眼；能明辨真伪优劣；能看透事物本质；能找到事件症结；能洞察人心。

眼尖[iɛ^{55}tsiɛ^{42}] ①眼力好；能迅速认出某人；能迅速找到某物。②眼光敏锐，能洞察秋毫。

---

① 词汇的正序和反序使用都可以。

眼皮儿薄[iɛ^{55}pʰiər^{51}piɑu^{51}]\眼包皮子哦薄[iɛ^{55}pɑu^{42}pʰi^{51}tsɤ piɑu^{51}] 眼馋他人；嫉妒他人。

眼气[iɛ^{55}tɕʰi^{312}]\眼红[iɛ^{55}xuŋ^{51}] 嫉妒；羡慕。

严实[iæn^{51}ʂʅ] 紧密；严密。【近】严严实实哩（非常严密）。

央乞[iɑŋ^{42}tɕi]\[iɑŋ^{42}tɕʰi]（西）求人；说好话。

秧[iɑŋ^{42}] 临时栽植，防止脱水枯死，恢复元气后，以待移栽。

秧歌儿气[iɑŋ^{42}kɛr tɕʰi^{312}] 俗气；土气。

阳[iɑŋ^{51}]\阴[in^{42}] 性格怪异，与一般人不同。

阳大误愣哩[iɑŋ^{51}tA u^{51}tʂəŋ li] 呆头呆脑，神志不清。

阳雾[iɑŋ^{51}u]\阳阳雾雾哩[iɑŋ^{51}iɑŋ u^{31}u^{55}li] 动作缓慢；磨蹭；懒散。

阳性儿不睬哩[iɑŋ^{51}sirŋ^{42}pu^{214}tsʰai^{55}li] 爱答不理；行动迟缓。【反】点炮儿就响。

阳厌[iɑŋ^{51}iæn]\奸馋[tɕiɛ^{42} tʂʰan] 挑食。【反】马恰。

洋疯子哦爹毛儿哩[iɑŋ^{51}fəŋ^{42}tsɤ tʂA^{312}mɑur^{51} li] 指女孩不稳当、疯疯癫癫。

洋气[iɑŋ^{51}tɕʰi^{312}] 时髦。

仰摆[ȵiɑŋ^{55}pai] 面朝上平躺。【近】卜唧。

养活[iɑŋ^{55} xuo] ①生孩子。②养育；抚养；赡养：老得儿把嗯～大容易嗽！

样儿啊样儿哩[iɑrŋ^{312}A iɑrŋ^{312}li] 一般指女人胡走乱串，只打扮自己不干活。

样中[iɑŋ^{312}tʂuŋ^{42}] 相中；看中；中意；喜欢。

咬憋[iɑu^{55}piɛ] 约束；克制。

妖气[iɑu^{42}tɕʰi]\妖里妖气哩[iɑu^{42}li iɑu^{42}tɕʰi^{312}li] 搔首弄姿，卖弄风情，指有迷惑人的气色或打扮。

妖巧[iɑu^{51}tɕʰiɑu] ①怪诞；怪异；虚假不实。②新鲜；别致；个别。

咬[iɑu^{55}] ①动物咬人。②蚊虫叮人。

　　颔[xan^{51}] ①牲口咬人：叫马～着兰。②动物咬而未伤：叫马～咾一下儿。

咬嚼[iɑu^{55}tsiɑu] 指桑骂槐：～人。

咬嘴[iɑu^{53}tsuei^{55}] 拗口；说话别扭。

要[iɑu^{312}] ①过继：他俩～咾个小子哦。②生育：嗯那么大兰还不～孩子哦嗽？

要紧[iɑu^{312}tɕin^{55}] ①紧要；着急。②重要。【同】持劲。

噎住兰[iɛ^{214}tʂu^{312}lan] 卡住了；吃不下东西或说不出话。

野[iɛ^{55}] ①丢东西。②一起行走时将人落在后边。③思想、学习等超越他人。【近】拉。

野[iɛ^{55}] 心在旷野，身心不受约束。

野脚[iɛ^{55}tɕiɑu] 喜欢在外边到处跑。

野道[iɛ^{55}tɑu^{312}] 【贬】形容人粗野、强横、剽悍。

掖[iɛ^{214}] 塞进缝里：～牙缝儿|～被裹儿。

一班儿[i^{214}pɛr^{42}]**厚道**[xou^{312}tɑu^{312}] 关系好。

一般齐[i^{214}pai^{42}tsʰi^{51}] 一样长。

一簇儿哩[i^{214}tsʰuər^{51}li]**一团儿哩**[i^{214}tsʰuɛr^{51}li] 一起；一块：嗯俩～去吧。

　一簇儿哩 [i^{214}tsʰər^{51}li]（西）

一圪颠一圪颠哩[i^{31}kɤ^{214}tiɛ^{42}i^{31}kɤ^{214}tiɛ^{42} li] ①颠簸。②跛脚走路。

一个劲儿哩[i^{31}kɤ^{31}tɕiər^{312}li] 不停地；不断地。

一股团儿[i^{214}ku^{55}tsʰuɛr^{51}]**一团儿**[i^{214}tsʰuɛr^{51}] 一起；一块。①同一区域：他们在～住哩。②同一时间：他们俩～考啊上学哩。③同属一个社会集体：他们在～哩干件儿哩。④作伴：他们俩每天～哩去上学。

一好[i^{214} xɑu^{55}] 老实；听话；服服帖帖：你～呗？不～咾看我怎儿啊毁你。【反】不一好。

一溜儿[i^{214}liəur^{312}] ①【量】行；列。②行动、意见一致：他俩～。

一绺儿百当哩[i^{214}liəur^{55} pai^{214} tɑŋ^{312}li] 整整齐齐；稳稳妥妥；非常恰当。

一能儿[i^{214}nərŋ^{51}] 〈多贬义〉专长；特长；擅长…：这人儿说瞎话～。

一拧宁儿[i^{31}ȵin^{53}ȵirŋ^{55}] 极少一点。

一炮儿[i^{214}pʰɑur^{312}] 一下子；一次连续不断地：这人儿～吃咾仨馍馍。

一惊一咋哩[i^{214}tɕiŋ^{42} i^{214}tʂA^{312}li] 伴随动作，猛然说出或想起某事。

一身[i^{214}ʂən^{42}] ①满身：～土。②到处都是：～毛病。

一随*儿哩[i^{51}suər^{214}li]/[i^{51}sər^{214}li] 全部是：这人儿说哩～瞎话。

一碗儿水端平[i^{214}vɛr^{53}ʂuei^{55}tuai^{42}pʰiŋ^{51}] 处事公平公正，不偏向任何一方。

一嘴儿一块儿哩[i^{214}tsuər^{55}i^{214}kʰuɛr^{312}li] 零散的；土地、食品、面料等零散、不成整块。

癔连疙症哩[i^{312}liæn kɤ^{214} tʂəŋ^{312} li]**癔连癔症哩**[i^{312}liæn i^{31}tʂəŋ^{312} li] 迷迷糊糊的样子。

阴连雾罩儿哩[in^{42}liæn u^{312}tʂɑur^{312} li] **洋大雾罩儿哩**[iɑŋ^{51}tA u^{312}tʂɑur^{312}li] 疯疯癫癫的样子。

洇[in^{42}] 液体在纸、布及土壤中向四外散开或渗透。

洇地[in^{42}ti^{312}] 小水浇地，以增加土壤墒情，便于耕种，

饮驴啊似哩[in^{312}ly^{51} A ʂʅ^{312} li] 形容人喘着气大口喝水。

应分哩[iŋ^{42}fən^{312}li] 职责范围内应该做的。

应势[iŋ^{51}ʂʅ]/[iŋ^{42}ʂʅ] 年富力强；活跃；有活力：三十岁正～哩。

硬棒[iŋ^{312}pɑŋ^{42}] ①硬；②结实有力。

硬朗[iŋ^{312}lɑŋ] 身体好；强壮。

硬气[iŋ^{312}tɕʰi^{312}] ①刚强；强硬。②理直气壮；有骨气。

用不着[yŋ^{312}pu^{214}tʂɑu^{51}]\用不起[yŋ^{312}pu^{214}tɕʰi^{55}] 〈人生气时〉不必；不需要。

悠雅[iou^{51}ia] 舒缓；不慌不忙；不紧不慢：看雨下哩多～哎。

悠子哦点ₗₗ[iou^{42}tsɤ tiɛr] 节制、控制着点；量力而行：干活ₗₗ～。

由子哦[iou^{51}tsɤ] 由…决定；随；顺从；任凭：这事ₗₗ～你。

由子哦性子哦[iou^{51}tsɤ siŋ^{312}tsɤ] 任性而为。

油ₗₗ[iəur^{51}] 滑头。

油而隔粘哩[iou^{51}ɭ kɤ^{214}ȵiɛ^{55} li] 油渍多。

有发ₗₗ[iou^{55}fɛr^{214}]\好过[xɑu^{55}kuo^{312}] 家里发达富裕。

有尽[iou^{55}tsin^{312}]\有足[iou^{55}tsy^{214}] 知足。【反】没尽。

有兰[iou^{55}lan] 怀孕了。

有毛病ₗₗ兰[iou^{55}mɑu^{51}pirŋ lan] 出问题了；出故障了。

有闹ₗₗ[iou^{55}ɲɑur^{312}] 有特殊的额外收入。

有要无紧[iou^{55}iɑu^{312}u^{53}tɕi^{55}] 可有可无。

於*[y^{214}] 赶牲口往左拐弯。

驭* [y^{214}] 命令牲口停住。

圆蛋轱辘球哩[yæn^{51}tan^{312}ku^{214}lu^{55}tɕʰiou^{51}li] ①物体圆形、球形；②形容人长得肥胖。

怨[yæn^{312}] ＜后跟人称代词、名词或短句＞ 因为；责任在于…：这事ₗₗ不能～我。

怨不得[yæn^{312}pu^{214}ti]\怨么ₗₗ哩[yæn^{312}mɛr^{214}li] 难怪；怪不得；原来如此。

怨怅[yæn^{312}tʂʰɑŋ] 抱怨；埋怨；怪罪。【近】嗔子哦。

约[iɑu^{42}] 用杆秤测量物体重量；过秤。【同】约[yɛ^{42}]（西）

约摸[iɑu^{42}mɤ] 估量；估计。

匀实[yn^{51}ʂʅ] ①均匀、整齐：把树种～点ₗₗ。②均匀、结实：布可～哩。③比喻小孩想尽办法缠着大人：这孩子哦欺赖人真～。

Z

杂巴[tsA^{51}pA] 各种不同的；不太重要的：～东西|～事ₗₗ。

遭难[tsɑu^{42}nan^{312}] 遇到不幸和灾难。

糟[tsɑu^{214}] 闷制：～黄菜|～黄酒。

糟践[tsɑu^{42}tsiæn^{312}] 侮辱；伤害。

糟蹋[tsɑu^{214}tʰA^{55}] ①浪费；不爱惜；不珍惜。②伤害。

凿[tsɑu^{51}] 蜂蛰。

凿死卯[tsɑu^{51}sɿ^{53}mɑur^{55}] 遇事执着，不知变通。

造难[tsɑu^{312}nan^{51}] ①能力有限，办事困难。②犹豫不决，左右为难。③艰难维持生活。④孤独无助。

择[tʂai^{51}] 挑选；挑拣；分拣；剔除杂物：～菜|～韭菜。

缯[tsəŋ^{312}] 用力捆、扎：～辫子哦绳儿。

喳叽[tʂuɑ^{214}tsi^{55}]**叽喳**[tsi^{214}tʂuɑ^{55}] ①快速尖声说话。②与人争吵。③大人心烦时，孩子提要求。

渣吧[tʂA^{51}pA] ①麦秸、棉花秸、玉米秸等枝杈多；堆放不密实。②女人强势、爱找茬。

渣连渣吧哩[tʂA^{51}liæn tʂA^{51}pAli]

挤油[tsi^{214}iou^{51}] 磨油；榨油。

扎头儿[tʂA^{214}təur^{51}] 低头。

扎怀[tʂA^{214}xuai^{51}] 产妇奶水减少或中断。

诈唬[tʂA^{51}xu] 欺骗吓唬。

奓毛儿[tʂA^{312}mɑur^{51}] ①毛发竖立。②形容人发怒、发脾气。

炸窝[tʂA^{312}uo^{42}] 因受惊一哄而起：大伙儿一听就～兰。

窄卡[tʂai^{214}tɕ^{h}ia^{55}]**窄狭**[tʂai^{214}tɕ^{h}ia^{55}] ①地方狭小、狭窄、不宽敞。【同】紧卡。②心胸、器量小。

沾[tʂai^{42}]**沾弦**[tʂɑi^{42}ɕiæn] ①足够；满足：他吃俩馍馍就～兰。②可以；行：你不去不～。③符合标准；有水平；好：他唱哩～呗？④聪明：他学习可～哩。⑤有办法；有能力；会办事：这人儿可～哩，什么事儿也能办成。【反】不沾\不沾弦（不行、不好、不如别人）。

沾光儿[tʂai^{42}kuɑrŋ^{42}] ①占便宜。【反】吃亏。②享受他人或某事的荣耀或好处。③得到孝敬或帮助。

沾亲带故[tʂai^{42}ts^{h}in^{42}tai^{312}ku^{312}] 有亲戚朋友关系。

展挂[tʂai^{55}kuɑ^{312}] ①家具等光洁、齐整、规矩。②服装等平整、合身。③事情办得漂亮。

展妥[tʂai^{55}tuo]**展挂**[tʂai^{55}kuɑ^{312}] ①东西齐整。②做事利索。

展样[tʂai^{55}iɑŋ^{312}] ①行为举止潇洒、不拘束。②处事大方、不小气。

占住兰[tʂan^{312}tʂu lan] 生了小孩。【同】睡兰[ʂuei^{312}lan]/[ʂei^{312} lan]（主西）

张慌[tʂɑŋ^{42}xuɑŋ]**张介**[tʂɑŋ^{42}tɕiɛ] 张罗；安排；尽力完成某事：我得凭算子哦给你～个媳妇儿。

张介[tʂɑŋ^{42}tɕiɛ] ①做事吃力：他干这点件儿有点～。②时间紧张：下班儿做饭太～哩慌。【近】赶介。

张狂[tʂɑŋ^{42}kuɑŋ] 嚣张；狂妄；趾高气扬；不可一世。

彰鲜[tʂɑŋ⁴²siɛ]\彰腥[tʂɑŋ⁴²sin] ①女子扭捏作态、不沉稳。②比喻小孩学大人做事。

彰鲜子哦砢碜哩[tʂɑŋ⁴²siɛ⁴²tsɤ kʰɤ³¹tʂʰən⁵⁵li] 比喻小孩学大人做事。

彰扬[tʂɑŋ⁴²iɑŋ] 宣扬；传扬；有优越感，自我陶醉；虚荣心强，爱炫耀自己。

仗势[tʂɑŋ³¹²ʂʅ³¹²] ①依靠有势力的人：～欺人。②可依靠的势力、人或某种资本：她可有～哩。

仗子哦[tʂɑŋ⁵¹tsɤ] 依仗；仗势。

招[tʂɑu⁴²] 传染：你可要叫别人儿～啊你感冒咾。

找[tʂɑu⁵⁵] 请；雇：你去～个人儿帮咱两天忙儿吧！

着[tʂɑu⁵¹] 能触及、满足条件、达到目的：够～唠（可触到）|够达～咾（智谋足以应付某事）|心眼儿够打～咾（有心计；吃不了亏）。

照直[tʂɑu³¹²tʂʅ⁵¹] 直接；直截了当。

折[tʂɤ⁵¹] 折叠：～被子|～衣裳。

折[tʂɤ²¹⁴] 将客人的礼物（馒头、糕点等）留下一部分，以便客人再带回家一部分。

折捣[tʂɤ²¹⁴tɑu⁵⁵] 折磨；虐待。

蛰[tʂɤ⁵¹] 油液遇冷变稠:这桶油～兰。【近】共。

蜇[tʂɤ²¹⁴] ①酸性或碱性物质对其他物质的腐蚀；②蜂、蝎子等用毒刺叮咬人。

蜇劲儿[tʂɤ²¹⁴tɕiər³¹²] 腐蚀性；去污性。

镇[tʂən³¹²] ①沉淀。②压制；镇服：他娘～不住他。

真庄[tʂən⁴²tʂuɑŋ]\真着[tʂən⁴²tʂuo] 真正；纯正。

争讲[tʂəŋ⁴²tɕiɑŋ] ①讨价还价。②计较。③提要求。

争脸[tʂəŋ⁴²liɛ⁵⁵] 争气；争光。

整装[tʂəŋ⁵⁵tʂuɑŋ⁴²] 整齐、完整。

正不是囊*不是哩[tʂəŋ³¹²pu²¹⁴ʂʅ³¹²nɑŋ³¹pu²¹⁴ʂʅ⁵¹li] 反正都不对；怎么样都不好，怎么做也不对。

左不是囊*不是哩[tsuo⁵⁵pu²¹⁴ʂʅ³¹²nɑŋ³¹²pu²¹⁴ʂʅ³¹²li]

正而八拧[tʂəŋ³¹²ʅ⁵⁵pA²¹⁴ȵiŋ⁵⁵]\正而八经[tʂəŋ³¹²ʅ⁵⁵pA²¹⁴tɕiŋ⁵⁵] ①郑重；正式。②真正；纯正。

正向[tʂəŋ³¹²ɕiɑŋ³¹²] 正直；正派；人品好：不～。【近】正道（正直）；【反】奸操（奸诈；邪恶）。

支[tʂʅ⁴²] 支撑、顶住，支撑物不可或缺：墙快倒啊，使杠子哦～住吧。

支棱[tʂʅ⁴²ləŋ] ①支撑、顶着，形成空隙，支撑物不起必要作用。②等待：他～子哦脚儿出里哩。

支棱子哦脚儿[tʂʅ⁴²ləŋ⁴² tsɤtɕiɑur²¹⁴] 翘首以盼；专等着。

支应[tʂʅ^{42}iŋ] 场面上支撑；照应：负责：他在那儿～子哦。

支着儿[tʂʅ^{42}tʂɑur^{42}] 为人出谋划策或提供解决问题的办法。

知道么儿[tʂʅ^{51}tɑu^{31}mɛr^{312}] 懂事；有礼貌。【反】不知道么儿\不知道何儿（西）。

知行打鼓哩[tʂʅ^{42}ɕiŋ^{51}tA^{312}ku^{55}li] ①因重视而专门做某事。②做某事要求多、程序复杂。③形容人多、动静大。

直棒[tʂʅ^{51}pɑŋ] 性情耿直、办事不灵活。【反】活动；活泛。

直碾儿兰[tʂʅ^{51}ȵiɛr lan]**停摆兰**[tʰiŋ^{51}pai^{55}lan] 生产、工作、生活因失去经济来源、劳动力或核心领导而无法正常进行。

直正[tʂʅ^{51}tʂəŋ] 正直；正派。

值当哩嗷[tʂʅ^{51}tɑŋ^{42}li ɑu^{42}] 至于吗？值得吗？

指子哦[tʂʅ^{55}tsɤ] ①指望；依靠。②希望；计划；打算：我～明儿昂出门儿哩。

稙[tʂʅ^{214}] ①庄稼播种早、成熟早：～棒子哦。②比喻孩子长得快、成熟早：长哩～。

植棱[tʂʅ^{214}ləŋ] 植物长得青翠、旺盛、水灵灵的样子。【反】蔫嘟。

植煞[tʂʅ^{214}ʂA] 奓毛；毛发竖立。

吱霎[tʂʅ^{214}ʂA] ①惊悚；因惊吓而哆嗦；激灵。②哆嗦；眨；形容时间极短：二十七八，月出一～。

制气[tʂʅ^{312}tɕʰi^{312}]**制气儿**[tʂʅ^{312}tɕʰiər^{312}] 呕气；闹别扭；故意与某人生气。

中[tʂuŋ^{42}] 饭熟：做～饭兰，快来吃饭吧。

中不溜儿[tʂuŋ^{42}pu^{214}liou^{51}] 中间；物体的质量、大小等处中等水平；人的品质、素质等处中等水平。

中用[tʂuŋ^{42}yŋ^{312}] 可用；靠得住；很能干。多指小孩：掩俩孩子哦可～子哦哩。

诌[tʂou^{42}]**晕**[yn^{42}] 神侃。

輖[tʂou^{312}] 机械转动部件摩擦力大，转动不灵活；人体各关节不灵活。

騆*（踽）[tʂou^{42}] 踢；尥蹶子：你看这孩子哦嘎古哩，一个劲儿哩用小脚儿～俺。

撖*（搁）[tʂou^{55}] ①托举；从一侧或一端托起沉重物体。②扶起。

撖架哩慌[tʂou^{55}tɕia^{312} li xuɑŋ^{42}] 两只胳膊长时间抬、举、架而体力不支。

撖炕[tʂou^{42}kɑŋ^{312}]**撖被子**[tʂou^{42}pei^{312}tsɤ] 叠被子。

撖坯[tʂou^{214}pʰi^{42}]**磕坯**[kʰɤ^{214}pʰi^{42}] 做土坯。

抓挠[tʂuɑ^{42}nɑu] 着急干活挣钱；以各种方式获取生活用品。【近】挠刨。

　　抓挠哩紧[tʂuɑ^{42}nɑu^{42} li tɕin^{55}] 干活舍不得耽搁。

抓痒痒[tʂuɑ^{42}iɑŋ^{55}iɑŋ] 挠痒痒。

抓药[tʂuɑ^{42}iɑu^{312}] 买中药。

拽[tʂuai^{312}] 用力拉。【同】抻。

跩[tʂuai^{55}] ①说话不自然，或自我吹嘘、炫耀，装腔作势，南腔北调，或咬文嚼字。②打扮赶时髦。

转向[tʂuan^{31}ɕiɑŋ^{312}]**调向**[tiɑu^{31}ɕiɑŋ^{312}] 分不清东西南北；迷失方向。

转转哩[tʂuan^{31}tʂuan^{312}li]（西）去地里干农活。

装扮[tʂuɑŋ^{42}pan] 假装。

装门面[tʂuɑŋ^{42}mən^{51}miæn]**撑门面**[tʂʰəŋ^{42}mən^{51}miæn] 维持表面排场；为表面荣光而加以粉饰。

装阳哩[tʂuɑŋ^{42}iɑŋ^{51}li]**装傻哩**[tʂuɑŋ^{42}ʂA^{55} li]**装蒜哩**[tʂuɑŋ^{42}suan^{312}li] 假装糊涂。

缀[tʂuei^{312}] 缝：～扣儿|～双箆儿。

准当[tʂuən^{55}tɑŋ] ①准确；正确：你做那题可～哩。②确定；稳当；保险：那件事儿～兰。【同】牢靠。③准时：你来哩挺～。④肯定；确定：明儿啊他～来。

捉唬[tʂuo^{214}xu^{55}]**胡弄**[xu^{31}luŋ] 哄；骗；捉弄；戏弄。

着[tʂuo^{42}]（西）被；叫；让；命令；放：他～俺去买菜哩啊。|往锅里～点儿盐。

着急[tʂɑu^{42}tɕi^{51}] ①心情焦躁不安。②痛苦；难过；悲伤：你就嫑～兰，身子哦要紧。

琢磨[tsuo^{55}mɤ] ①考虑。②算计：嫑叫他把你给～咾。

滋闹[tsɿ^{51}nɑu] ①麻烦：这几天净～事儿。②故意制造事端；闹事：你嫑～事儿兰！

渍挠[tsɿ^{51}nɑu] 瘙痒：头子哦～哩慌，该洗兰。【同】圪囊（西）。

自[tsɿ^{312}] 不干活；自由自在；不受批评；不受约束：这人儿可～哩。

自觉儿屈[tsɿ^{312}tɕiɑur^{214} tɕʰy^{42}] 自知理亏；说话不理直气壮；自觉理屈而辩解。

自性[tsɿ^{31}siŋ^{312}] 任性；由着自己的性子做事。

走干道儿[tsou^{55}kai^{42}tɑur^{312}] 不花钱；无经济损失。

走扇[tsou^{55}ʂan^{312}] 门窗变形。

走眼[tsou^{53}iɛ^{55}] 看错商品的质量价格，看错人的品质脾气秉性。

走样[tsou^{55}iɑŋ^{312}] ①门窗等木质品变形。②不按规定办事。

走子哦瞧[tsou^{55}tsɤ tsʰiɑu^{51}] 等着看；过段时间再看结果。

走嘴[tsou^{53}tsuei^{55}] 本不该或不打算说，没留神说出了口。

揍[tsou^{312}] 打人。

足活[tsu^{214}xuo^{51}] 勤谨；勤快。

足实[tsy^{214}ʂʅ^{51}] 充足；实在。

钻挤[tsuai^{42}tsi] 投机钻营；自私；只顾自己争抢。

嘴硬[tsuei^{55}iŋ^{312}] 明知自己犯了错或理亏，但坚决不肯认错或服输。

醉麻溜丢哩[tsuei^{312}mA liou^{42}tiou^{42}li] 喝醉酒的样子。

左是左兰[tsuo^{55}ʂʅ^{312}tsuo^{55}lan] 怎么也是这样了，豁出去了。

做地咾[tsu^{214}ti^{42}lɑu]**能做**[nəŋ^{51}tsu^{214}] ①一门亲事可成。②一宗生意有利润可赚。

作贱[tsuo^{214}tsiɛ^{312}] 故意降低自己身份去做某事。

四、介词

超[tʂ^{h}ɑu^{51}] 往；向：你～哪儿走哎？|你～那儿垫点土吧。

给[kei^{55}]/[kei^{312}] ①与；和；跟；向：我～你说。②被：手～刺着兰。③为：～你过生日。

叫[tɕiɑu^{312}] ①让；允许：他不～俺吃饭。②被：花瓶～他给摔坏兰。

临[lin^{51}] 临近某动作或某事发生的时候；在…之前：～去北京，你说一声。

头[t^{h}ou^{51}] ①<后跟动词>在…之前：～走你来我这儿一下儿。【同】临。②<后跟名词>在某时间或节日到来之前；在…之前：头…哩（在……之前）|～年儿哩你把帐儿算算。

着[tʂuo^{51}]（西）①让；允许：你～他把苹果吃了吧！②被；由：苹果～他吃了。

五、副词

A. 时间频率类副词

才 ①[ts^{h}ai^{51}] 刚刚；刚才：他～来过我这儿。②[siɛ^{42}] 【语气词】肯定；哪里会：我～不干那傻事儿哩。③[siɛ^{42}] 才；方；始：他走咾，我～走。

断不了[tuan^{312}pu^{214}liɑu^{55}]**断不住**[duan^{312}pu^{214}tʂu^{312}] 不间断但也不经常，无规律；偶尔；间或。

摁斗儿[ŋən^{214}təur^{55}]（西）<与"没"连用、后跟动词>从来；就是：他～没来过（他从未来过）。

隔三差五[tɕiɛ^{214}sai^{42}tʂ^{h}A^{312}u^{55}] 断断续续：他～就给老人送点儿东西。

光[kuɑŋ^{42}] ①总是；经常：他俩～打架。②只；单；只有；仅仅：他～吃肉不吃菜。

急忙[tɕi^{51}mɑŋ]**尽忙**[tsin^{55}mɑŋ] 急速匆忙；赶快；立即：他知道信儿咾～就去兰。

紧忙[tɕin^{55}mɑŋ]/[tsin^{55}mɑŋ] 急忙；赶快；立刻；马上：他找你哩，你～去吧。

　赶紧[kai^{53}tɕin^{55}]**紧赶**[tɕin^{53}kai^{55}]

　尽忙[tsin^{55}mɑŋ]/ [tsin^{42}mɑŋ] 急忙；赶快。

　静忙[tsiŋ^{312}mɑŋ]（西）

见天[tɕiæn^{312}tiɛ^{42}]**见天价**[tɕiæn^{312}tiɛ^{42}tɕiɑ]**成天**[tʂ^{h}əŋ^{51}tiɛ^{42}] **成天价**[tʂ^{h}əŋ^{51}tiɛ^{42}tɕiɑ] 几乎每天；天天；经常：他们俩～在一起，关系可好哩。

就而[tsiou^{312}ɭ^{55}] 紧接着；随后；立刻；马上：散会你～去吧。

就手儿[tsiəu^{312}ʂəur^{55}] 紧接着；马上：他吃咾饭，～都刷咾碗兰。

快[kuai^{312}] 就要：～回来啊|～走兰。

顺手儿[ʂuən^{312}ʃəur^{55}] 顺便；同时：你出哩时候儿～把门儿关上。

顺便儿[ʂuən^{312}piɛr] 乘便：你去城里儿时候儿～给我捎点儿东西。

零随儿[liŋ^{51}suər] ①一点一点地。②慢慢地；逐渐：这件事儿你得～哩说他。

落利[luo^{55}li]/[luo^{51}li] 快点；马上：老师叫你哩，～去吧。

猛儿不猛儿哩[mərŋ^{55}pu^{214}mərŋ^{55}li] 猛然去做某事；很少；偶尔：他～吸根儿烟。

轻易不[tɕʰiŋ^{51}i^{31}pu^{214}]/[tɕʰiŋ^{312}i^{55}pu^{214}] 几乎不；基本不；很少：他～出门。

三天两头儿哩[sai^{55}tʰiɛ^{42}liɑŋ^{55}tʰour^{51}li] 经常：他～去进货。

说话[ʂuo^{214}xuɑ^{312}] 说完话就去做某事；马上；很快：我～就干起件儿兰。

一个劲儿哩[i^{214}kɤ^{31}tɕiər^{312}li] 不停地；一直；总是：嫑光～啼哭兰。

一天哩[i^{214}tiɛ^{42}li] 整天；天天；经常：他～来这儿来。

B. 其他类副词

白[pai^{51}] 作状语。①不付代价：～吃～喝。②空；无原因：平～无故受冤枉。③动词+了+也白+动词，表示某动作或行为无意义或无效果：干了也～干|说了也～说|学了也～学。

单意[tai^{42}i^{312}]**单一**[tai^{42}i^{214}]/[tai^{42}iər^{214}] ①故意：你嫑～找事儿兰。②专门：他是～为这事儿来哩。

动不动就[tuŋ^{312}pu^{214}tuŋ^{312}tsiəu^{312}] 极易发生某种动作行为；经常：她～就啼哭。

都[təu^{42}] 已经：掩早～走兰，你怎儿还没走来？

干[kai^{42}] ①纯粹地；无水分地：～赔不赚。②徒然；白白地；无收益地：他在这儿～等咾一天。

敢[kai^{55}] ①【动】【助】〈意义、句中位置及语法功能与普通话相同〉：他～作～当。②【助】〈只能在否定句核心动词前〉允许；能：下午还有事儿，可不～喝酒。③【助】固定结构“不敢说”，相当于“说不准”，句中位置灵活：嫑等兰，他什么时候儿回来还～哩。④【副】莫非，也许；大概：明儿昂～下雨。

敢是[kai^{55}ʂʅ^{312}] 〈在句首或句中〉恐怕是，也许是；大概是；可能是：那本儿书～他哩。

搞底儿[kɑu^{53}tər^{55}]/[kɑu^{312}tər] 〈后常跟“还是”〉到底；最终：他～还是上高中兰。

跟每[kən^{42}mən^{55}]/[kei^{42}mei^{55}] 〈与“没、不”连用〉根本；绝对：他～都不会。|这事儿～不怨掩。

管哩[kuai^{55}li]**管然**[kuai^{55}ʐan] 真的；确实：你～愿意敷？

海*[xai^{55}] ①太；很：这件儿衣裳不～大。②致力于；不停地；不知疲倦地：嫑～啼哭兰。

横竖[xəŋ^{312}ʂu^{312}]**横顺**[xuəŋ^{312}ʂuən^{312}]**反正**[fai^{55}tʂəŋ^{312}] 〈“横竖、横顺”只用于主语是人的句子〉无论如何：横顺他就是他兰，你就嫑再操心兰。|反正天黑兰，俺们也走不了

兰，你就要着急兰。

混[xuən^{312}] 随便；胡乱；到处；任何人或任何地方都…：～扔|～花钱。

伙[xuo^{55}] 一起；一块：～吃|～洗衣裳。

净[tsiŋ^{312}] ①〈在动词前〉总是；经常：他～说瞎话。②〈在名词、代词前〉都是；全部是；到处是；很多：他说哩～瞎话。③单纯；纯粹：今儿在这儿哩没别人儿，～咱同学儿。

就嘛[tsiou^{214}mA^{55}]/[tsiou^{51}mA] 只有；仅有：我～一件儿棉袄。

可[k^{h}ɤ^{312}] 【程度副词】①〈可+形容词+哩〉非常：～好哩。②〈可+动词肯定式〉真；确实：我～该听他哩话。③〈可+动词否定式〉千万：你～嫑错打主意。

可[k^{h}ɤ^{55}] 【语气副词】①〈“可不是、可不”，后跟“呗”，表示肯定语气〉就是：甲：新疆很远吧？乙：～呗。②〈后常跟“也、可、可也”，表示强调语气〉总算；终于：我～也把他盼安来兰。③〈后常跟“得、要”等，表示强调语气〉必须；无论如何：你～得帮帮我呀。④〈后常跟“不”，表示强调语气〉实在；真的：这～不好说。⑤表示强调、强硬、确定等语气，且隐含愤慨、焦急或惋惜语气：这～是血汗换哩呀！

老[lɑu^{55}] ①【程度副词】〈用在形容词前〉很；非常：～早俺就认得他兰。②【时间频率副词】〈用在动词前〉经常：老是；总是：你～去北京干什么来？③【副词】〈用在时间名词前〉很久以前：他光说那～每常年啊哩事儿。④【副词】〈用在时间名词前〉最：他家在～西头儿。

猛一[məŋ^{55}i^{214}] 猛然；突然：～想|～说。

穷[tɕ^{h}yuŋ^{51}] ①〈作动词前缀，有表音和表意作用〉不停地、没完没了地、没有效果地：～跑达。②〈作名词前缀，有表音作用〉长辈对晚辈的轻微嗔怪：～小子哦～物件。

死[sɿ^{55}] ①〈在形容词前〉太；过分：这青菜～贵烂贵哩。②〈后跟“是”〉总是；只能是；肯定是：这几件儿事儿～活是他干。③〈形容词或动词后加“死兰”，强调程度〉太；过分；非常：晒～兰|热～兰。

死烂不[sɿ^{55}lan^{312}bu^{214}]〈后跟“愿意、同意”等〉无论如何也不；怎么说也不：掩～愿意去。

挺[t^{h}iŋ^{42}]〈基本肯定主语的行为状态，但程度较弱〉感觉还行；没有感觉不；还是很：我～待见他。

血[tɕiɛ^{214}] ①太；很；这么：没想到小孩儿哩衣裳～贵。②〈固定说法〉“倒咾那血霉兰”：太倒霉了。

六、连词

不咾[pu^{214}lɑu^{55}] 否则；不然的话：赶紧起床吧，～你就迟到兰。

不咾…不咾就…[pu^{214}lɑu^{55}…pu^{214}lɑu^{55} tsiou^{312}] 要么…要么…：不咾上学，不咾你就出哩干件儿哩。

要不…要不就…[iɑu^{312}pu^{214}…iɑu^{312} pu^{214} tsiou^{312}]

□嗷[tʂ^{h}ou^{51}ɑu]（因为）…，所以…；因此：他不得劲儿，～他不来嗷。

怨不得[yæn^{312}pu^{214}ti^{312}] 之所以…（是因为）：～他没来，他不得劲儿□嗷[tʂ^{h}ou^{51}ɑu]。

倒[tɑu^{312}]\反倒[fai^{55}tɑu^{312}] 反而：你回哩吧，你在这儿～叫他伤心。

临[lin^{51}] ①在空间上靠近：～街。②在时间上临近，在…之前：～出门。

要不就[iɑu^{312}pu^{214}tsiou^{312}] 不然的话：下这么大哩雨，～叫嫑去兰。

要是[iɑu^{312}ʂʅ^{312}] 如果；假如：～你不愿意咾哩？

七、语气词

唉[ai^{214}]\唉咳[ai^{51}xai] 常用在说话之前，表示蔑视、惊讶或失望：～，是他嗷，算咾吧！

给[kei^{312}] 置于表被动、处置等意义的句中动词前，以加强语气：花盆儿叫他～摔坏兰。

毁兰[xuei^{51}lan] ①<用在说话之前，表示惊讶、失望、不满、惋惜、无奈等语气>糟糕；不好；不妙：～，我忘咾带准考证儿兰。②<做动词、形容词后缀，意为身心到了承受极限>…极了：熬煎～|打～。

鸡巴[tɕi^{42}pA]\嗯娘[ŋən^{55}ȵiɑŋ^{51}]\嗯娘屄[ŋən^{55}ȵiɑŋ^{51}pi]\他娘屄[t^{h}A^{51}ȵiɑŋ^{51}pi] ①<位于动词之前或之后，口头禅>表示不耐烦：早～干起兰哩。②<用在说话之前>表示失望、不满、惋惜、无奈等语气：真～来哩，你太不够朋友兰。③<用在形容词前，表示反感、厌恶等情绪>非常；太：油真～贵。

接*子哦[tsiɛ^{55} tsɤ] 置于固定结构"动词+上\下\到\住\开\啊"之后，表示对行为动作结果的强调：把门锁住～。|你坐啊～吧。|把窗户开开～吧。|叫他爬啊～。|立啊～。

慨嗷[kai^{55}ɑu] 干嘛：我管他～。

算起兰[suan^{312}tɕ^{h}i^{55}lan]\真算起兰[tsən^{42}suan^{312}tɕ^{h}i^{55}lan]\真算是起兰[tsən^{42}suan^{312}ʂʅ tɕ^{h}i^{55}lan]<用在说话之前，表示失望、后悔、遗憾、惋惜、抱歉、无奈等语气>唉：真～，俺又算错兰。

我甲[uo^{51}tɕia]\好甲得[xɑu^{51}tɕia^{214}tei]<一般用于句首，表示惊讶、感叹的语气>好厉害啊；啊；呀：～，你能扛动这西子哦嗷！

子哦[tsɤ]"子、着"的音变形式之一，元氏方言中最重要、使用最广泛的语气词。①用于由"圪、骨"组成的形容词中间：圪连子哦圪拧哩|骨连子哦酿细哩。②用于联合词组的中间：跟头子哦骨碌哩。③用于补充词组的中间：炮烟子哦咕咚哩。④用于偏正词组的中间：苦丁子哦烂咸哩。⑤用于联合词的重叠形式中：递连子哦递倒哩。⑥组成特殊词汇：半米子哦哩|嗔子哦|这西子哦|忽子哦。

八、量词

把[pA^{55}] ①手指尖相对握着的数量：一～韭菜。②用于有把手的器具：一～铁钎。

摆溜儿[pai^{214}liəur^{312}]\溜儿[liəur^{312}] 行；列；排；队：那儿站子哦老长一～人。

帮儿[pɑrŋ^{42}] 〈表示人群的量词〉团；伙儿：看那～人在那儿干么儿来？

钵[po^{214}]/[p^{h}o^{214}] 〈计量钵状物体数量〉棵：一～白菜。

茬[tʂ^{h}A^{51}] 〈计算庄稼收割次数〉一季：今年那地种咾一～麦子哦一～棒子哦。

茬儿[tʂ^{h}ər^{51}] 〈计算韭菜、茴香等蔬菜的收割次数〉一茬儿：一～韭菜。

出儿[tʃ^{h}ʅ^{214}] 〈故意损人利益或伤人感情的事件次数〉一件：他做哩一～一～哩，哪一点儿对住人咾哎？

刀[tɑu^{42}] ①机器切割的一份或一沓纸。②一大包烧纸中的一份：一大包烧纸里有六～。

道儿[tɑur^{312}] 计算条状痕迹数量：你身啊有两～印儿。

磴儿[tərŋ^{312}] ①台阶、梯子的横杆：梯子哦～。②台阶或梯子横杆的层级：梯子哦有几～哎。

吊儿[tiɑur^{312}] 用于葡萄等成串的东西：两～葡萄。

嘟噜[tu^{51}lu] ①用于自然成串的东西：一～儿葡萄。②用于包装成串儿的东西：一～子哦苹果。

肚子哦[tu^{312}tsɤ] 用于人的思想情感等抽象名词：一～气|一～坏主意|一～鬼心眼。

对[tei^{312}] 双；主要用于成双的物品：一～袜子|一～鞋。

对儿[tuər^{312}]/[tər^{312}] 双，主要用于成双的生命体：一～情人|一～鸳鸯。

垛[tuo^{312}] 整整齐齐的堆：一～麦秸|两～柴禾。

番儿[fɛr^{51}] 种；类；次。①〈动物繁殖周期〉窝儿：头～鸡蛋。②〈瓜果蔬菜的采摘周期〉次：头～黄瓜。

封[fəŋ^{42}] 用于封装物品：一～信|一～挂面。

幅儿[fər^{214}] ①未作裁剪的手工织布宽度，不论长短都称一～。②做被褥时，原宽度的布匹一块儿称一～，两块儿称两～。

圪节儿[kɤ^{214}tsiɛr^{312}]/[kɤ^{214}tsiɛr^{51}] 段；节：一～秫秸|两～唱腔儿。

股簇儿[ku^{214}ts^{h}uər^{55}]\股团儿[ku^{214}t^{h}uɛr^{55}] ①一伙儿，指围在一起的几个人。②堆儿。

股儿[kuər^{55}] 枝、支、条等：一～线|一～油条|一～道儿。

股枝儿[ku^{55}tʃʅ^{42}] 枝：一～葡萄|一～柴火。

骨杵儿[ku^{214} ts^{h}uər^{55}] 嘟噜。用于可提起的葡萄串式物体；兜儿；堆儿；包儿等。

骨嘟[ku^{214}tu^{55}] 只用于大蒜：一～蒜。

骨碌儿[ku^{214}ɭuər^{55}]/[ku^{42}ɭuər^{42}] ①用于线轴上的线：一～线。②圆柱形的节、段：一～咸菜。

鼓堆儿[ku^{42} tsueir] 堆：一～麦子哦|一～书。

锅[kuo^{42}] 烟袋锅：吸一～子哦烟。

过[kuo^{312}] 遍、次、回：这本儿书我念咾两～兰。

哄[xuŋ^{42}]\呼隆[xu^{42}luŋ^{42}]/[xu^{214} luŋ^{55}] 群；伙：今儿他家来咾一～人。

壶[xu^{51}] 〈计量酒场次数的量词〉次：他今儿喝咾两～。

虎[xu^{55}] 长度单位。人拇指与食指伸展后的长度。

回[xuei^{51}] 〈表示动作频率的量词〉次：你去过那儿几～哎？

伙儿[xuɛr^{55}]\伙子哦[xuo^{55}tsɤ] 团；群；三个人以上在一起：街里站子哦老大～人。

镬*[xuo^{312}]\镬儿*[xuɛr^{312}] 一次；一回；一遍：把衣裳再洗一～吧。

剂儿[tiər^{312}] ①面团；面块儿：一大～面。②从面块上揪下的小面块：饺子哦～|馍馍～。

徼儿[tɕiɑur^{312}] 〈面积单位〉淋沟一边的地，一块。

壳脸儿[k^{h}ɤ^{214} liɛr^{55}] ①一点；小块：一～窝窝。②一截；一小段：一～咸菜。

口儿[kəur^{55}] 〈比喻很少一点汤类食品〉点：一～米饭|一～汤。

块[k^{h}uai^{312}] 人民币“元”。

绺儿[liour^{55}] 〈细丝状物多根聚一起的数量〉束：一～线|一～头发|一～胡须。

笼 ①[luŋ^{55}] 〈织布机上卸下的〉一匹。②[luŋ^{51}]用蒸笼做的食品：两～馍馍|一～包子。

垄儿[ɭurŋ^{55}]\趟儿[tɑrŋ^{312}] 庄稼的一行或一列。

搂[lou^{55}] 两只胳膊伸展后两手指尖相接形成的圆周，用于计量圆柱形物体的粗细。

炉[lu^{51}] 打烧饼的炉子；用于计量烧饼数量，一炉烧饼约有 60 个。

毛[mɑu^{55}] 人民币“角”。

卯儿[mɑur^{55}] 〈动量词〉次；回；掩一～就考啊大学兰。|你再试儿一～吧。

么儿[mɛr^{312}] 次：看过一～就会兰。

门儿[mər^{51}]\门子哦[mən^{51}tsɤ] 用于亲事、亲戚：一～亲戚|一～亲事儿。

佩[p^{h}ei^{312}] 棉花采摘周期：头～花|二～花|中～花|三～花。

捧[p^{h}əŋ^{55}] 用于计量可用手捧的东西，一～红枣儿，|一～土。

劈儿[p^{h}iər^{214}] 〈肉的计量单位〉一片：一～猪肉。

片乎[p^{h}iæn^{312}xu] 〈较大的面积单位〉大块：海边儿有一～树林儿。

瓶儿[p^{h}ərŋ^{312}] 以瓶装物品的计量单位:一～酒|两～醋。

扑拉[p^{h}u^{51}lA]/[p^{h}u^{214}lA^{55}] 用胳膊搂过来的一堆。

蒲棱[p^{h}u^{51}ləŋ] “蓬、丛”的分音词:你看道边儿哩那草一～一～哩。

铺滩[p^{h}u^{214}t^{h}ai^{55}]/[p^{h}u^{42}t^{h}ai] 〈面积单位，大小相对于说话者而言〉片：尿咾一小～儿。

畦儿[ɕiər^{51}] 田地中为便于浇灌而分成的小块地，无统一标准，可大可小，约 3 米×4 米。

起儿[ɕiər^{55}] 〈动量词〉次；件：出咾一～事儿。

掐儿[tɕʰiɛr^{42}] 指拇指和中指的指尖伸展相对握住的数量：一～韭菜。

抾[tɕʰia^{42}] 两只手的指尖对接的圆周为一抾；两手指尖对接不住则为一大抾。

抾子哦[tɕʰia^{42}tsɤ] 〈体积单位〉双手搂抱的一堆：一～柴火。

圈[tɕyæn^{312}] ①猪舍、羊舍的个数。②猪圈积肥单位：一～粪|两～粪。

梢[ʂɑu^{312}] ①瓜果、蔬菜、棉花的采摘周期：头～|二～|后～。②〈浇地周期〉次；遍。

身[ʂən^{42}] 〈上下件整套衣服的数量〉一套：两～新衣裳。

升[ʂəŋ^{42}] 〈粮食的计量单位〉升子哦：挖给掩要么儿吃哩一～米吧。

饰*儿[ʃʅ^{312}] 层：一～趟土。

宿[siou^{214}] 夜；晚上：我在他家住咾一～。

沓儿[tʰɛr^{214}] 〈用于叠起来的东西〉用“厚、大、小”区分数量多少：一～纸。

台[tʰai^{51}] ①〈舞台上一次完整的演出〉场。②用于机器：一～电脑。

趟[tɑŋ^{312}]\趟儿[tɑrŋ^{312}] ①〈动量词，往返一次叫一趟〉次；回。②行；列：两～棒子哦。

套[tʰɑu^{312}] 〈长度单位〉双臂伸展，两手中指尖之间的长度。

提儿[tʰiər^{51}] 〈液体容积或重量单位〉大提儿约一斤，小提儿约半斤。

席[si^{51}] 〈用于计算酒桌数量〉桌：他家过事儿摆咾几～哎？

样儿[iɑrŋ^{312}] ①种类：好几～菜。②件：几～事儿。

下儿[ɕiɛr^{312}] ①〈表示轻微动作的动量词〉次：打咾两～。②〈表示较短时间的名量词〉一会儿：你来一～！

印*[in^{312}]\银*[in^{51}] 计量铁锅口径的单位，一印约合10厘米。

拃[tʂA^{55}] 〈长度单位〉拇指与中指伸展后的长度：一～长|两～宽。

指[tʂʅ^{214}] 〈长度单位〉一个手指的宽度。

箸头儿[tʂu^{312} tʰəur^{51}] 用筷子夹或挑起的数量单位：一～面。

仔儿[tsər^{55}] 指挂面、香等细小的一封；五仔儿或十仔儿常捆成一小捆。

撮儿\揝儿\攒儿[tsuɛr^{55}] 〈丛状物计量单位，握在手中四指与手掌能合拢的数量〉把：一～头发。

嘴儿[tsuər^{55}] 〈比喻很小的块状熟食〉块：一～馍馍。

第六章

语音实例

Tsou lɑu ȵiɑŋ A[①]
走姥娘啊

ŋan^{55} tsʰuŋ^{42} tA^{312}tsʰiæn^{51}ȵiæn tʂʰu^{214}li kan^{312}tɕiɛr^{55} li lɑu，tɑu^{312} tʃɑrŋ^{214} A tuɑrŋ^{312} A iɛ^{55}
俺 从 大 前 年 出 哩 干 件儿 哩 咾，到 仗儿 啊多当儿 啊 也
mɤ^{51} xuei^{51}lai^{51}kuo^{312}li。tʂɤ^{312} tɕi^{55} tʰiɛ^{42} kan^{312} tɕiɛr^{55} ɲər^{214} tsʰiŋ^{42} tɕʰi，tɕiɑu^{312} xiɛ^{214} tsɤ
没 回 来 过 哩。这 几 天 干 件儿 那儿 清 气，叫 歇 子哦
li，ŋan^{55} tou^{312} xuei^{51} lai lan。
哩，俺 就 回 来 兰。

tɑu^{312}tɕia^{42}li lɑu，tʰou^{51}i^{214}tʰiɛ^{42} siɛ^{42}kei^{53}ŋan^{55}ȵiɑŋ^{51}tsu^{214}lɑu i^{214}tʰiɛ^{42}pɛr^{312}。ti^{31} ʅ^{312} tʰiɛ^{42}，
到 家 里 咾，头 一 天 先 给 俺 娘 足 咾 一天 伴儿。第 二 天，
ŋan^{55}tɕiɑu^{214}tsɤ lɑu^{55}tʂʰɑŋ^{51}kuŋ^{42}fər mɤ^{51}kʰan^{312}kuoŋan^{53}lɑu^{55}ȵiɑŋ lan，ŋan^{55} tou^{312} tɕʰi^{312} ŋan^{55}
俺 觉 子哦 老 长 功 夫儿 没 看 过 俺 姥 娘 兰，俺 就 去 俺
lɑu^{55} ȵiɑŋ A tʂʰuan^{312} tsʰin^{42} tsʰiər^{31} li lan。
姥 娘 啊 串 亲 戚儿 哩 兰。

lɑu^{55}ȵiɑŋ A ʂʅ^{312}ʂai^{42}liou^{55}li。ŋan^{55}ȵiɑŋ^{51}pʰA^{312}ŋan^{55}tʰou^{51}ʂɑŋ^{51}xu tɑu^{312} pu^{214}liɑu^{55} ŋan^{53}
姥 娘 啊 是 山 里头哩。俺 娘 怕 俺 头 晌 午 到 不 了 俺
lɑu^{55}ȵiɑŋ A，ŋan^{53} tsɑu^{55} ʂən^{42} tɕʰi^{55} lai tsɑu^{53} tsɑur^{55} li，tʰiɛ^{42} xan^{51} mɤ^{51} miŋ^{51} li tou^{42} tɕʰi^{55}lai^{51}
姥 娘 啊，俺 早 身 起 来 早 早儿 哩，天 还 没 明 哩 就 起 来

① 本故事由作者创作。

lan， ŋan55ȵiɑŋ51xan312tʂʰən42tsɤ ŋan55tɕʰi55 li vai55lan li。ŋan55tsiou312tsɤ ɕiæn51tsʰai312ɕi42
兰，俺 娘 还 嗔 子哦 俺 起 哩 晚 兰哩。俺 就 子哦咸 菜 稀
liæn xu42 tu42 li pu214lA55lɑu kʰou55 tsɤ ʂəŋ312 fan312，tɕʰi51 lɑu kɤ312 pʰɤ312 tʂʰɤ42 tsɤ tou312 tsou55
连 糊 涂 哩卜 拉 咾 口 子哦 剩 饭，骑 咾 个 破 车 子哦 就 走
lan。
兰。

lɑu55 ȵiɑŋ A tsʰuər42 tʂuan312kʰɤ42 ɭər42tou ʂʅ312ʂai42，tɑŋ42pu214tɕiɛr312iou53tiɛr55 ti312 tɑrŋ42，
姥 娘 啊 村儿 转 可 栏儿 都 是 山，当 不 间儿 有 点儿 地 当儿，
vɑŋ312tsʰuər42li tsou55tou312 i214 kuər55 tɑur312，tɑur312 A ʂʅ51 tʰou vA55 tʂA42 li，tsiŋ312 tʂai55uo312，
往 村儿 里走 就 一 股儿 道儿，道儿 啊石 头 瓦 渣 哩，静 侧 窝，
kɤ42təŋ kɤ42təŋ li，kʰɤ312nan51tsou55li。fai42kuo312 i214kɤ312kɤ214 liɑrŋ55，kʰɤ312 iɛ55 kʰan312 tʂɑu51
圪 噔 圪 噔 哩，可 难 走 哩。翻 过 一 个 圪 梁儿，可 也 看 着
tsʰuər42lan。tɑu312 tsʰuər42 kʰou55 ʃəur51，pʰəŋ312tʂɑu51 kɤ312lɑu55ȵiɑrŋ51 pei42 tsɤ fən312 ɭəur55 ʂʅ51
村儿 兰。到 村儿 口儿 时候儿，碰 着 个 老 娘儿 背 子哦粪 篓儿 拾
tʂʰai51 xuo li。ŋan53 siɑu55ʃəur tʂʰəŋ51tʰiɛ42 tsai312 lɑu55ȵiɑŋ51 A，kʰɤ312 tsʰuən42 li pʰɑu55。tsʰuər42
柴 火 哩。俺 小 时候儿 成 天哎 在 姥 娘 啊，可 村 哩 跑。村儿
pu214 lA tiɛr55，ʂei51iɛ ʐən312 ti ŋan55 lɑu。tA51ȵiɑŋtei312ŋan55ʂuo214：“sɛr42 ia，ŋən53lɑu55ȵiɑŋ
不 拉 点儿，谁 也 认 得 俺 咾。大 娘 对 俺 说：“三儿 呀，嗯 姥 娘
siɑŋ55 ȵi li tsʰiɑŋ312pu214 tʂu312lan，tɕiæn312 tʰiɛ42 tɕia312 tu214ȵiæn312ȵi，kʰuai51 tsiɛr tsou55 pA!”
想 你 哩 呛 不 住 兰，见 天 价 嘟 念 你，快 些儿 走 吧！”
ŋan55 kei tA51 ȵiɑŋ ʂuo214 lɑu ʃərŋ42，mɤ51 tʂu312 tɕʰiər312tou312 tʰei42 A tʂʰɤ42 tsɤ tsou55 lan。
俺 给 大 娘 说 咾 声儿，没 住 气儿 就 推 啊 车 子哦走 兰。

ŋan53lɑu55 ȵiɑŋ A tsai312 ɲɤ31 “ɲɑur55ɲɑur” A kai312 lɑu sɿ312 tɕiɛ42 ʂʅ51 tʰou pei214 u55，
俺 姥 娘 啊 在 那 “垴儿 垴儿” 啊 盖 咾 四 间 石 头 北 屋，
liɑŋ55 tɕiɛ42tuŋ42 ʂA312tsɤ。yæn312 tsɤ tʂuan312 kʰɤ42 ɭər42 ʂʅ55ʂʅ51tʰou pʰiæn312 luo51 lɑu pan312
两 间 东 厦 子哦。院 子哦转 可 栏儿 使 石 头 片 摞 咾 半
ʐən51kɑu42 li “tsʰiɑŋ51tuɛr312”，mən51 kʰəur55tʂʰɑu51tuŋ42，ŋai42lɑu kɤ tʂA51tʃər。
人 高 哩 “墙 垛儿”，门 口儿 朝 东，安 咾 个 栅 遮儿。

ŋan55tɑu312lɑu55 ȵiɑŋ A mən51 kʰəur55 ʃəur，tsɑu55 tou312 ʂɑŋ51xu tsʰuo312lan。ŋan55 tɕiou51
俺 到 姥 娘 啊 门 口儿 时候儿，早 就 晌 午 错 兰。俺 舅
tɕiou tsai312 mən51 kʰəur55 ku42ti42 tsɤ ɕi214 tsia312 ku214 tɕyɛ55ɲɤ312iɛr42li，tɕiæn312 ŋan55 lai51 lan
舅 在 门 口儿 跍低 子哦吸 自啊 骨 卷 那 烟儿 哩，见 俺 来 兰

tou^{312} tɕi^{51} maŋ^{51} tɕʰi^{55} lai，tʂuo^{214} tʂu^{312} tʂʰɤ^{42} tsɤ tɕiau^{312} ŋan^{55} kai^{53} tɕin^{55} xuei^{51}tɕia^{42}。ŋan^{55}
就 急 忙 起 来，捉 住 车 子哦叫 俺 赶 紧 回 家。 俺

tɕin^{312} tsɤ tʰei^{55} tɕiaur^{214} pu^{31} tei^{214} tɕiər^{312}，tʰiŋ^{42} tɕiæn^{312}ʂuo^{214} xuɛr^{312}，kai^{53} tɕin^{55}nəŋ^{312}ɲɤ^{312}
妗 子哦腿 脚儿 不 得 劲儿， 听 见 说 话儿， 赶 紧 弄 那

ʂʅ^{214}ʂou^{55}tsai^{312}vei^{51}iau^{42}A mu^{214}lA^{55}lau mu^{214}lA，tou^{312}tsʰuŋ^{42}kuo^{42} tʰou A kɤ^{214} vai^{55} tʂʰu^{214} lai^{42}
湿 手 在 围 腰 啊 拇 拉 咾 拇 拉，就 从 锅 头 啊 圪 歪 出 来

lan。ŋan^{53}lau^{55}ȵiaŋ tʂu^{312}tuŋ^{42} tʰəur tɕʰi^{55}ɲɤ^{312}u^{214} tsɤ，tsʰi^{214} ʂʅ^{51} tuo^{42} lan iɛ^{55}pu^{214}xua^{42}、ʅ^{55}
兰。俺 姥 娘 住 东 头儿 起 那 屋 子哦，七 十 多 兰 眼 不 花、 耳

pu^{214}pei^{312}，tʰiŋ^{42} tɕiæn^{312} tuŋ^{312} siŋ，tɕiau^{312}tsɤ ŋan^{55} li siau^{55} mirŋ^{51}，i^{214}liau^{51}mei^{51} liæn tou^{312}
不 背， 听 见 动 静，叫 子哦 俺 哩小 名儿， 一 撩 门 帘 就

tʂʰu^{214}lai^{51}lan。lau^{55}ȵiaŋ lA^{42} tsɤ ŋan^{55}li ʂou^{55}，i^{214}piɛr^{42} ʂuo^{214}："sɛr^{42} ai，tɕiau^{312}lau^{55}ȵiaŋ
出 来 兰。 姥 娘 拉 子哦 俺 哩 手，一 边儿 说："三儿 哎，叫 姥 娘

xau^{53}xaur^{33} li kʰan^{312} kʰɛr。" i^{214} piɛr^{42}ʂuo^{214}："xɤ^{51} xuɛr^{42}，tɕi^{51} maŋtɕiou^{312}xuo^{55}，kei^{55} sɛr^{42}
好 好儿 哩 看 看儿。" 一 边儿 说： "荷 花儿， 急 忙 救 火， 给 三儿

siou^{42}tʂʰʅ^{214} li，piɛ^{312}tɕiau^{312} xai^{51}tsɤ ŋɤ^{312} tʂuo^{51} lɤ。"
修 吃 哩，别 叫 孩 子哦饿 着 了。"

ŋan^{53}kai^{53} tɕin^{55}ʂuo^{214}："lau^{55}ȵiaŋ，ŋan^{55}ʂʅ^{312} tA^{312}ʐən^{51}lan，piau^{312}kuaŋ^{42}nA^{51} ŋan^{55}
俺 赶 紧 说："姥 娘， 俺 是 大 人 兰， 覅 光 拿 俺
taŋ^{312}xai^{51} tsɤ lan。"
当 孩 子哦 兰。"

lau^{55}ȵiaŋ tɕyɛ^{214}tsɤ tsuei^{55}ʂuo^{214}："ɕia^{312}ʂuo^{214}，tai^{312} lau^{55} ȵiaŋ^{51} kər^{55} li，ȵi^{55} tuarŋ^{312}
姥 娘 撅 子哦 嘴 说： "瞎说， 在 姥 娘 跟儿 哩，你 多当儿
A iɛ^{55} ʂʅ^{312}xai^{51} tsɤ。"
啊也是 孩 子哦。"

ŋan^{55}fu^{51}tʂɤ lau^{55}ȵiaŋlai^{51}tau^{312} yæn^{312} tsɤ ɲɤ^{312} kʰuo^{42} xɤ^{51} tʰau ʂu^{312} ti^{55} A，ɲər^{214} iou^{55}
俺 扶 子哦姥 娘 来 到 院 子哦那 棵 核 桃 树 底 啊，那儿 有
kɤ^{312}ʂʅ^{51}tʰou tʂuo^{214} tsɤ，ŋan^{55}xuo^{312} lau^{55}ȵiaŋ、tɕiou^{312} tɕiou、tɕin^{312} tsɤ tou^{42} tsuo^{312}A
个 石 头 桌 子哦，俺 和 姥 娘、 舅 舅、 妗 子哦 就 坐 啊
tʂuo^{214} tsɤ piɛr^{42} li。tɕin^{312} tsɤ tʂʰuŋ^{312}tsɤ si^{42} u li xai^{55}tɕiau^{312}："iɛr^{312}，tʰiŋ^{42} pu^{214}tʂuo^{51}ŋən^{55}
桌 子哦 边儿 哩。妗 子哦 冲 子哦西 屋 里 喊 叫："燕儿，听 不 着 嗯
sai^{42}kɤ^{42} lai^{51} lA，xan^{51}pu^{214} kʰuai^{312} tsiɛr tʂʰu^{214} lai。"
三 哥 来 啦，还 不 快 些儿 出 来。"

iɛr^{312}ʂʅ^{51}suei^{312} lan，ʂʅ^{312}tɕiou^{312} tɕiou A kuei^{42} ȵi，tsai^{312}si^{42} u^{31} li siɛ^{55} tsuo^{214} iɛ^{312} li。
燕儿十岁　兰，是　舅　舅　啊闺　女，在　西屋里写　作　业　哩。
ŋan^{55}tɕiou^{312}tɕiou xan^{312}iou^{55}kɤ^{312} tA^{312} siɑu^{55} tsɤ，pi^{53} ŋan^{55}siɑu^{53}u^{55} suei^{312} ，tɕiei^{42}ȵiæn ʂʅ^{51}
俺　舅　舅　还　有　个　大　小　子哦，比　俺　小　五　岁，　今　年　十
tɕiou^{55} lan，mɤ^{51} kʰɑu^{55}A tA^{312}ɕiɑu^{214}，tou^{312} tɕʰi^{312} vai^{312} tʰou^{51}ʂou ^{312} tsuei^{312} li lan。iɛr^{312} i^{214}
九　兰，没　考　啊大　学，　就　去　外　头　受　罪　哩兰。燕儿一
pəŋ^{312}i^{214}tʰiɑu^{312}li pʰɑu^{55}A ŋan^{55} kər^{42} li，vər^{42}vər^{33}li tɕiɑu^{312} lɑu ʃərŋ^{42} kɤ^{42} kɤ。
蹦　一　跳　哩跑　啊俺　跟儿　哩，微儿　微儿哩　叫　咾　声儿　哥　哥。

tɕiou^{312}tɕiou tei^{312} iɛr^{312}ʂuo^{214}：“iɛr^{312}，kai^{53}tɕin^{55}tɕʰi^{312}ŋən^{53}siɑu^{55} tɕyn^{42} kɤ^{42} ɲɤ^{312} ʂɤ^{312}
舅　舅　对　燕儿　说：　“燕儿，　赶　紧　去　嗯　小　军　哥　那　社
li mai^{53} tɛr^{55} u^{31} tɕiɛr^{312} li。”
里买　点儿　物　件儿　哩。”

iɛr^{312}vən^{312}：“mai^{55} xɑr^{312} u^{31} tɕiɛr^{312}lA li？”
燕儿　问：　“买　哈儿　物　件儿　啦　哩？”

tɕiou^{312} tɕiou ʂuo^{214}：“kɤ^{214} A　ʅ^{312}tɕin tʰou^{51} xu ʐou^{312}，kɤ^{214} A tɛr^{55} pai^{55}tʂu^{42}tʰou^{51}，
舅　　舅　说：　“割　啊　二　斤　头　户　肉，　割　啊　点儿　扳　猪　头，
yɛ^{42}pan^{51}tɕin tʂʰɑŋ^{51}kuɛr^{55}təur^{312}；tsai^{312}nA^{51}tɕi^{55} iɛ iɑŋ^{51}ʂʅ^{312}tsɤ，ti^{42} liou A liɑŋ^{55} pərŋ^{312} ʂɑu^{42}
约　半　斤　长　果儿　豆儿；　再　拿　几　吔　洋　柿　子哦，提　溜　啊　两　瓶儿　烧
tsiou。nA^{51}pu^{214}ʂɑŋ^{51} lA li，tʂuo^{51}ŋən^{53} siɑu^{55}tɕyn^{42}kɤ^{42}kei^{55}suŋ^{312} A lai。”
酒。　拿　不　上　啦哩，着　嗯　小　军　哥　给　送　啊来。”

ŋan^{55}kʰan^{312}tɕin^{312}tsɤ tɕʰi^{312}kʰu^{312}tsɤ　pu^{31} tɛr li mɤ^{214} lɑu tsʰiɛr^{51}A，tou^{312}tɕi^{51} mɑŋ tʰɑu^{42}
俺　看　妗　子去　裤　子哦布　袋儿里摸　捞　钱儿　啊，　就　急　忙　掏
tʂʰu^{31} i^{214} tʂɑrŋ^{42} i^{31} pai^{214} kʰuai^{312}li mɑu^{55}pʰiɑur^{312}ti^{312} kai iɛr^{312}，ʂuo^{214}：“nA^{51} xɑu^{55}ɑŋ，piɑu^{312}
出　一　张儿　一　百　块　哩　毛　票儿　递　给　燕儿，　说，　“拿　好　昂，　覅
iɛ^{55}lɑu！ʂəŋ^{312} A lɑu　iɛr^{312} mai^{55} tʰɑŋ^{51} tʂʰʅ^{214}。”iɛr^{312} mɤ^{51}ȵiæn^{51} li ʃərŋ^{42}，i^{214} ȵiou^{55}tʰəur^{51}
野　咾！剩　啊　咾，燕儿　买　糖　吃。”　燕儿　没　念　哩　声儿，一　扭　头儿
tou^{312} pʰɑu^{55} li mɤ^{51} irŋ^{55} lan。
就　跑　哩　没　影儿　兰。

pu^{51}lA tɛr^{55}xuər^{51}，iɛr^{312} pʰi^{214}tsuei^{55}tsɤ xan^{312}liou^{51}li tou pʰɑu^{55} A lai^{51} lan，siɑu^{55} tɕyn^{42} ti^{214}
不　拉点儿　会儿，　燕儿　匹　嘴　子哦汗　流　哩就　跑　啊来　兰，小　军　提
liou^{55} tsɤ u^{214} tɕiɛr^{312} tsai^{312} iɛr^{312} pʰiou^{312}xu xou^{312} tʰou^{55} pu^{214} lai^{55} tsɤ。siɑu^{55} tɕyn^{42} tʂɑŋ^{55} li
溜　子哦物　件儿　在　燕儿　屁　股　后　头　卜　来　子哦。小　军　长　哩

pʰɑŋ^{312} ku^{55} lu^{42} tu^{42} li，tsou^{55} kʰaiː^{42} tɑur^{312}lɑu xu^{42}ɕiɛ^{214}tsɤ tʂʰuai^{55}tɕʰiː^{312} li。ŋan^{55} vən^{312} siɑu^{55}
胖 咕 噜 嘟 哩，走 开 道儿 咾 呼 歇子哦喘 气 哩。俺 问 小
tɕyn^{42} tʂʰʅ^{214} lɑu^{42} pai，siɑu^{55} tɕyn^{42}ʂuo^{214}：“tʂʰʅ^{214}lA”，ʂɤ^{312} li xan^{31} iou^{55} ʐən^{51}tou^{312} kaiː^{53}
军 吃 咾 呗，小 军 说：“吃 啦”，社 里 还 有 人 就 赶
tɕin^{55} tsou^{55} lan。
紧 走 兰。

tɕiou^{312}tɕiou tirŋ^{55}A tʂʰuaiː^{42} tsɤ sai^{42} iɛ^{55} tsʰːiɑŋ^{42}，ti^{55} A tʂʰuaiː^{42} tsɤ tA^{312} kʰu^{312} tʂʰA^{214} tsɤ，
舅 舅 顶儿 啊 穿 子哦 三 眼 枪，底 啊 穿 子哦大 裤 衩 子哦，
tʰər^{214} lA^{55} tsɤ tʰuo^{51} ɕiɛ。tɕiou^{312}tɕiou tsiou^{312}mA^{55} pu^{214} kuo^{312}sɿ^{312} ʂʅ^{51} sueiː^{312} A，xeiː^{214}pu
趿 拉 子哦 拖 鞋。舅 舅 就 嘛 不 过 四 十 岁 啊，黑 不
liou^{55} tsʰiou^{42} li，xu^{51}tsʰai lA^{55} tʂʰA^{42}li，maiː^{53} liɛ^{55}ku^{214}tʂʰu^{55}vər^{51}，kei^{53} lɑu^{55} tʰəur^{51} A ʂʅ^{312} li。
溜 秋 哩，胡 菜 拉 碴 哩，满 脸 骨 绌 纹儿，给 老 头儿 啊 似 哩。
ŋan^{55} tsʰaiː^{51} xuər tsaiː^{312}meiː^{51}kʰəur^{55} kʰan^{312} tʂɑu^{51} lɑu，sin^{42} li tou^{42} iː^{214} tʃʅ^{312}pu^{31} teiː^{214}tɕiər^{312}，
俺 才 会儿 在 门 口儿 看 着 咾，心 里 就 一 阵儿 不 得 劲儿，
tʂʰA^{312}pu^{31} lA tiɛr^{55} tʰːiou^{51}xu lɑu。ŋan^{55} tɕiou^{214}tsɤ tɕiou^{312} tɕiou ɲɤ^{312}ʐʅ^{312} tsɤ iː^{214} tʃuər^{55} kʰɤ^{312}
差 不 拉 点儿 啼 哭 咾。俺 觉 子哦 舅 舅 那 日 子哦一 准儿 可
ŋɑu^{42} tsiæn^{42} li。
熬 煎 哩。

ŋan^{55}vən tɕiou^{312} tɕiou：“tɕin^{42} ȵiæn ɲɤ^{312} y^{312}ʂu^{51}ʂu tʂɑŋ^{55} li pʰːi^{312} ȵiæn^{51} ʃɑrŋ ɲɤ^{31} ʂʅ^{51}
俺 问 舅 舅：“今 年 那 玉 蜀 黍 长 哩比 年 上儿 那 什
mA tɕiər^{312} ai？”
么 劲儿 哎？”

tɕiou^{312}tɕiou ʂuo^{214}：“pu^{214} xaiː^{55} laiː^{312}，pʰːi^{312} ȵiæn^{55} ʃɑrŋ ɲɤ^{31} tɕʰːiɑŋ^{51}，tou^{312} ʂʅ^{312} mɤ^{51}
舅 舅 说：“不 很 赖，比 年 上儿 那 强，就 是 没
ȵiɑ^{312} piɛ^{51}ɭ lA li ɲɤ^{51}tɕʰːiɑŋ^{51}。ȵiɑ^{312}piɛ^{51}ɭ lA li ɲɤ^{312}tiː^{312} tou^{42} tsaiː^{312}iː^{214} ku^{55} tsʰuɛr^{51} li，tsan^{51}
□ 别 人儿啦哩那 强。□ 别 人儿 啦哩 那 地 都 在 一 股 团儿 哩，咱
ɲɤ^{312}tiː^{312} iː^{214}tsuei^{55} tsɤ iː^{214}kʰuaiː^{312} tsɤ li，iɑŋ^{55} tʂuŋ^{312} kʰai^{42} lA kʰɤ^{312} fei^{312} ʃʅ^{312} li，liɛ^{55} tʂuai^{312}
那 地 一 嘴 子哦 一 块 子哦哩，养 种 开 啦 可 费 事儿 哩，拉 拽
tsɤ iɛ^{55} pu^{31} teiː^{214} tɕiər^{312}。”
子哦也不 得 劲儿。”

lɑu^{55}ȵiɑŋ vən ŋan^{55} ʂuo^{214}：“sɛr^{42}，ŋən^{55} ȵiɑŋ^{51} tʰːiŋ^{53} xɑu^{55} pai？”ŋan^{55}ʂuo^{214}：“tʰːiŋ^{42}
姥 娘 问 俺 说：“三儿，嗯 娘 挺 好 呗？”俺 说：“挺

xɑu^{55}，tou^{312}ʂʅ^{312} tuan^{312}pu^{214} tʂu^{312} iou^{53} tɛr^{55} t^{h}ou^{51}suan^{42}。”
好，就是断不住有点儿头眩。”

lɑu^{55}ȵiaŋ iou^{312}ʂuo^{214}：“ŋən^{55} ȵiaŋ^{51} sin^{42} iɛr^{55} tʂʅ^{51} pA、tsuei^{55} t^{h}ou^{51} tsɤ lai^{312}，ʂuo^{31} pu^{214}
姥娘又说：“嗯娘心眼儿直把、嘴头子哦赖，说不
liau^{55}xɑu^{55}t^{h}iŋ^{42} xuɛr^{312}，tou^{214}ʂʅ^{312} i^{214} sin^{42} i^{214} i^{312} p^{h}u^{214} lɤ ŋən^{55} kuo^{312} ʐʅ^{312} tsɤ li，ŋən^{55} mən
了好听话儿，就是一心一意扑了嗯过日子哦哩，嗯们
pəŋ^{312}kei^{55} t^{h}A^{51} i^{214} iɑrŋ^{312} iɑrŋ。”ŋan^{55} ʂuo^{214}：“ai，ŋan^{55} tʂʅ^{42} tɑu^{312} lan。”
甭给她一样儿样儿。”俺说：“唉，俺知道兰。”

lɑu^{55} ȵiɑŋ ʂuo^{214}：“mei^{55} tʂ^{h}ɑŋ^{51}ȵiæn^{51} an tɕ^{h}yŋ^{51}，ŋən^{55} ȵiɑŋ^{51} iɑŋ^{55} xuo ŋən^{55} tɕin^{55}ȵiɛ^{42}
姥娘说：“每常年安穷，嗯娘养活嗯紧挨
tɕiɛr^{42} lia^{55} xai^{51} tsɤ ʂʅ^{312} ʐuŋ^{51} i ʃʅ^{312} ɑu。ŋən^{53} lia^{55} tʃɑrŋ^{214} A kɤ^{312}tou^{42} tʂ^{h}əŋ^{51} lɤ ʃʅ^{312} lan，
家儿俩孩子哦是容易事儿嗷。嗯俩仗儿啊个都成了事儿兰，
k^{h}ɤ^{312} tei^{214} xɑu^{53} xɑur^{55} li ɕiɑu^{312} tʂ^{h}uən ŋən^{55} ȵiɑŋ^{51}。”
可得好好儿哩孝顺嗯娘。”

ŋan^{55} ʂuo^{214}：“ai，ŋan^{55} tɕi^{312} tʂu lan，lɑu^{55} ȵiɑŋ。”
俺说：“唉，俺记住兰，姥娘。”

lɑu^{55} ȵiɑŋ tsiɛ^{214} tsɤ ʂuo^{214}：“ȵi^{53} lɑu^{55} tA^{312} pu^{214} siɑu^{55} lan，tsai^{312} vai^{312} t^{h}ou^{51} iɛ^{55} tʂ^{h}ɑŋ^{51}
姥娘接子哦说：“你老大不小兰，在外头也常
yæn^{312}kai^{42} tʂɑŋ^{42}xuɑŋ^{42} kɤ^{312} ɭ^{51} lan。sin^{51} A si^{214} fər^{55} tʂ^{h}əŋ^{51} lɤ tɕia^{42}，ŋai^{42} ŋai ʃərŋ^{31} ʃərŋ^{55}
愿该张晃个人儿兰。寻啊媳妇儿成了家，安安生儿生儿
li kuo^{312} A ŋən^{55}li ʐʅ^{312}tsɤ^{42}lɤ，tʂ^{h}ʅ^{214}xɑu^{55} tʂ^{h}ʅ^{214} lai^{312} tA^{312} ʐən^{51}iɛ^{55}tou^{42} pu^{31} tɕiɛ^{214} tɕi^{312}
哩过啊嗯哩日子了，吃好吃赖大人也就不结记
lan。”ŋan^{55} ʂuo^{214}：“tʂʅ^{51} tɑu^{312} lan，lɑu^{55}ȵiɑŋ，ŋan^{55} pɑu^{312} tʂuən^{55} kuo^{42} ȵiæn kei^{53} ȵi^{55}
兰。”俺说：“知道兰，姥娘，俺保准明*年给您
liŋ^{55} A i^{214} kɤ^{312} iou^{312} xɑu^{55} k^{h}an^{312} iou^{312} ɕiɑu^{312} tʂ^{h}uən li si^{214} fər^{55} lai。”
领啊一个又好看、又孝顺哩媳妇儿来。”

ʂuo^{214} tʂɤ xuɛr^{312}，tɕin^{312} tsɤ kei^{31}tuai^{42}A lai i^{31}k^{h}ɤ^{214}k^{h}ɛr^{55}mA^{51}t^{h}ɑŋ、ʂʅ^{51}tɕi^{55}iɛ kɑŋ^{42} lu^{51}
说着话儿，妗子哦给端啊来一壳壳儿麻糖、十几吔钢炉
ʂɑu^{42}piŋ xɤ^{51} i^{214}tA^{312}p^{h}an^{51} tsɤ xuo^{51} tou^{312} iɛr^{51}p^{h}A^{51} kɑu liɑŋ^{51} ts^{h}ai^{312}。ʂuo^{214}：“fu^{51} t^{h}iɛ^{42} li
烧饼和一大盘子哦和豆芽儿扒糕凉菜。说：“伏天哩
tʂ^{h}ai^{51}xuo tʂ^{h}uo^{51}，pu^{214} xɑu^{55} xɑur^{33} li tʂuo^{51}，tʃɑrŋ^{214}A kɤ^{312}siɛ^{42} tsu^{214} tʂuŋ^{42} fan^{312}。pəŋ^{312}
柴火潮，不好好儿哩着，仗儿啊个才足中饭。甭

kuaŋ42ku312 tʂuo42 ʂuo214，sɛr42，ɲʏ312 li xuaŋ42 lA li？tɕi51 maŋ tʂʰʅ214pA！ŋan53 tA55 lA i214 kuo42
光 顾 着 说， 三儿，饿哩慌 啦 哩？急忙 吃 吧！ 俺 打 啦一 锅
xu312 tʰaŋ42，kei53 ȵi55 yɛ55 A i214 vai55 lai。”
糊 汤， 给 你 舀 啊一 碗 来。”

ŋan53 kai53 tɕin55 ʂuo214：“ŋan55 tsia312 tɕʰi312 iau55 pA，tɕin312 tsʏ！”
俺 赶 紧 说：“俺 口 去 舀 吧，妗 子哦！”

mei55 tʂʰaŋ42mɛr51 A ʐʏ312tʰiɛ42 li，iou55 i214 xuei51 ɕia312 y55 vaŋ312 u214 liou55 ʂau312，tɕin312
每 常 么儿 啊热 天 哩，有 一 回 下 雨 往 屋 里头 潲， 妗
tsʏ tɕʰi312 vai312 tʰou faŋ312 y55 tA，mʏ51 tʂʰəŋ51 siaŋ55 y55 tA ɕiɛ55 ŋou312，tsʰuŋ42 tiŋ55 A tiau312
子哦去 外 头 放 雨 搭，没 成 想 雨 搭显 沤， 从 顶 啊 掉
ɕia312 lai51lan，tɕin312tsʏ mʏ51tuo55 tɕi51，pA312tɕiau214 ku42 kuai keitsA51 tʂau42 lan，xou312lai
下 来 兰，妗 子 没 躲 及， 把 脚 孤 拐 给 砸 着 兰，后 来
tou312 pu214 nəŋ51 kan312 fei312 tɕiər312 tɕiɛr55 lan。ŋan55 tei312 tɕin312tsʏ ʂuo214：“tʃarŋ214 A
就 不 能 干 费 劲儿 件儿 兰。俺 对 妗 子 说：“仗儿 啊
tʂʰəŋ51 liou55 ɲʏ312 ʐən51，kʰʏ312tai31 tɕiæn312 tsan51 tsʰuər42 li tʂʏ312 tʰu55 u312 tɕiɛr312li。pi55
城 里头 那 人， 可 待 见 咱 村儿 哩这 土 物 件儿 哩。比
fɑrŋ42ʂuo214 tsan51 tsia312 tʂʅ214ɲʏ312tsʰu42 pər312，tsia312 ʂʅ55 kʏ214pai55 tɕia214 tʂʅ55 nA214ɲʏ312
方儿 说 咱 口 织那 粗 布儿， 口 使 袼 絔 夹 质 纳 那
pər312ɕiɛ51、ɕiɛ51tiər312， tsan51ʂʅ55kʏ51tarŋ tʂuei312ɲʏ312 kʰʏ214 kʰɛr55、pʰɛr214 pʰɛr55、pi312tsʏ，
布儿 鞋、 鞋 垫儿， 咱 使格档儿 缀 那 壳 壳儿、 拍儿 拍儿、篦 子哦，
ʂʅ55si51miərpiɛ42ɲʏ312 tʰu312 tʃər ɭurŋ51、iou51tsʏ ɭurŋ51， ʂʅ55 tɕiŋ42 tʰiaur51piɛ42ɲʏ312lan51tsʏ、
使席篾儿编 那 兔 蚱儿 笼儿、 蚰 子哦笼儿，使 荆 条儿 编 那 篮 子哦、
tsʰai312 kuarŋ42、ȵiaur55 ɭurŋ51， ʂʅ55 y312 ʂu214 ʂu55 pʰiər51ȵiou55ɲʏ312tuər42，xau55si42 tsʏ u214
菜 筐儿、 鸟儿 笼儿， 使玉 蜀 黍 皮儿 扭 那 蹲儿，好 西 子哦 物
tɕiɛr312 li，tsai312 tʂʰəŋ51 liou55 mai312 li tou42 kuei312 ʂaŋ312 kuei312。tɕin312tsʏ xʏ51 tɕiou312 tɕiou
件儿 哩，在 城 里 卖 哩都 贵 上 贵。 妗 子哦和 舅 舅
kai55mɛr312 ȵiæn51tɕiər312 iɛ55 tA312 lan，kan312 fei312 tɕiər312 tɕiɛr55 tsʰiaŋ312pu214 tʂu312，
改 么儿 年 纪儿 也 大 兰，干 费 劲儿 件儿 呛 不 住，
tei31ʃʅr312lau tsiou tʃʅ312 tʃʅ312tʂʏ312 tɕiɛr55。tʂʏ312 tɕiɛr55 tɕʰiŋ42 tɕʰiæn li tsʰiaŋ312pu214 tʂu312，iou312
对 事儿 咾 就 试 试儿 这 件儿。这 件儿 轻 闲 哩 呛 不 住， 又
pu214 yŋ312 tʂʰu214 mər51， i214 lai51 iou55 kʏ31 mʏ214ȵiou55tʰəur，pəŋ312lau55tsai312tɕia42tuən42
不 用 出 门儿，一来 有 个 摸 扭 头儿，甭 老 在 家 蹲

tʂ^{h}ʅtsɤ，tuŋ^{42} liarŋ^{51}li tau^{55}A si^{42}larŋ^{51}li，tɕiau^{312} vai^{312}ʐən^{51} ʂuo^{214} tsan^{51} pu^{214} tɕ^{h}in^{51} tɕin；
哧子哦，东凉儿哩倒啊西凉儿哩，叫外人说咱不勤谨；
ʅ^{312} lai^{51} iɛ^{53} iou^{55} kɤ^{312} tsin^{312} ɕiaŋ^{312}，tʂəŋ^{312} i^{214} kɤ^{31} tsər^{55} ʂʅ^{312} i^{214}kɤ^{312} tsər^{55} li，tuo^{42}
二来也有个进项，挣一个子儿是一个子儿哩，多
ʂau^{55} iou^{55} kɤ^{312} tA^{55} iou^{51} mai^{55} iæn^{51} li ts^{h}iɛr^{51}，tsɛr^{55}A iɛ^{55} p^{h}i^{312} tsuo^{312} tsɤ mA^{214} p^{h}ai^{51}
少有个打油买盐哩钱儿，怎儿啊也比坐子哦抹牌
tɕ^{h}iaŋ^{51}，tɕin^{312} tsɤ ʂuo^{214}ʂʅ^{312}pai？” tɕin^{312}tsɤ xɤ^{51} tɕiou^{312} tɕiou tou^{42} tiɛ^{55} t^{h}əur^{51} ʂuo^{214}ʂʅ^{312}，
强，妗子哦说是呗？”妗子哦和舅舅都点头儿说是，
p^{h}iŋ^{51}suan^{312} tsɤ ɕia^{312}lau ts^{h}iəur^{42} tʃʅ^{312} tʃʅ^{312} k^{h}an^{312}。
凭算子哦下咾秋儿试儿试儿看。

ŋan^{55} tsiɛ^{214} tʂɤ ʂuo^{214}：“iɛr^{312} xan^{312} siau^{55}，tʂəŋ^{312} tʂaŋ^{55} li，tʂ^{h}ʅ^{214} tɛr^{55} xau^{55} li piau^{312}
俺接子哦说：“燕儿还小，正长哩，吃点儿好哩，嫑
xai^{55} ʂəŋ^{51} tɕ^{h}iæn lau^{42} tɕiau^{312} xai^{51} tʂɤ ʂou^{312} tɕ^{h}y^{42}。iɛr^{312}ɕiau^{51} si^{214} t^{h}iŋ^{55} tʂai^{42}，xau^{55}xaur^{33}li
很省缱咾叫孩子哦受屈。燕儿学习挺沾，好好儿哩
kuŋ^{42}iɛr^{312}ȵiæn^{312}ʂu^{42}，tʂaŋ^{55}tA^{312}lau pau^{42} tʂuən^{55}k^{h}au^{55}A xau^{55} tA^{312} ɕiau。” ŋan^{55} vən^{312}
供燕儿念书，长大咾包准考啊好大学。”俺问
tɕiou^{312} tɕiou tʂai^{42}ɕ^{h}iæn^{51} pai，tɕiou^{312} tɕiou、tɕin^{312} tsɤ tou^{42} ʂuo^{214} tʂai^{42}。
舅舅沾弦呗，舅舅妗子哦都说沾。

k^{h}an^{312} k^{h}an^{312} lau^{55}iɛr^{51} lau^{312}ʂai^{42} A，ŋan^{55} xuo^{51} lau^{55}ȵiaŋ、tɕiou^{312} tɕiou 、tɕin^{312} tsɤ
看看老爷儿落山啊，俺和姥娘、舅舅、妗子哦
xan^{312}iou^{55} xau^{55}si^{42}tsɤ xuɛr^{312} mɤ^{51} ʂuo^{214} li。iau^{312} pu^{214} tsou^{55} tou^{312} luæn^{312}tA^{312}xei^{214}lan。xau^{55}
还有好西子哦话儿没说哩。要不走，就乱大黑兰。好
ʂuo^{214} tai^{55} ʂuo^{214}，lau^{55}ȵiaŋ siɛ^{42} tA^{214} iŋ^{42} ŋan^{53} tsou^{55}。lin^{51}tsou^{55}ʃəur^{42}，ŋan^{55}kei^{312} lau^{55}
说歹说，姥娘先答应俺走。临走时侯儿，俺给姥
ȵiaŋtiou^{42} lau tɕi^{55} pai^{214} k^{h}uai^{312}，kei^{55} tɕin^{312} tsɤ tiou^{42} lau tɕi^{55} pai^{214} k^{h}uai^{312}，ti^{312} ʂuo^{214}
娘丢咾几百块，给妗子哦丢咾几百块，递说
tɕin^{312}tsɤ kuai^{53}xau^{55} iɛr^{312}，tɕin^{312} tsɤ t^{h}ei^{42} saŋ^{55} lau pan^{312} t^{h}iɛ^{42}siɛ^{51} tsiɛ^{214} tʂu^{312}。
妗子哦管好燕儿，妗子哦推搡咾半天先接住。

tsai^{312} xuei^{51} tɕia^{42} li taur^{312} A，t^{h}iɛ^{42} Aɲɤ^{312} siŋ^{42} siŋ xu^{51} ʂai xu^{51}ʂai li。xɤ^{51}mA tsai^{312}
在回家哩道儿啊，天啊那星星忽闪忽闪哩。蛤蟆在
kuər^{42}kua kuər^{42} kua li tɕiau^{312} xuan，mA^{51}ti^{42}liaur^{42}、fu^{51}ti fu^{51}liaur^{42} iɛ^{55}pu^{214}ɕiɛ^{55}ʂʅ^{55} li xuaŋ^{42}
咕儿呱、咕儿呱哩叫唤，麻嘀了儿、伏嘀伏了儿也不嫌使哩慌

xan^{51}tsai^{55}pu^{214}tʰiŋ^{51}li “tʂʅ^{42} liɑur” 。ŋan^{55}iou^{42}ɕiæn^{51}li tɕʰiː^{51} tsɤ tʂʰɤ^{42}tsɤ，siɑŋ^{55} tʂɤ tɕiɛr^{42}iː^{214}

还 在 不 停 哩“知 了”。 俺 悠 闲 哩 骑子哦 车 子哦，想 子哦 今$_{\text{儿}}$ 一

tʰiɛ^{42}li ʃʅ^{312}，sin^{42} li tɕiɑu^{214} tʂɤ tuo^{42}tɑrŋ^{312}A iɛ^{55} mɤ^{51}tʃɑrŋ^{214}Atʂɤ^{31}meikɑu^{42}ɕiŋ^{312}。

天 哩事$_{\text{儿}}$，心 里 觉 子哦 多 当$_{\text{儿}}$ 啊也 没 仗$_{\text{儿}}$ 啊这 么 高 兴。

yaiː^{55} yɛr^{33} li，ŋan^{55} kʰan^{312} tɕiæn^{312} ŋan^{55} tɕia^{42}mei^{51} kʰəur^{55} xan^{51} tʂɑu^{51} tsɤ təŋ^{42} li，təŋ^{42}

远 远$_{\text{儿}}$ 哩，俺 看 见 俺 家 门 口$_{\text{儿}}$ 还 着 子哦 灯 哩，灯

ti^{55}A iou^{55} kɤ^{312} ʐən^{51} irŋ^{55}。ŋan^{55} tʂʅ^{51} tɑu，ŋan^{55} ȵiɑŋ^{51} tsai^{312} mei^{51} kʰəur^{55} təŋ^{55} tʂɤ ŋan^{55}

底 啊 有 个 人 影$_{\text{儿}}$。 俺 知 道，俺 娘 在 门 口$_{\text{儿}}$ 等 子哦 俺

xuei^{51} tɕia^{42} li……

回 家 哩……

参考文献

[1] 北京师范学院、河北语文研究所. 河北方言概况［M］. 石家庄：河北人民出版社，1961.

[2] 彼得. 赖福吉. 语音学教程［M］. 张维佳，译. 北京：北京大学出版社，2011.

[3] 曹炜. 现代汉语词汇研究［M］. 北京：北京大学出版社，2004.

[4] 曹瑞芳. 阳泉方言中的古语词［J］. 忻州师范学院学报，2002（6）：21-24.

[5] 池昌海. 现代语言学导论［M］. 杭州：浙江大学出版社，2004.

[6] 邓晓华，王士元. 中国的语言及方言的分类［M］. 北京：中华书局，2009.

[7] 付欣晴. 抚州方言研究［M］. 北京：中国社会科学出版社，2006.

[8] 盖林海，朱懋韫，张吉格. 石家庄方言晋语区语音综述［J］. 石家庄学院学报，2005（3）：41-44.

[9] 盖林海. 平山方言志［M］. 石家庄：河北教育出版社，2004.

[10] 高兵，吴继章. 河北方言中与儿化有关的问题［J］. 河北大学学报（哲学社会科学版），2010/04：214-41.

[11] 高光新. 从《方言》看西汉时期的河北方言［J］. 唐山师范学院学报. 2011（11）：14-17.

[12] 顾黔，石汝杰. 汉语方言词汇调查手册［M］. 北京：中华书局，2006.

[13] 郭校珍. 山西晋语语法专题研究［M］. 上海：华东师范大学出版社，2008.

[14] 贺登崧. 汉语方言地理学［M］. 上海：上海教育出版社，2003.

[15] 侯精一. 现代晋语研究［M］. 北京：商务印书馆，1999.

[16] 侯精一. 现代汉语方言概论［M］. 上海：上海教育出版社，2002.

[17] 胡安顺. 音韵学通论［M］. 北京. 中华书局，2003.

[18] 胡裕树. 现代汉语（增订本）. 上海：上海教育出版社，1987.

[19] 黄伯荣，廖序东. 现代汉语［M］. 兰州：甘肃人民出版社，1983.

[20] 黄卫静. 河北方言中的尖团音现象［D］. 河北师范大学硕士学位论文，2004.

[21] 贾盈荣. 方言古语词的初步研究［J］. 榆林学院学报，2012（3）：62-63.

[22] 景美. 河北元氏方言动态助词［J］. 华中师范大学研究生报，2011/6：64-66.

[23] 康熙字典（修订本）. 北京：社会科学文献出版社，2008.

[24] 李巧兰. 河北方言中的-X-儿形式研究［D］. 山东大学博士论文，2007.

[25] 李荣，熊正辉，张振兴. 中国语言地图集［M］. 香港：香港朗文出版社，1990.

[26] 李荣. 汉语方言分区的几个问题［J］. 方言，1985（2）：81-88.
[27] 李荣. 官话方言的分区［J］. 方言，1985（2）：214-356.
[28] 李荣. 汉语方言分区的几点意见［J］. 方言，1985（3）：161-162.
[29] 李荣. 汉语方言的分区［J］. 方言，1989（4）：241-259.
[30] 李如龙. 汉语方言学［M］. 北京：高等教育出版社，2001.
[31] 李伟. 汉语阳泉方言语言变异研究［M］. 北京：中国社会科学出版社，2010.
[32] 李行健. 河北方言词汇编［M］. 北京：商务印书馆，1995.
[33] 李小凡，项梦冰. 汉语语言学基础教程［M］. 北京：北京大学出版社，2009.
[34] 李旭. 河北省中南部方言语音研究［D］. 山东大学博士论文，2008.
[35] 李旭，梁磊. 河北方言研究的历史和现状［J］. 南开大学学刊. 2008（2）：153-157.
[36] 刘蓉芳. 元氏姬村话语音研究［D］. 河北师范大学硕士学位论文，2011.
[37] 刘叔新. 汉语描写词汇学［M］. 北京：商务印书馆，1990.
[38] 刘淑学. 中古入声字在河北方言中的读音研究［M］. 保定：河北大学出版社，2000.
[39] 沈明. 晋语的分区［J］. 方言，2006（4）：214-356.
[40] 孙汝建. 现代汉语［M］. 南京：南京大学出版社，2003.
[41] 孙玉文. 略论汉语音变构词［J］. 江苏大学学报（哲学社会科学版），2011（5）：53-58；63.
[42] 钱曾怡. 汉语方言研究的方法与实践［M］. 北京：商务印书馆，2002.
[43] 钱曾怡. 汉语语言研究的方法与实践［M］. 北京：商务印书馆，2009.
[44] 乔全生. 晋方言语音史研究［M］. 北京：中华书局，2008.
[45] 邱峰. 略论古语词［J］. 商丘师范学院学报，2010（11）：120-122.
[46] 时秀娟. 汉语方言的元音格局［M］. 北京：中国社会科学出版社，2010.
[47] 孙玉文. 略论汉语音变构词. 江苏大学学报（社会科学版），2011（9）：54-58，63.
[48] 唐健雄. 河北方言里的“X得慌”［J］. 河北师范大学学报（哲学社会科学版），2008（3）：84-88.
[49] 田恒金，李小平. 河北方言地名中的一些音变［J］，语文研究，2008（2）：53-57.
[50] 王福堂. 汉语方言语言的演变和层次［M］. 北京：语文出版社，2005.
[51] 王孟新. 《元氏县志》五志合订重刊（崇祯志，顺治志，乾隆志，同治志，民国志，五志合刊本）［M］. 北京：中国文史出版社，2007.
[52] 王文卿. 晋语方言研究［M］. 北京：语文出版社，2007.
[53] 王亚男. 元氏方言的儿化调查研究［D］. 河北大学硕士论文，2008.
[54] 吴继章. 河北省志·方言志［M］. 北京：方志出版社，2006.

[55] 吴继章. 河北方言中的“圪”字头词［J］. 语文研究，2003（4）：60-63.
[56] 武占坤，王勤. 现代汉语词汇概要［M］. 北京：外语教学与研究出版社，2009.
[57] 项梦冰. 汉语方言地理学［M］. 北京：中国文史出版社，2005.
[58] 邢福义. 现代汉语［M］. 北京：高等教育出版社，1991.
[59] 邢向东. 西北方言与民俗研究丛书（II）［M］. 北京：中国社会科学出版社，2006.
[60] 徐志刚. 诗词韵律［M］. 济南：济南出版社，1992.
[61] 叶蜚声，徐通锵. 语言学刚要［M］. 北京：北京大学出版社，1997.
[62] 游汝杰. 汉语方言学教程［M］. 上海：上海教育出版社，2004.
[63] 元氏县政府. 元氏—千年古县系列丛书［M］. 石家庄：河北美术出版社，2011.
[64] 元氏县志编纂委员会. 元氏县志［M］. 北京：中国和平出版社，1995.
[65] 袁家骅. 汉语方言概要［M］. 北京：语文出版社，2001.
[66] 张佳奇. 现代汉语中的古语词［J］. 语言研究，2011（12）：97.
[67] 张巍. 方言中的同素逆序词分析［J］. 唐都学刊，2007（5）：117-120.
[68] 张巍. 关中方言同素逆序词的历时考察及优选论分析［J］. 上海师范大学学报（哲学社会科学版），2010（5）：114-122.
[69] 中国社会科学院语言研究所. 新华字典［M］. 北京：商务印书馆，1998.
[70] 中国社会科学院语言研究所. 方言调查字表［M］. 北京：商务印书馆，2004.
[71] 中国社会科学院\澳大利亚人文科学院. 中国语言地图集［M］. 香港：香港朗文（远东）有限公司，1987.
[72] 中国社会科学院语言研究所词典编辑室. 现代汉语词典. 3 版. 北京：商务印书馆，1996.
[73] 周祖谟. 汉语词汇讲话. 北京：人民教育出版社，1959.
[74] 周祖谟，周士琦. 周祖谟文字音韵训诂讲义［M］. 天津：天津古籍出版社，2004.
[75] 周振鹤，游汝杰. 方言与中国文化［M］. 上海：上海人民出版社，2006.
[76] 朱晓农. 语音学［M］. 北京：商务印书馆，2010.
[77] 朱秀兰. 石家庄市区方言语音特点［J］. 河北师范大学学报，2004，27（6）.
[78] 朱秀兰. 石家庄市区方言的古今音变特点［J］. 语文研究，2007（2）.

后 记

元氏方言是元氏人世代传承使用的口语语言，其语音语调明显异于普通话，且使用大量特殊词汇，比如，把“不如”叫作“不敌”，把“什么”叫做“何儿”，把“被、叫、让、命令、放”叫做“着”等。因此，当代元氏方言仍有古汉语痕迹，它承载着两千年元氏文化，是祖先留给我们的宝贵文化遗产。

随着国家的改革开放，元氏县发生了巨大变化，这变化波及每一个村庄、每一户人家。可以切实感受到的是：除长辈们留守村庄外，家中兄妹几乎全部离开故土，以至于春节家人团聚，带各种口音的普通话成为我们的交流语言。元氏方言面临着被遗忘的危机。由于教育的普及、普通话的影响、城市化进程的加快，年轻元氏人不再擅长使用本地方言。笔者渐渐意识到方言研究的重要性和紧迫性。作为20世纪60年代出生的元氏人，元氏方言仍是我们这辈人的工作与生活用语，我们有责任和义务把元氏方言传承下去。鉴于此，笔者决定通过方言调查系统地记录整理元氏方言，以便使元氏方言得到有效保护和继承发扬。

本书致力于描述元氏方言语言系统的全貌。笔者以三年时间，踏遍了家乡的每个角落，利用一切机会，接触了以各种口音说话的元氏人，确定了长期发音合作人，并将其发音示范做了录音、记录、整理和总结，今日终于可以将《元氏方言志》一书奉献给笔者的父老乡亲。

藉此机会，谨向我的母亲表示深深的敬意。母亲已近古稀之年，讲一口纯正的元氏方言。母亲虽然不识字，但聪慧过人，对旧年往事仍记忆犹新，本书的大量词汇就得益于母亲的讲述。同时，笔者希冀本书的完成可以告慰远逝的父亲，并感谢父母的教诲。

这里我要特别感谢长兄吕利平，元氏方言研究是在长兄鼓励和启发下开始的。我喜欢写作，常以方言书写笔记，为使子女能够读懂自己的文字而常为方言做注释。当大哥读到我的方言注释时，他很感兴趣，问我：“你把元氏方言专门研究一下，写本书怎么样？”这促使我开始从研究者角度重新审视元氏方言。

这里也感谢我的贤妻张素青，感谢她对此项研究的大力支持。在方言调查和书稿写作期间，她承担了所有家务，为我腾出了宝贵的时间。我白天工作或外出调查，整理写作一般在晚上进行，经常工作到凌晨，可她从不打扰我，也从不埋怨我影响她休息。更重要的是，她是本书的第一读者，给我提出了许多宝贵意见和建议，并时时留心为我收集有价值的方言信息，从而使本书得以顺利完成。

我的妹妹吕巧平为对外经济贸易大学一名教师，她积极参与了此项研究工作，她的加入使本研究得以严格遵照科学研究规范进行，她还为全书做了后期文字编辑工作。

这里也感谢对外经济贸易大学德语系主任和贞老师的建议和帮助；同时感谢对外经济贸易大学出版社李丽老师和田园老师的大力支持。

此外，我要感谢18位长期发音合作人及许多素不相识的老乡的通力合作，他们为本书提供了宝贵的第一手语音材料。我要特别感谢冯丽娟女士、韩占肖女士和胡立国先生，他们在百忙之中就元氏西片方言语音为我做了认真细致的发音示范，并对书中的西片方言具体内容做了详细核对。他们为本书的完成起到了重要作用。

最后，我还要感谢我没有专门提到的每位家人和同事以及我身边的每一位朋友。虽然他们大多不知道我在搞方言研究，但在交往过程中不知不觉已经提供了帮助。他们有的为我做了语音示范，有的提供了方言词汇或例词。他们是无名英雄，我要真诚地对他们说一声：谢谢！

吕路平

2013年1月14日